# 无所不知

## 你想知道的501个趣味冷知识

[英] 威廉·哈特斯顿 / 著

戚涛 王帆 张静 / 译

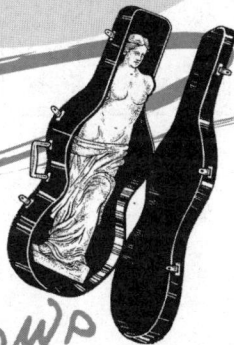

the Things
Nobody Knows

501 Mysteries of Life,
the Universe and Everything

浙江人民出版社

**图书在版编目（CIP）数据**

无所不知：你想知道的 501 个趣味冷知识 /（英）威廉·哈特斯顿著；戚涛，王帆，张静译 . —杭州：浙江人民出版社，2022.3
ISBN 978-7-213-10380-3

Ⅰ.①无⋯ Ⅱ.①威⋯ ②戚⋯ ③王⋯ ④张⋯ Ⅲ.①科学知识—普及读物 Ⅳ.① Z228

中国版本图书馆 CIP 数据核字（2021）第 224045 号

浙江省版权局
著作权合同登记章
图字：11-2020-270 号

First published in Great Britain in 2011 by Atlantic Books, an imprint of Atlantic Books Ltd.
This paperback edition published in Great Britain in 2012 by Atlantic Books.
Copyright © William Hartston 2011

**无所不知：**你想知道的 501 个趣味冷知识
[英] 威廉·哈特斯顿 著 戚涛 王帆 张静 译

出版发行：浙江人民出版社（杭州市体育场路347号 邮编 310006）
市场部电话：（0571）85061682 85176516
责任编辑：潘海林
策划编辑：张锡鹏
营销编辑：陈雯怡 赵 娜 陈芊如
责任校对：何培玉
责任印务：刘彭年
封面设计：北京红杉林文化发展有限公司
电脑制版：北京弘文励志文化传播有限公司
印 刷：浙江新华印刷技术有限公司
开 本：710毫米×1000毫米 1/16 印 张：22.5
字 数：290千字 插 页：1
版 次：2022年3月第1版 印 次：2022年3月第1次印刷
书 号：ISBN 978-7-213-10380-3
定 价：68.00元

如发现印装质量问题，影响阅读，请与市场部联系调换。

如果我们时时忙着展现自己的知识，将如何想起
成长所需的无知呢？

亨利·戴维·梭罗

# 目 录

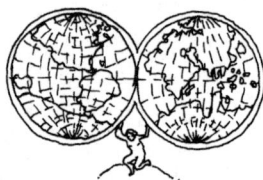

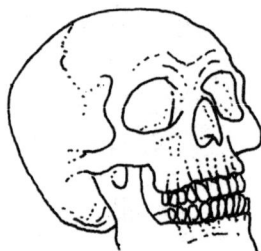

**名人篇**

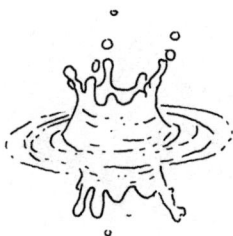

**宇宙篇**

**学科篇**

## 宗教篇

## 文体篇

**42**

## 古怪篇

# 引 言

## 无知、果蝇生殖器与世界末日

> 我们都知道有已知的已知，就是我们知道有些事是我们知道的。我们也知道有已知的未知，就是说我们知道有些事我们还不知道。但也有未知的未知——那就是我们不知道自己有不知道的。

——唐纳德·拉姆斯菲尔德

像唐纳德·拉姆斯菲尔德这种人的问题在于，他们给无知起了个难听的名字。作为美国前国防部长，他的上述演讲内容，拙劣至极，贻笑大方，而他只不过是想回忆起亨利·戴维·梭罗在《瓦尔登湖》里引用的孔子的一句话："知之为知之，不知为不知，是知也。"

体会到孔子的真知灼见后，梭罗又进一步问道："如果我们时时忙着展现自己的知识，将何从忆起成长所需的无知呢？"

拉姆斯菲尔德只是将不知道的事情简单划分为不同的层次，而孔子和梭罗则对无知抱有更加积极的态度，这种态度也正是我写作本书的缘起。我倾向于赞扬无知，而不是掩盖无知，因为人类创造的知识浩如烟海，生机勃勃，若要一览，无知是打开知识大门的最好钥匙。当看到本书时，也许很多人会不由得认为，这又是一本鲜为人知的无用信息的大杂烩，但事实并非如此。本书里会有很多有趣的事实，但只有那些无人知晓，并能被解释其为何鲜为人知的事实，才会被纳入本书中。

早在 300 年前，法国哲学家兼数学家布莱士·帕斯卡就将知识比作一个球体，随着球体不断变大，它就不可避免地增加了与未知接触的面积。亨利·米勒在《心灵的智慧》中则将其表达得更加简洁："我们在拓展知识边界的同时却增加了无知点，你觉得这正确吗？"

本书就将围绕米勒的这句名言展开一场探索之旅。

在听科学家或其他专家谈论他们在各自研究领域里的最新进展时，我经常能发现，当他们开始研究自己还不知道的事情时，他们讲述的故事通常会更有趣，也更具启发性。拉姆斯菲尔德所说的"已知的未知"决定了未来研究的方向——这也是无知令人兴奋的地方。

根据《乌利希国际期刊指南》的最新统计，目前全世界出版的学术期刊约有 30 万种，包括周刊、半月刊和月刊等。但无论在哪一年，这些期刊的发行总量都会超过 300 万册，而且每册期刊上平均刊载 10 篇论文，每篇论文会发表一个此前未知的研究成果，这样每年就会为人类的知识库扩充 3000 多万条新知识，差不多每过 1 秒就会有 1 个新知识被总结出来。正因为有大量的未知存在，这些期刊才得以出版，相比之下，本书中提到的冷知识仅仅是一些皮毛。

我现在本该写一些关于本体论①、认识论②、卡尔·波普尔的可证伪性③概念、托马斯·库恩的典范转移④以及任何对现实、知识和可知事物

---

① 本体论是探究世界的本原或基质的哲学理论。

② 认识论即个体的知识观，也即个体对知识和知识获得所持有的信念，主要包括有关知识结构和知识本质的信念和有关知识来源和知识判断的信念。

③ 科学理论和人类所掌握的一切知识，都不过是推测和假说。科学理论不能够被证实，但可能被证伪。

④ 典范转移是指一个领域里出现新的学术成果，打破了原有的假设或者法则，从而迫使人们对本学科的很多基本理论做出根本性的修正。

等观念有益的内容，但之后等我们讨论哲学的未知之事时，会有大把时间去讨论这些概念性的东西。而现在我想谈另一个主题：果蝇生殖器。

雄性果蝇的生殖器上有一些细小的倒钩和尖刺，直到最近人们才知晓它们的作用。解决这个问题的标准方法就是把雄性果蝇生殖器上的刚毛①剃掉，看看受试果蝇的交配状况有何变化。然而，在测试过程中，雄性果蝇的刚毛过于细小，只有在显微镜下才能观察到，即便是最精细的手术刀也无法在此像剃须刀一样运用自如。然而，2009年底，美国加利福尼亚大学的研究人员发表了一篇论文，展示了一种用激光剃除果蝇生殖器刚毛的方法。研究人员不仅可以剃掉果蝇的刚毛，甚至还可以精确到只刮掉果蝇生殖器顶部1/3的刚毛。通过比较刚毛无剃除、部分剃除和完全剃除的果蝇的交配状况，研究人员就可以公布人们想知道的结果。研究人员最终得到的答案是：这些倒钩和尖刺起着生物"魔术贴"的作用，以便让雄性果蝇在交配时能抓牢雌性果蝇。

在这篇论文发表前，这可能也是一个唐纳德·拉姆斯菲尔德不清楚也不知道的事情。

无知就像一个深渊，在一探究竟之前，我不禁想用一个问题来结束引言，即：

## 2012 年为何会被当作世界末日？

据说这个日期是古代玛雅人根据其长纪年历演算而来，它是人类历史上非常完美且复杂的计日历法。不同于用3个数字来表示日期，例如日、月、年（最初选用这3个单位对应地球的自转周期、月球绕地球和地球绕太阳的轨道周期），玛雅人将几种历法结合起来，从中选取了5个数字来表示日期。其中，日数单位称为金（K'in），20金为1乌内

---

① 刚毛是哺乳类动物的硬毛，以及其他动物体上所生的硬的毛状物。

尔（Winal），18 乌内尔为 1 盾（Tun），20 盾为 1 卡盾（K'atun），20 卡盾为 1 伯克盾（B'ak'tun），13 个伯克盾之后一次长纪历结束。将这些数相乘可知，一次长纪年历共 1872000 天，然后再次循环。长纪年历的天数略多于 5128 个太阳年，由于玛雅历法从公元前 3314 年 8 月 11 日开始，这意味着长纪年历将在 2012 年 12 月 21 日结束（要知道在我们现在的历法里是没有零纪年的）。

事实上，玛雅人并没有预言世界末日会在哪一天到来，更没有预言会有大灾难发生，有些人说这一天甚至还没 1 月 1 日有意义，但它却是一个不错的拍摄大制作电影的灵感来源。然而当时有很多人对此深信不疑，不断给美国国家航空航天局打电话，有些人甚至说正在考虑自杀以逃避世界末日带来的恐惧。

不过好消息是，2012 年所谓的世界末日并没有来临，因为我们完好地度过了 2012 年的 12 月 21 日，所有人都知道这个末日预言并没有应验。

自知无知乃是迈向知识的一大步。

——本杰明·迪斯雷利,《西比尔》

# 生物篇

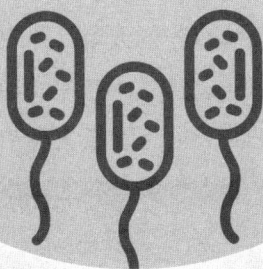

## 食蚁兽

### 1. 食蚁兽是所有哺乳动物祖先的近亲吗？

非洲食蚁兽（中文学名"土豚"）是一种其貌不扬甚至还有点滑稽的食蚁生物，它的名字在南非荷兰语中是"土豚"的意思。1999 年，科学家对非洲食蚁兽的完整线粒体 DNA 进行了测序和分析。结果表明，它可能是所有胎盘哺乳动物祖先的近亲，即它可能是除了有袋动物和产蛋单孔目动物（如鸭嘴兽）之外，所有哺乳动物祖先的近亲，包括我们人类自身。但令人惊讶的是，非洲食蚁兽和南美食蚁兽尽管在食物习性和总体外观上都很相似，但非洲食蚁兽的基因构成比南美食蚁兽更接近大象的基因构成。

研究表明，自从胎盘哺乳动物在 1 亿多年前首次进化以来，非洲食蚁兽的染色体变化相对较小，但第一个胎盘哺乳动物的染色体与非洲食蚁兽的染色体有多相近，我们尚不得而知。

## 犰　狳

### 2. 为什么九带犰狳会患麻风病？

人们常说，九带犰狳是除人类以外唯一会患麻风病的动物。这其实并不正确，因为老鼠和恒河猴也会感染麻风病，但九带犰狳的确是对麻风病研究最有用的实验动物，因为多达 5% 的野生九带犰狳被认为患有这种疾病。因此，它们不仅是病源细菌的宝贵来源，而且也是测试可行性药物和疫苗的可靠实验对象。为什么人类和九带犰狳会进化出一样的麻风病易感性，这个问题可能要等破译了九带犰狳完整的基因组后才能知晓。

**蝙　蝠**

### 3. 当蝙蝠是一种怎样的体验？

1974 年，美国哲学家托马斯·内格尔以这一问题为题写了一篇论文，此后凡是有关意识的讨论，他的这篇论文都是经常被引用的。内格尔认为，在不失去主观经验的情况下，不能依照物理过程来解释心理活动，对于意识体验永远不可能有一个客观的描述。换句话说，只有蝙蝠才知道当蝙蝠是一种怎样的体验。

**蜜　蜂**

### 4. 自 2006 年以来，为什么美国和欧洲一半的蜂群崩溃了？

在欧洲，这种现象被称为"蜂群减少综合征"，而在美国，人们称之为"蜂群崩溃综合征"[①]。不管名字有何差别，其结果都是一样的：

_____
① 在中国，这种现象叫作"蜂群衰竭失调"。——译者注

以前生机勃勃的蜜蜂种群可能正遭受毁灭性的崩溃。自 2006 年以来，欧洲和美国近一半的蜜蜂消失了，但个中缘由却无人知晓。罪魁祸首可能是螨虫、寄生虫、真菌、杀虫剂或病毒，甚至连转基因作物也难辞其咎。最近的研究已经证实，所有崩溃的蜂群中好像都存在一种寄生虫和真菌，但导致蜂群崩溃的确切原因尚不明确。

## 5. 大黄蜂是如何飞起来的？

大黄蜂（中文学名"胡蜂"）曾给航空科学界带来了一个大难题，这个难题是在 20 世纪 30 年代由德国哥廷根大学提出的。当时的人们经过计算后发现，以大黄蜂的振翅频率不可能产生足够的升力让大黄蜂飞起来，因为相较于其他蜜蜂，大黄蜂过于笨重，理论上无法在空中飞行。

1996 年，英国剑桥大学的研究人员创造了一种分析方法。他们通过建立飞行昆虫的模型并分析其上的作用力，发现了一个未知的飞行升力来源，这种升力由生物体周围形成的空气旋涡产生，这种力让大黄蜂能够安稳地四处飞行。直到 2001 年，美国加利福尼亚大学的迈克尔·迪金森和詹姆斯·伯奇给出了一幅更详细的关于昆虫翅膀上方气流的图片，此举让人们对大黄蜂飞行的可能性重新产生了质疑。在发明了一种比剑桥大学建立的大黄蜂模型更复杂的机器果蝇后，他们得出结论，早期研究工作中发现的空气旋涡无法解释大黄蜂飞行的秘密。

此后，对飞行昆虫的模型构建越来越复杂，但理论和实践之间仍有不小的差距，部分原因可能是难以准确模拟昆虫在飞行过程中翅膀旋转的方式。近期一项研究比较了大黄蜂的实际提重能力和理论预测的提重能力，虽然实验模型表明，除自己的体重之外，大黄蜂应该还能额外提起相当于自身体重 53% 的东西，但实验显示大黄蜂的提重能力比实验预测要高 18%。因此，我们显然对大黄蜂飞行能力的某些方面还不甚了解。

### 6．大黄蜂有个性吗？

　　近年来，动物是否有个性的问题引起了许多研究人员的兴趣，大量的论文研究指出，蜘蛛、鱿鱼、蓝山雀和群居蜜蜂等生物的行为表明它们拥有类似于人类个性的特征。为了达到实验目的，研究人员将"个性"视为"个体在不同时间和背景下特定行为的一致性"。换句话说，如果某个动物对相似情境的行为反应表现出与另外一个同类动物的行为有明显差异，且这种差异不因时间的推移而改变，那么就可认定该动物有个性。

　　2010 年，英国伦敦大学的研究人员报告了一项实验结果，该实验旨在监测大黄蜂遇到从未见过的颜色的花朵时的反应。研究人员在假花中心滴上了一些蔗糖溶液，并测量了大黄蜂在每朵花上觅食的时间。与动物遇到新事物的一般反应一样，大黄蜂也用了较长的时间来研究这些颜色奇异的花，或是出于兴趣（嗜新症），或是出于怀疑（恐新症），但总体结果并不足以证实大黄蜂具有个性。在这个方面，实验一开始很成功，研究人员发现大黄蜂对新的植物会表现出不同的行为，但这些差异并没有在接下来的时间里继续表现出来，于是他们得出结论："就实验中的嗜新症或恐新症的例子而言，根据我们对'个性'的定义，觅食的大黄蜂的行为并不符合动物个性的一般标准。相反，它们对新事物的行为反应似乎是可变的，甚至每天都有变化。"

　　想要厘清这个问题，显然还需要进行更多的研究。

### 7．蜜蜂从观察其他蜜蜂的"摇摆舞"中获得了什么信息？它们是如何获得的？

　　自卡尔·冯·弗里希开始破译蜜蜂的舞蹈语言以来（他还因此获得了 1973 年的诺贝尔生理学或医学奖），研究这种交流方式的工作一直在继续。我们现在知道了蜜蜂的"摇摆舞"中包含的各种信息，如食物的方向、距离和质量。舞蹈一开始，蜜蜂会先向前爬行，边爬行边摇摆其尾部并发出"嗡嗡"声来传递信息，然后右转，沿着半圆形的路径返回到起始位置；然后再次向前爬行，左转，再沿着半圆形的路径返回原点。这种"8字形"的舞蹈会重复多次。

蜜蜂一开始向前爬行的方向表示太阳与食物来源之间的角度，而舞蹈的速度表示与食物间的距离。根据研究，我们得知欧洲蜜蜂可以与同类的亚洲蜜蜂进行交流，尽管在熟悉欧洲蜜蜂的舞蹈之前，亚洲蜜蜂往往会弄错距离。我们也知道，当蜜蜂缺乏睡眠时，它们仍能准确地表达距离，但对方向的指示就不是那么准确了。

我们不知道的是，当蜜蜂表演舞蹈时，其他在场的蜜蜂是如何接收这些信息的（以及其中多少信息能够被接收到）。除了舞蹈动作，跳舞的蜜蜂也会发出"嗡嗡"声，释放出化学物质，而这些化学物质可能会被其他蜜蜂接收到。一些使用机械蜜蜂的实验结果似乎能说明，蜜蜂的舞蹈足以传递信息；而其他实验似乎表明，"嗡嗡"声和释放的化学物质也对释放信息起到了一定的作用。令人疑惑的是，蜜蜂如何准确地知道蜜蜂跳舞的意图？或者在它们尝试听从指示时是否仍然存在很大的偶然因素？

# 鸟

## 8. 为什么会有这么多的鸟撞到窗户上？

丹尼尔·克莱姆可能是世界上研究"鸟撞到窗户上"这一现象最权威的专家。据他所言，在美国和加拿大，至今至少有 225 种鸟撞到过窗户，并且他估计每年有 1 亿到 10 亿只鸟因撞上窗户而死亡。有些人称鸟撞上窗户是因为它们看到了玻璃中反射的草和树木；其他人则认为这些鸟是在攻击它们自己在玻璃中的镜像，因为它们想把玻璃中的鸟赶出自己的领地。但无论你（或鸟）怎么看待这件事，这些鸟显然不能感知或者理解"反射"是什么。在许多方面，鸟的眼睛比人眼更复杂精细，但我们却不会在玻璃或镜子前面出丑。拥有可察觉反射的基因将在鸟类世界中具有很高的生存价值，但由于广泛使用玻璃窗只是最近几百年的事情，进化可能还没来得及赶上这一变化。另一方面，人们已经发现英格兰北部的刺猬会在高速公路上奔跑，而不是蜷缩在机动车前面被碾压，所以能保命的进化行为有时会发生得比较迅速。

接下来，基于对我们下一个未知领域的研究，我们可能将发现一些关于鸟类视觉能力的有趣现象。

## 9．候鸟是用地球磁场来导航的吗？

候鸟是如何认路的，这个问题一直以来都是个谜，不过对我们来说，候鸟靠地球磁场来认路的这种认知由来已久。然而，直到最近才有了关于地球磁场如何起作用的解释。这主要是因为我们发现了一种叫作"隐花色素"的蛋白质，它对地球磁场中极其微弱的变化很敏感。该理论认为，如果鸟类的眼睛中含有隐花色素，它们就能"看到"地球的磁场并受磁场引导，前提是在飞行时不撞上任何窗户。

## 10．鸡通过"咯咯"的叫声能传递多少信息？

澳大利亚的研究人员称，鸡通过咯咯叫能传递至少 20 种信息。不仅如此，它们的交流还相当复杂，其中甚至包括高级别的决策。澳大利亚麦考瑞大学的克里斯·埃文斯和 K - 林恩·史密斯用一只 CGI（计算机生成动画，Computer-Generated Imagery）动画公鸡，监测母鸡对公鸡的叫声和动作的反应，并在 2009 年得出结论：鸡之间能进行高效的交流。它们不仅用不同的咯咯声提醒其他的鸡警惕不同的捕食者，如鹰或狐狸，而且它们的咯咯声还能表达它们找到的食物的质量情况。最有趣的是，研究人员发现，在发现食物时，公鸡会根据它的听众变换叫声。如果附近只有一只母鸡，它们就会在食物旁边大声鸣叫，将其作为求偶展示的一部分；但如果附近有一只更强壮的公鸡，并有可能夺走它的食物，那么它就会保持安静，靠各种动作来引诱母鸡走到食物前。然而，鸡咯咯叫所能表达的内容究竟有多少，以及这种叫声能否被称为语言的问题，仍有待研究。

## 11．为什么鸟会互相打断对方的鸣叫？

鸟为什么有时候会在另一只鸟还没鸣叫完就开始"唱歌"？对于这个问题，研究人员有三种主要的理论来解释。第一种认为，这是一种挑衅的信号；第二种认为，这的确是一种信号，但并不代表纯粹的挑衅；第三种认为，这种行为并没有实际意义，鸟类这么做很自然而然。不管是一只鸟打断了另一只鸟，或是仅为了加入它来一个"二重唱"，这些都难以定论。然而，据我们所知，斑胸草雀只有在结成一对之后才会进行"二重唱"。

## 蝴　蝶

## 12．在帝王蝴蝶漫长的迁徙过程中，它们是如何知道该往何处飞的？

帝王蝴蝶是一种非同寻常的生物。每年从 8 月份开始，大批帝王蝴蝶就开始从加拿大和美国北部飞往墨西哥。整个迁徙过程持续两三个月，全程约3000—5000千米。所有踏上此次迁徙旅程的蝴蝶可能没有一只能最终到达目的地：帝王蝴蝶繁殖力强且繁殖速度快，秋天到达墨西哥的蝴蝶也许是夏末刚开始迁徙的蝴蝶的第三代或者更多代。

最终可能会有近3亿只帝王蝴蝶在墨西哥过冬，其中近一半的帝王蝴蝶会在春天返回前死掉。然后又会进行一次长达两三个月的飞行迁徙，其间会产下三代或更多代的帝王蝴蝶，直到它们到达之前夏天的家园。一个悬而未决的问题是：当帝王蝴蝶破蛹而出时，这些幼年蝴蝶如何知道它们在迁徙路线上所处的位置，以及它们从周围环境中获得了哪些线索来指引它们朝着正确的方向飞行？

## 13. 如果你教会毛毛虫一些东西，那它变成蝴蝶后还会记得吗？

人们曾教会了蚯蚓在一个T形围栏中往某一个方向拐弯。只要把食物总是放在T形围栏顶端横木的一端上，它就能学会往那里拐。因此我们有理由认为，人们也可以很容易教会毛毛虫一些知识。但是，如果能教会毛毛虫拐弯，当毛毛虫蜕变成蝴蝶后，这种训练又将如何进行呢？原本向左拐弯的毛毛虫会变成一只向左飞的蝴蝶吗？

由于毛毛虫大脑的主要任务是保持其身体正常工作，所以它的大脑必定与蝴蝶的大脑完全不同，因为蝴蝶大脑具有一套完全不同的身体优先事项。但是，即使当毛毛虫蜕变成蝴蝶时，大脑乱成了一锅粥，如果我们知道了毛毛虫的精神如何转移到了它所蜕变成的蝴蝶脑中，这将会非常有趣。目前似乎还没有任何研究涉足过这个有趣的领域。

# 猫

## 14. 为什么母猫是右利手而公猫却是左利手？

2009 年，英国贝尔法斯特女王大学的科学家发表了一项关于猫爪使用偏好的研究结果。科学家发现，当猫在玩钓竿玩具时，它们会左右开弓，左右爪并用；但当面对更复杂的任务时，例如从玻璃罐里扒出食物，公猫更喜欢用左爪，而母猫更喜欢用右爪。

对人类而言，左利手与睾丸激素有关（这被用来解释为什么左利手大多是男性）。睾酮偏高也会让母猫从偏好右爪转变为偏好左爪。目前，科学家们还不知道为什么激素会造成这种影响，也并不确定是不是睾酮直接导致了惯用手的出现。

## 15. 克里斯托弗·斯马特的猫——杰弗里是什么颜色的？

1757 年至 1763 年，英国诗人克里斯托弗·斯马特被关在伦敦圣卢克精神病医院，当时身边只有他的猫相伴，在精神病院里他写了一首 1200 多行的诗《欢愉在羔羊》，其中 74 行诗专门写给他的宠物。从"因为我想起了我家的猫儿杰弗里"这句诗开始，他详尽热情地赞颂了这只猫的个性和美德。

斯马特从圣卢克精神病院出院后，很快又因负债而入狱，并死在了债务人监狱。我们不知道那只猫后来怎么样了，他也从未告诉过我们这只猫是什么颜色。然而，近期出版的几个版本的全篇长诗中，插图上的杰弗里都是一只橙色斑猫。这无疑是根据斯马特诗中"因为他是猛虎的同族"得来，但这也可能暗示乔弗里是一只虎斑猫。斯马特可能只是将他的小猫咪与南亚森林中可怕的大型猫科动物做比较，或者甚至用"虎族"来表示猫科动物，而不是告诉我们杰弗里身上有着橙黑相间的条纹。

## 黑猩猩

### 16．为什么双手并用的黑猩猩只能吃到较少的白蚁？

大量研究表明，许多野生和圈养的黑猩猩都倾向于只使用一只手。这种现象极为异常，让人心生好奇。两手并用总要好过只使用一只手，这是一个公认的道理。人们可能会认为双手并用的黑猩猩是最完美的，而且在一些实验中得到的结论也似乎如此，但当黑猩猩用树枝钓食白蚁时，人们发现双手并用的黑猩猩最终钓到的白蚁却比单手操作的同类钓到的要少。

一种观点是，双手并用的黑猩猩最终两只手都能圆满完成正常的任务，而对其他黑猩猩来说，它们的一只手反应迟钝，而另一只则会非常灵活，因而一只手更适合做专门的任务，例如用树枝钓白蚁。在我们完全了解双手并用的黑猩猩的问题之前，还需要进行更多的研究，来对比双手并用的黑猩猩和单手操作的黑猩猩在各种任务中的表现。

### 17．为什么黑猩猩不问问题？

自从研究人员开始教黑猩猩手语以来，关于非人类灵长类动物能否发展出语言能力的激烈争论已经持续了近半个世纪。在语言技能方面，最出名的黑猩猩是华秀和尼姆·猩姆斯基，后者是以美国哲学家诺姆·乔姆斯基的名字命名的，他在语言方面著作颇丰。这两只黑猩猩都发明了 100 多种手语词汇，据说他们打手语的方式展现出了真正的语言能力。

然而，一些观察者坚持认为，黑猩猩的所有举动只是条件反射，他们通过使用自己学过的恰当的手势来进行表达。这些怀疑论者并不相信黑猩猩的手语词汇中包含了它们的思想。

虽然华秀、尼姆·猩姆斯基和其他黑猩猩似乎能够理解词序的变化，并以一种可以读懂的方式打手语，以此作为一种交流形式，但作为我们的灵长类动物表亲，它们仍缺乏一种语言能力——它们似乎不会提问。为什么它们会有这种特定的语言障碍，目前尚未得到解释。

## 恐　龙

研究恐龙的困难在于，它们生活在很久以前——距今 2.5 亿年到 6500 万年前。我们对恐龙绝大部分的了解都是基于其遗留下来的化石骨骼和骨架，这些都是在时间的摧残中幸存下来的东西。

## 18．恐龙就像如今所有的爬行动物一样是冷血动物吗？

直到 20 世纪 70 年代，"恐龙和其他爬行动物一样是冷血动物"的观点几乎是不容置疑的。"冷血"是指动物的体温是可变的，但必须通过外部手段来控制（如晒太阳取暖）。相比之下，温血动物，如鸟类和哺乳动物，则通过身体内部的温度调节机制来保持恒定的体温。

自 20 世纪 70 年代以来，一些古生物学家称，有很多因素表明恐龙可能是温血动物。现代的爬行动物在爬行或行走时，它们的四肢会向外伸展，与它们不同的是，恐龙的主要类群，例如鸟类和哺乳动物，其四肢直接在它们的身体下方行走。恐龙还有巨大的胸腔，可以容纳跟哺乳动物一样的心脏和双肺，而且它们的骨骼中有类似于温血动物骨骼中的快速血液循环通道。然而，恐龙"冷血论"的支持者认为，对于体形最大的恐龙，温血代谢可能会导致其体内过热而死亡。

然而，最新的一项研究表明，恐龙体型越大，其血液就越温暖，看来对于这个问题可能没有唯一的答案。

## 19．为什么有的恐龙巨大无比？

平均来说，恐龙要比我们今天看到的任何陆地动物都大得多。有以下几种理论对此进行了解释：

在恐龙时代，地球表面覆盖着一层繁茂的植被，即使是最大型的食草动物也能毫不费力地找到充足的食物。在这种情况下，动物的体型越大，进化的优势就越大，因为体型大是防止被食肉恐龙杀死或吃掉的一种很好的防御手段。在这种"军备竞赛"中，食肉恐龙体型变大的原因都是相同的：体型越大，它们能捕食的猎物就越大。

其实还有一种关于大型食草恐龙更适合攀爬较高的植物枝杈的说法，不过这并不那么令人信服，因为没有理由相信当时存在食物短缺的情况。

那些相信恐龙是冷血动物的人认为，体型较大的冷血动物更能保持恒定的体温，白天身体变暖，晚上慢慢变凉。而对于体型较小的冷血动物来说，体表面积较大而质量相对较小，这种情况在当时的气候条件下往往难以生存。

那些相信恐龙是温血动物的人指出，恐龙不保温的皮肤是热量损失的一大原因，而大型恐龙较低的体表面积与质量比可以使它们免受对温血生物极其不利的低温环境的负面影响。

综上所述：体型庞大既可能使冷血动物保持凉爽，也可能使温血动物保持温暖。

## 20．恐龙的寿命有多长？

要回答这个问题，我们需要知道关于恐龙遗骸的两件事。首先，它死的时候是几岁？其次，它是不是老死的？虽然有时候我们可以从遗骸的伤痕中看出恐龙遭受了致命伤，但这仍不足以回答上述两个问题。

因此，对恐龙寿命的估计是基于我们对现代动物的了解，根据动物的体型、寿命以及新陈代谢之间的联系来加以判断的。根据这些因素计算得出，恐龙寿命估计在可观的 75 年到惊人的 300 年之间，对人类的观测尺度来说，这个年龄跨度确实非常大。

## 21．恐龙是什么颜色的？

到目前为止，我们对恐龙的皮肤构造仍一无所知。至于它们的皮肤颜色则由插画家们去想象，他们倾向于认为恐龙的肤色混合了蜥蜴的绿色以及大象和犀牛的灰色或暗褐色。然而 2009 年，在中国发现的恐龙遗骸上发现了皮肤和"原始羽毛"的残留物。这些连同恐龙遗骸的其他特征让人们相信，恐龙的皮肤和"原始羽毛"都是生物炫耀机制的一部分，用以改善其繁殖前景。

异性恐龙喜欢鲜艳的颜色只是一个纯粹的猜测，但至少这一发现在最近几年鼓励了插画家们打开他们的调色板，调出更加鲜艳夺目、令人眼花缭乱的颜色。

## 渡渡鸟

### 22．渡渡鸟灭绝了吗？

人们普遍认为，渡渡鸟在 1662 年之后就灭绝了，当时人们在印度洋的毛里求斯岛上发现了这种不会飞的大型鸟类的最后一个样本。然而，在自然史上，物种复活如初的例子比比皆是。例如，1938 年，南非沿海的渔民就捕到了一条体型巨大、看上去很原始的鱼。这是一条腔棘鱼，一种可能在 6500 万年前就已灭绝的物种。那么，渡渡鸟仍存活于某地的可能性有多大呢？

2010 年在《自然》杂志上，一篇题为《我们应该尝试拯救渡渡鸟吗？》的文章报道了一种新的统计技术来估计濒危物种被成功拯救的概率，或找到被认为已经灭绝的物种的活样本的概率。该技术基于这样一个公式：在这个公式中输入最后 10 次被证实目击到该物种的日期，并由此计算出在某地仍潜伏着未被发现的活样本的概率。输入渡渡鸟的详细信息后，这个公式给出的答案是，渡渡鸟存活的概率是 $3.07 \times 10^{-6}$，约百万分之三。

## 狗

### 23．相比人类，为什么狗更容易被人类的哈欠所传染？

2008 年，英国伦敦大学进行了一项有趣的实验，以确定人类打哈欠是否会传染给狗。在参与研究的 29 只狗中，有 21 只在看到研究人员打哈欠之后也会跟着打哈欠。这表明，在这 29 只狗中，受哈欠传染的比例为 72%，而在人类中仅有 45%（或在某些研究中为 60%），在黑猩猩中为 33%。此外，当人类只是张开嘴巴时，狗并不会打哈欠，这表明只有真正的打哈欠才会传染。

## 24．狗有超能力吗？

1983 年，理论心灵学家赫尔穆特·施密特做了一项实验。在超感知觉测试实验中，当受试者做出正确的判断时，狗就会得到巧克力作为奖励。实验中的狗是"据称没有什么灵感力的"迷你腊肠犬，它在受到食物的激励后，试图影响该受试者的表现。在实验过程中，这名受试者的表现确实有所提高，但在没有以人作为中介的超感知觉实验中，当狗可以因自己做出正确的选择而获得奖励时，其表现出来的结果更好。实验结论是，这个问题还有待进一步研究。

1999 年，鲁珀特·谢德瑞克博士出版了一本书，名为《狗狗知道你要回家：探索不可思议的动物感知能力》。在书中，他列举了一些对狗的研究案例，这些狗明显表现出能在远处知道主人的动作，不过许多学者认为这些案例的可信度不高。

## 25．狗能区分合理行为和非合理行为吗？

2010 年，一篇以此问题为标题的论文发表了，其中报告了两项实验，以确定狗是否更有可能遵循发出的合理的指示，而不遵循非合理的指示。在第一个实验中，人类用腿指示食物的方向。一些人手中拿满东西，因此用腿来指示方向属于一种合理行为，而另一些人的手空着，因此他们用腿来指示方向就属于不合理行为（或者至少是不自然的）。第二个实验是让训练有素的狗进行一项操作杠杆的任务。一般情况下，狗会用嘴来拉杠杆，但训练有素的狗用的是爪子，包括它们的嘴叼着球时——这时使用爪子属于合理行为，和它们的嘴空着时——这时使用爪子属于非合理行为。实验者得出结论："我们的结果表明，狗不会区分合理行为和非合理行为。"这与之前实验者的结论相矛盾。因此，这个问题仍有待研究。

# 大　蒜

## 26．为什么大蒜可以抵御吸血鬼？

　　1897年布莱姆·斯托克出版的小说《德古拉》让大蒜有抵御吸血鬼的能力的传说广为流传，但这种说法的历史比这更加久远。尤其是在罗马尼亚特兰西瓦尼亚的大部分地区，大蒜一直被认为是一种避邪和治疗疾病的有效方法。在尸体上涂抹大蒜，或者在尸体的七窍里放上蒜瓣，可以防止恶灵进入，还能将吸血鬼赶走，这些做法在当地都有相关记载。

　　有些人把大蒜和吸血鬼的传说与大蒜能驱赶蚊子的事实联系起来。然而，用一种防止蚊虫叮咬的措施来对付另一种传播疾病的生物的想法实在有些牵强，因为在19世纪晚期，蚊子才被证明会传播疾病（比如疟疾和黄热病）。光靠它们叮咬的刺激程度是否足以与德古拉伯爵相比还存在争议。长久以来，大蒜一直被认为是有益健康的，但至今还没有令人信服的说法来解释为什么它对抵御吸血鬼有如此大的作用。

## 27．吃大蒜能降低癌症和流感的发病率吗？

　　大蒜能有效治疗多种疾病的说法至少可以追溯到公元前1500年左右的古埃及人。在中世纪，人们用它来预防鼠疫；两次世界大战中，军队让士兵吃大蒜，因为他们认为大蒜能防止坏疽。

在过去的十几年里，很多研究都在探讨大蒜是否有益于抗癌，而且大量的研究报告了积极的结果。然而，这些数据大多是基于人口的研究，将大蒜消耗量与癌症数据进行相关性比较；其他的则是基于动物的实验室实验；还有许多实验是直接为动物注射从大蒜中提取的化学物质来获取数据的。

至于吃大蒜是否能达到预期的效果，如果有，应该吃多少，这个问题还没有定论。同样未经科学研究证实的说法是，大蒜伏特加在俄罗斯被认为可以预防或治疗流感。

# 长颈鹿

## 28．为什么长颈鹿的脖子很长？

以往的理论认为，颈长的长颈鹿在进化上有优势，因为当低处的叶子吃完后，它们还可以吃到高处的叶子。但至少有三个理由反对这一理论。首先，在长颈鹿的长颈进化过程中，地球上覆盖着茂盛的植被，低处并不会出现食物短缺的情况；其次，长颈鹿是一种挑食的动物，它们喜欢吃某些类型的叶子，而不是最高处的叶子；最后，长颈鹿吃东西的时候往往是水平地抬起它们的脖子，而不是向上伸展。

还有一些理论认为：长颈的进化是为了提高长颈鹿发现捕食者的能力；长颈进化成一种性信号；或者长颈鹿为了跑得更快而进化出长腿，因而不得不进化出长颈才能喝到地面上的水。

然而，仔细思考这些理论就知道，每一个理论都缺乏足够的证据支持。

## 29．为什么会有如此多的雄性长颈鹿出现同性性行为？

一些关于动物性行为的研究已经注意到雄性长颈鹿之间发生同性关系的频率。一项研究甚至报告称，对长颈鹿的性行为观察一段时间后发现，94% 的性行为发生在两只雄性之间，5% 是雄性和雌性之间，1% 是雌性和雌性之间。

尽管有些人指出，同性恋基因可能具有潜在的进化优势，因为它可以为家庭中照顾孩子提供额外的雄性帮助，但长颈鹿同性恋的比例未免高得惊人了。

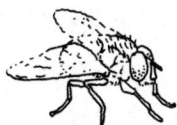

# 昆 虫

## 30．果蝇如何嗅出氕和氘的区别？

这听起来像一个相当深奥的问题，但它对我们探索嗅觉是如何工作的有着重要的启示。传统的嗅觉理论认为，气味物质的分子会停靠在嗅觉黏膜的受体蛋白上，就像一把钥匙插进一把锁里。只有当气味的形状与蛋白质的空腔形状相匹配时，对接才会发生；如果它们相匹配，那么神经信号就会被传送到大脑中，从而识别气味。

然而，氘和氕的区别并不在于分子的形状。氘是氢的一种同位素，其原子核中有一个质子和一个中子，而氕只有一个质子。它们的化学性质几乎相同，它们与嗅觉受体蛋白质的对接能力也几乎一致。但 2011 年发表的一项研究表明，果蝇可以通过训练来区分含有氕的芳香分子和含有氘的芳香分子。人们甚至可以通过轻微的电击训练它们避开含有氘或氕的特定物质。

这个结果被一个新的嗅觉理论的支持者所利用，该理论认为，我们的受体蛋白不是对分子的形状作出反应，而是对分子的振动频率作出反应。由于氘原子比氢原子重，因此振动得更慢，但果蝇是否能够感受到氘原子的振动，以及人类的嗅觉是否以同样的方式工作，这些都是悬而未决的问题。

## 31．为什么听着其他蟋蟀的声音长大的雄性蟋蟀比那些不听的有更强的免疫系统和更大的睾丸？

2010 年美国加利福尼亚大学发表的研究表明，蟋蟀成长过程中听到其他蟋蟀鸣叫的程度会影响它们的发育。起初，人们认为这与蟋蟀群体生活的环境有关，但后来的实验将在隔音环境中成长的蟋蟀与那些能够听到外界声音的蟋蟀进行了比较，结果表明，是由于它们听到的鸣叫声造成了这种差异。更具体地说，生长在安静环境下的蟋蟀比听到鸣声长大的蟋蟀的免疫系统要弱。后来，人们还发现，在隔音环境中发育的婴儿的生殖系统比在嘈杂环境中发育的婴儿的生殖系统要弱。

这并不是什么坏事：在正常情况下，它们根据其他蟋蟀鸣叫的程度，可以很好地判断出附近有多少蟋蟀。周围的蟋蟀越多，那么某一只蟋蟀遇到其他蟋蟀并感染疾病的概率就越高。同样，周围的蟋蟀越多，就越有机会找到其他蟋蟀进行交配。因此，更多的鸣叫声也就意味着更多的染病和交配机会，因此也就需要更强的免疫系统和更大的睾丸。然而，听觉信号是如何影响身体变化的，这还有待解释。顺便说一句，蟋蟀是通过它们腿前部的振动感受器来"听到"声音的。

## 32．苍蝇有自由意志吗？

神学家和哲学家已经就自由意志[①]争论了几个世纪。但 2007 年科

---

① 自由意志是哲学里面的一个专业概念，理解为意识选择做什么的决定，也就是意志的主动性。

学家得出结论，自由意志确实存在——至少对苍蝇来说是这样的。这个结论基于一项实验，实验中，将一只苍蝇头部粘在一块木板上，并将它的翅膀和腿捆上，系绳连接着敏感测量设备，这样就可以记录苍蝇对系绳施加的拉力。整个装置放置在一个无风的环境中，避免外力作用在苍蝇上。

他们认为，如果苍蝇仅仅是一种对刺激做出自动反应的生物，那么它的拉拽模式应该是重复或者随机的。然而，对其腿部拉拽和翅膀拍打的分析显示出一种变化但非随机的模式。因此，从某些意义上来说，苍蝇正因此"决定"要做什么，按照实验者的说法，苍蝇表现出了自由意志。

关于人类自由意志的争论必然会继续下去，但现在很难说人类有自由意志，而苍蝇没有。

## 哺乳动物

### 33．哺乳动物的大小和它所需的食物量间有什么关系？

同等重量下，大型动物比小型动物需要摄入更少的食物。有人说这是因为小型动物跑得更快，因此需要更多的能量。加上小型动物为了觅食需要跑来跑去，因此这看起来像是一个循环论证。1883 年，德国生物学家马克斯·鲁布纳提出了一个更合理的解释，他认为哺乳动物的能量需求中很大一部分来自维持恒定体温的需要。由于热量通过皮肤不断流失，所以他提出，最低能量需求应与哺乳动物的体表面积成正比。

由于质量与体积成正比，体积与线性尺寸的立方成正比，而表面积与线性尺寸的平方成正比，因此，鲁布纳提出，基础代谢率应与质量的 $\frac{2}{3}$ 次幂成正比。

然而，这种计算主要还是理论性的，从 20 世纪 30 年代到 20 世纪 40 年代，对活体动物的实验数据表明，基础代谢率方程 $\frac{2}{3}$ 的指数太小，它应与质量的 $\frac{3}{4}$ 次幂成正比。1945 年，美国密苏里大学生物学家塞缪尔·布罗迪给出了多种哺乳动物的基础代谢率，并提出了著名的"老鼠到大象曲线"，似乎刚好与这个基础代谢率方程相吻合。

随后，人们普遍接受了 $\frac{3}{4}$ 这个指数，直到 2003 年的一篇论文对这项研究提出了质疑，认为 $\frac{3}{4}$ 这个指数更倾向于家养宠物和实验动物，因为这些动物的活跃度要比野生动物低一些。在对这些因素进行调整后，数据似乎再次支持了之前的 $\frac{2}{3}$，因此我们不得不承认，目前还无法得到定论。

## 34．老鼠能数到几？

自 20 世纪 70 年代以来，这个话题一直备受争议，人们设计了一系列的实验来测试老鼠的计数能力。在一个早期实验中，让老鼠绕着一个路线跑，跑过之后就会给予它们奖励，但在它跑到第四圈时不给奖励。结果显示，老鼠在没有奖励的情况下跑得比较慢，这显然表明老鼠可以数到三。但是，它们真的是在计数，还是在计算它们跑三次所花的时间呢？

1983 年，戴维斯和梅莫特进行了一项实验，在不同的时间段内对老鼠进行固定次数的电击，看它们是否能数出电击的次数，然后意识到自己是安全的。他们对此得出的结论是：老鼠可以学会数数，但这种行为是非常不自然的，可能会被更重要的信息来源所阻挡或掩盖。然而，同年的晚些时候，日本科学家今田宏、舒库和诺里亚做了一个类似的实验，并得出了"没有证据表明老鼠会计数"的结论。

现在的普遍观点是，老鼠会数数，但它们非常不情愿，而且只有在其他方法都行不通的情况下才会这样做。让它们数 5 个以上的数字可能超出了它们的承受能力。但是科学家们发现蚂蚁似乎非常擅长计数，甚至可以进行简单的求和运算。

## 35．为什么斑马有条纹呢？

19 世纪的阿尔弗雷德·拉塞尔·华莱士和查尔斯·达尔文是"自然选择"理论的共同创始人，他们二人对此问题展开了争论。华莱士称，斑马身上的条纹使它们在黄昏时分去河边饮水时不容易被捕食者发现。而达尔文称，那是无稽之谈，条纹根本不能提供任何的保护作用——但达尔文说，他认为这些条纹很美。

还有人认为，条纹可以在长长的树叶中起到伪装的作用，斑马身上的条纹可以迷惑捕猎者，因为它们很难从眼花缭乱的条纹中识别出弱小的斑马幼仔。也有人认为，条纹是一种让斑马能够识别彼此的条形码，黑白相间的条纹通常是一种警告信号，条纹使捕食者很难判断出动物的身形有多大。还有人认为，黑白条纹吸收了不同程度的太阳辐射，因此在动物的皮肤上形成了一个对流降温系统。

## 36．驯鹿为什么要吃致幻蘑菇？

从鼩鼱到大象，关于动物因贪吃发酵的水果而出现醉酒症状的报道不胜枚举，但几乎没有证据表明这些动物是故意让自己醉酒的。在2010 年《药物杂志》（*Pharmaceutical Journal*）圣诞版中，副主编安德鲁·海恩斯写道，驯鹿对毒蝇伞蘑菇表现出极大的热情，这种蘑菇以其毒性和迷幻特性而闻名。人们已经知道驯鹿会专门搜食这种蘑菇。海恩斯认为，驯鹿是为了逃避漫长冬夜的沉闷而故意食用这种能改变思维的东西的。这就意味着驯鹿的自我意识比我们通常认为的要高。正如海恩斯所言，这也可能让人们相信，圣诞老人的驯鹿真的能飞起来。

## 37．绵羊通过其他羊身上的什么特征来区分彼此？

研究表明，绵羊不仅可以通过羊脸的图片区分其他绵羊，还可以记住另外50只绵羊的脸长达两年。就算以前只从正面看过，它们也能认出另一只绵羊的侧脸。如果让它们在一张正经受压力的绵羊的图片和一张没有压力的绵羊的图片之间做选择，它们会倾向于选择没有压力的那只。然而，当使用有色染料改变了绵羊头部区域的外观时，母羊则很难在远处认出自己的孩子。

不过这些结果也不能告诉我们，当绵羊看到这些图片时它在想什么，或者它们脸部的什么特征可以让它们来区分彼此。

## 38．当猴子知道自己被监视后，会改变自己的行为吗？

如果我们知道自己被监视着，那么我们很可能会表现得跟平时不同，但如果猴子知道人类在监视它们，它们会改变自己的行为吗？这个问题对研究动物行为很重要，2010年的一篇论文给出了部分答案。通过对比一组知道实验人员正在监视自己的卷尾猴的动作和一组被套上无线电项圈的卷尾猴的动作，研究人员发现，与独处时相比，卷尾猴被跟踪时并没有更快速地移动，也没有更少停下来休息，更没有表现出更高的活动水平。然而，它们可能以更微妙的方式改变着自己的行为，或者，行为呈现差异是因为另一组戴着无线电项圈，又或者是因为它们已经习惯了实验人员的行为。

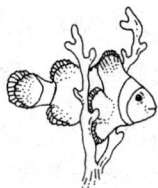

## 海洋生物

### 39．鱼能感觉到疼痛吗？

关于动物是否会感到疼痛这个问题，可以追溯到 17 世纪的法国哲学家笛卡儿，他坚信动物不会感到疼痛。他认为动物缺乏意识，因此无法感觉到疼痛。但是，随着我们对鱼类生理机能的不断了解，人们越来越清楚地认识到，鱼类对疼痛的反应可能与人类相似。当鱼类受到身体上的伤害时，它们的身体会做出类似人类的反应，其行为也是如此。20世纪 90 年代末，人们甚至发现鱼的皮肤中有痛觉感受器，它会在受伤时向大脑传递信息。

所以，鱼的身体会对疼痛做出反应，其大脑也知道疼，但是鱼自己是否知道自己在疼痛，则又是另一回事了。一些科学家支持捕鱼，他们认为，我们大脑中高度发达的新皮层让我们有疼痛感和其他有意识的情感与感觉。但是鱼的大脑中没有新皮层，因此如果它能感受到疼痛，那一定是以一种不同于人类的方式体验到的。所以要回答这个问题，我们需要知道作为一条鱼的感觉，这可能比知道作为一只蝙蝠的感觉还要难。

### 40．野生鹦鹉螺在哪里产卵？

在已知的生物中，几乎没有什么比鹦鹉螺更神秘的了，鹦鹉螺是章鱼的近亲，有许多触手和一个螺旋形外壳。根据化石记录判断，这种古老的海洋生物在过去的 5 亿年里几乎没有什么变化。它们生活在水下

300 米处，会游到水下 100 米深的地方觅食，每月差不多只需要觅食一次。鹦鹉螺通过类似喷射推进器的方式向前游动，它将水吸入体内，在高压下把水排出。它们的眼睛几近失明，只能通过气味或其他化学信号来定位食物并寻找潜在的配偶。人们发现，有些鹦鹉螺的卵所附着的岩石处在觅食处的海底深度，但这是否是它们正常的产卵地方尚不清楚。跟海洋深处的其他东西一样，鹦鹉螺身上谜团重重。我们不知道它们的寿命长短，也不知道它们孵化后需要多长时间才能达到性成熟。没有人追踪到野生鹦鹉螺从出生到死亡的全过程。我们甚至不知道海洋中有多少只鹦鹉螺，也不知道是否应将它们列为濒危物种。知道它们在哪里产卵将是一个非常有用的起点，我们可以借此进一步了解这些难以捉摸的生物。

## 41. 大王乌贼生活在哪里？

鉴于人类对海洋的认知有限，鹦鹉螺的神秘度在海洋生物里只能排到第二，在某种程度上要落后于大王乌贼。在古代，亚里士多德和老普林尼均在书中提到过这种生物，但科学界直到 18 世纪晚期才完全认可它们的存在。从那以后，科学家发现了大约 600 个标本，但发现时这些标本几乎全部死亡。其中许多是被冲上岸的，有一些漂浮在海洋里，还有一些是在抹香鲸的胃中发现的。

第一次拍摄到这种活体大王乌贼是在 2001 年，而第一次在深海中拍摄到则是在 2004 年。偶尔捕获一只活的大王乌贼时，它们也不能存活下来。我们不知道大王乌贼有多少种，最多甚至可能有 20 种。我们也不知道它们是如何交配的，到底能长到多大。从捕获的标本和它们的尸体来看，体长很少有超过 5 米的，尽管目击者（可能言过其实）称包括触须在内，其体长可达 20 米。我们不知道它们可以活多久、它们生活在哪里。但人们已经在大西洋、太平洋和南大洋中发现过它们。

而体型更大、同样神秘的大王酸浆鱿则只在南大洋被发现过。迄今为止，人类发现的大王酸浆鱿的标本不足 10 个，其中有些是活的，有些则是死的。对大王酸浆鱿体型大小的估计主要是基于在鲸胃中发现的触须和喙。但最近发现了一具大王酸浆鱿尸体，它眼睛的直径为 27 厘米，这是迄今为止在动物身上发现的最大的眼睛。如果它还活着的话，身体可能更大，最长（包括触须）可能达 12—14 米。

### 42．为什么一角鲸有螺旋状的长牙？

想象一下独角兽和鲸杂交后的产物，你就得到了一角鲸，或者至少是只雄性一角鲸，因为只有雄性一角鲸拥有长而直的獠牙，长牙从它的左上颚以左旋状生长出来。雌性的牙可能稍短一些。在极少数情况下，一角鲸会长出两根长牙，但是当它们长出两根长牙时，长牙会朝着同一个方向螺旋生长。

达尔文对一角鲸的长牙颇感兴趣，因为它似乎没什么用处。很少有人看到一角鲸用它来打架、凿破冰层，或者用长牙来觅食。达尔文和其他人给出的唯一的解释就是，长牙是第二性征。雌性一角鲸是否会追求有长牙的雄性一角鲸尚未得到证实，但科学家观察到雄性一角鲸在一项叫作"磨牙"的活动中会与其他一角鲸摩擦自己的长牙，这被认为是建立和维持统治地位的仪式。

### 43．为什么鲸会成群搁浅在沙滩上？

为什么单头鲸或者整群鲸，会在海滩上搁浅死亡，这是动物界的一大谜题。每年大约有 2000 头鲸会发生这种情况，尽管有各种各样的解释，但依然没有确定的结论。这里给出部分解释：

● 当一头生病或受伤的鲸游进浅水区时，成群的鲸不愿意丢下它，就跟着游到了浅水区。当海水退潮后，它们就都被困住了。

● 它们的导航系统受到海军声呐、天气条件、地球磁场变化或者疾病的干扰。

● 海底地震活动产生的洋流导致鲸迷路。

2000 年，巴哈马群岛数种鲸搁浅，美国海军承认对可能导致这一事件的超强水下声呐负有责任，但还有许多类似的搁浅现象与已知的声呐活动无关。

## 44．水母是色盲吗？

箱型水母是非常活跃、敏捷的游泳健将，非常擅长避开海底的障碍物。这也许不足为奇，因为它们有 24 只眼睛，可分为 4 种不同的类型，2007 年的一项研究显示，其中一种是低晶状体眼，专门负责避开障碍物。

水母通过物体与周围环境的视觉对比来探测植物或潜在障碍物。但问题在于，视觉上的对比是根据亮度还是根据颜色呢？结果发现，水母对障碍物的反应只取决于障碍物的亮度。研究人员表示：这与我们的其他数据相吻合，这些数据有力证明了水母其实是色盲。

## 45．海豚有多聪明？

通过测量大脑尺寸，人们认为海豚是一种高智商的动物。当然，大型动物的大脑往往比小型动物更大，因此人们认为重要的是"脑指数"，即相同重量的动物实际大脑大小与预测大脑大小的比例。猫的脑指数是 1，兔子和老鼠是 0.4，黑猩猩是 2.2—2.5。人类的脑指数最高，约为 7.5，而宽吻海豚的脑指数为 5.6。

这似乎证明了海豚是相当聪明的，但在 2006 年，南非威特沃特斯兰德大学的研究员保罗·马尼基提出了另一种假设：海豚大部分的大脑并非用于思考，而是用于调节体温。毕竟，海豚是生活在冷水中的温血动物，而海水越深，温度越低。因此保持体温就至关重要，海豚的大脑与其说是一个思考的器官，不如说是一种美化了的恒温器。

2010 年初，美国的科学家宣称，鉴于海豚的智力水平，应将其视为"非人类"。它们基于大脑大小的论点，不如行为证据更有说服力。毕竟海豚已被观察到做出了一些非常聪明的举动，比如在镜子中认出自己，用海绵捂住鼻子防止自己被带刺的鱼扎伤，并把从人类那里学到的技巧教给其他海豚。所有这些行为一度被认为只有大猩猩才可以做到。

### 46．龙虾能通过视觉识别彼此吗？

多年来，人们已经知道龙虾可以靠气味认出彼此。龙虾发动攻击性时往往会排尿，当两只龙虾打斗，彼此会记住对方尿液的味道。如果两只龙虾再次相遇，输了的那只会避免与击败它的龙虾再次发生争执，但赢了的那只龙虾则希望再战一场。龙虾的视力很差，而且打斗往往发生在漆黑的海洋深处，所以是嗅觉而不是视觉占主导地位也就不足为奇了。但最近人们提出了龙虾是否能认出彼此面孔的问题。

意大利佛罗伦萨大学的研究人员为了回答这个问题，从当地鱼市买来 98 只龙虾并将其放在同一个鱼缸中，该鱼缸由各种分隔板隔开。这些隔板分别是不透明的、透明的、有孔的（允许气味散发）与无孔的。结果显示，当龙虾能看到彼此时，它们会猛烈地撞击隔板，但当它们看不到对方时，无论是否能闻到其他龙虾的气味，它们几乎一动不动。当隔板被移除后，之前看到过彼此的龙虾就开始打架或主动避开对方，而其他没看到过彼此的龙虾则更倾向于观察对方。

实验得出的结论是，龙虾可以通过视觉识别出周围是否有其他龙虾，但它们是否能仅凭视觉就认出之前见过的一只特定的龙虾仍有待观察研究。

## 洞 螈

### 47. 洞螈为什么如此长寿，为什么它似乎不会衰老？

洞螈，又名盲螈，是一种形似盲虫的两栖类动物，体长 20—30 厘米，生活在巴尔干半岛北部喀斯特地区的地下洞穴中。它的眼睛并不发达，但对光线也有一定敏感性，而它的听觉和嗅觉都很好。根据最近的估算，洞螈的寿命竟然能达到 100 年，远远超过了人们根据其体型所预测的寿命长度。更值得注意的是，根据最近对 60 岁以上洞螈标本的研究发现，它们并没有表现出衰老的生理迹象。洞螈在不进食的情况下也能存活长达 10 年之久。它的栖息地缺少阳光是否有助于它的健康和长寿，还有待进一步研究。

## 熊 猫

### 48. 为什么熊猫是黑白色的？

我们提过的有关斑马的所有内容都适用于熊猫，除了熊猫没有天敌之外，因此认为熊猫的颜色对其他动物起警告作用的观点就更没有说服力了。有人认为，这种鲜明的黑白斑纹确实是一种警告，用来警告其他大熊猫远离自己的领地。也有人认为，这种颜色能让大熊猫更清楚地看到彼此，并帮助它们寻找配偶。

## 49．雌性熊猫如何选择抚养和抛弃哪些幼崽？

熊猫一次会生下 1—3 只幼崽，但它们只会照顾其中的一只。在多胞胎的情况下，母亲会选择一只幼崽来照顾，而抛弃其他的幼崽，这些被抛弃的幼崽很快就会死去。如果熊猫妈妈总是抛弃弱小的幼崽也是说得过去的。很多人认为事实就是如此，但是却没有证据证明这个理论，也没有任何其他发现来证明熊猫妈妈根据什么来选择幼崽。

## 企　鹅

## 50．南极有多少只企鹅？

2011 年 4 月，美国国家海洋和大气管理局发表了一份报告，指出南极磷虾数量的变化与企鹅数量的减少有关。磷虾的大量捕捞和全球变暖导致的磷虾数量减少，似乎都在剥夺企鹅的主要食物来源。有几份出版物利用这份报告，声称企鹅的数量减少了 50% 或者更多，而且幼年企鹅的生存受到的影响更大。然而，最初的论文其实煞费苦心地避免对整个南极企鹅种群做出断言，作者明确表示，他们的数据只与某些特定种类的企鹅（在南极总共有 17 种企鹅），以及某些受到密切监控的繁殖地有关。

英国南极调查局的科学家则更为谨慎。关于企鹅的数量是否在减少，他们表示："有些物种在减少，而有些没有——这取决于你观察的区域。"阿德利企鹅的数量有所波动，帽带企鹅的数量大幅减少，而巴布亚企鹅的数量则有所上升。

南极探险家纪尧姆和珍妮弗·达戈尔在他们的网站上更明确地表示，我们对南极企鹅所知的极其有限：

> 南极洲的许多地方，包括一些海岸，都从未被探索过，所以企鹅的确切数量无从得知。评估也是通过人工计算某些地区的企鹅数量，然后来推断出整个南极大陆的企鹅数量……但我们要记住，这些数据极不准确，大多数企鹅聚居地几十年来都没有人造访过，同时还有更多的企鹅聚居地甚至一直无人问津。

确切的南极企鹅数量普查显然还没有开始。

## 浮游生物

### 51．为何浮游生物的种类如此之多？

从进化的角度来看，浮游生物带来了一些问题。在标准的进化模型下，当两个相关的物种为了同一种资源竞争时，强者会占上风，另一个物种就会灭绝。浮游生物必须竞争的唯一重要资源就是光和营养物质。然而由于某种原因，大量不同的物种已经进化了。更加令人费解的是，浮游生物对海洋生态系统的主要贡献似乎依然是支撑食物链的底层并被其他物种吃掉。

两个主要理论解释了这一现象，要么是存在大量微妙的环境因素，例如可能导致不同物种出现的水流动荡，要么是许多吃掉其他浮游生物的浮游生物会与不断变化的环境条件相结合，来确保不同物种之间没有平衡点，因此进化将继续推动浮游生物多样化的产生。

# 植 物

## 52．花是从哪里来的？

1879 年，查尔斯·达尔文在给植物学家约瑟夫·道尔顿·胡克的信中这样写道："据我们判断，高等植物在近代地质时期的快速发展是一个令人憎恶的谜。"

根据达尔文所看到的化石记录，在苔藓、蕨类、针叶树和其他各种绿色植物已经存在了几亿年之后，开花植物突然出现在大约 1.3 亿年前，并迅速演化为类似于我们今天所知道的各种各样的植物物种。

最近的许多研究都在对一种名为无油樟的植物进行基因测序，这种植物发现于西南太平洋的新喀里多尼亚雨林。它有着微小的黄绿色花和红色果实，被认为是裸子植物（没有花的原始植物）和被子植物（开花植物）之间缺失的一环，也是最早的开花植物的直系后代。它的基因组可能有助于研究人员确定被子植物是如何形成的，但是它们惊人的快速繁殖能力和多样化可能在一段时间内仍然是一个"令人憎恶的谜"。

## 53．是什么决定了不同植物的高度？

根据植物长到一定大小后是停止生长，还是在接受营养后继续生长，植物可以被分为"确定"和"不确定"两类。在一些植物中，已经发现了一些基因，当达到一定的标准时，这些基因能够停止植物的生长，但是似乎没有哪一个基因能够使所有的植物具备同样的功能。

更让人困惑的是，有些植物，比如番茄，既有确定性变种，又有不确定性变种。当确定性变种和不确定性变种进行杂交时，杂交品种将遵循两种生长模式中的哪一种，我们尚不能确定。

## 54．植物会产生甲烷吗？如果会，它们是怎么产生的？

2006 年宣布的一项发现有可能推翻关于植物在地球生物圈中所起作用的一系列观点。德国汉堡的马克斯·普朗克研究所的研究人员设计了一套与户外条件相似的实验室环境，对其中的树叶和树木的排放物进行监测。令他们惊讶的是，他们在排放物中发现了大量的甲烷，这出乎所有人的意料，而且当日照增加和气温变暖时，植物对甲烷的释放量也随之增加。

如果这一发现属实，将有必要彻底重新评估植物对全球变暖的影响。我们知道，植物吸收二氧化碳，这是一种温室气体——这就是为什么它们在对抗全球变暖中被高度重视的原因。但如果植物会排放甲烷，甲烷的变暖效应比二氧化碳更大，这样植物也许会是温室效应问题的主要推动者，而不是这一问题的解决者。

德国的研究人员估计，植物可能要为所有甲烷排放的 10% 到 30% 负责，然而其他人却不以为然。在缺乏氧气的环境中，如沼泽或稻田，甲烷的排放是很常见的，但是在富氧环境下生产甲烷则需要耗费相当多的能量，研究人员还不清楚这些能量是来自哪里。

3 年后，又出现了另一种理论：植物并没有产生甲烷，它们只是从土壤中吸收甲烷，然后再通过叶子释放出来。然而，就目前而言，植物在甲烷生产中的作用这个问题仍然悬而未决。

## 55．树木的生长如何反映气候变化？

直到最近，树木年轮的宽度还被认为是判断气候是否良好的一个指标。事实上，树木年轮气候学[①]的整个科学研究都源于对树木年轮的观察，关于全球变暖的许多历史数据都是从对树木年轮的研究中获得的。然而，2007 年发表的一项研究表明，根据树木年轮数据重建得出的气候记录与实际记录的气温之间存在差异。

目前尚不清楚的是，这种异常现象是数据来源的北纬高纬度地区所特有的，还是表明这是一个更普遍的问题。正如研究人员所说："我们对问题的原因还不甚了解，其原因也很难检验，因为同时存在着许多变化的环境因素，这些因素可能会对最近的树木生长产生潜在影响。"换句话说，这比我们想象得要复杂一些。

**蜘　蛛**

## 56．安吉丽娜·朱莉蜘蛛与斯蒂芬·柯尔伯特蜘蛛是同一个物种吗？

奥森·威尔斯、哈里森·福特、安吉丽娜·朱莉、纳尔逊·曼德拉、

---

[①] 作为树木年轮学的一个分支学科，树木年轮气候学是以树木生理学为基础，以树木年轮生长特性为依据，用来研究气候变化对年轮生长影响的一门学科。

大卫·鲍伊和喜剧演员史蒂芬·科尔伯特有什么共同之处？答：都有一种蜘蛛是以他们的名字命名的。事实上，有一整个蜘蛛种群都是以奥森·威尔斯的名字命名的。然而有些人怀疑，被称为"安吉丽娜·朱莉"的陷阱蛛与"斯蒂芬·科尔伯特"陷阱蛛是同一物种。这个问题应该通过分析两种蜘蛛的基因序列来解决，但是由于在物种的确切构成方面没有形成普遍的共识，所以这个问题仍待商榷。

## 57. 紧张型精神分裂症患者和蜕皮蜘蛛有什么共同之处？

在20世纪50年代，瑞士药理学家彼得·维特进行了一系列引人注目的实验。他在实验中证明，给某种蜘蛛服用药物可以改变它们结网的形状。不仅如此，通过对结成的蛛网进行特定的测量，你还可以知道蜘蛛到底服用了哪些药物。

维特早期在一个实验中曾使用过迷幻剂，这让其他研究人员产生了一个想法，他们首先从有幻觉的精神病患者的尿液或血液中提取物质，然后给蜘蛛喂食，来观察这些提取物是否对蜘蛛有类似的作用。1959年，美国加利福尼亚州神经精神病学家尼古拉斯·拜尔采尔的报告给出了令人震惊的结果。在拜尔采尔的实验中，一只被喂食了一定剂量的紧张型精神分裂症患者血清的蜘蛛织出了一张杂乱无章的网，没有任何形状和规律可言。

这种现象以前只在正蜕皮的蜘蛛织成的网中出现过。所以为了了解到底发生了什么，研究人员从一只正在蜕皮的蜘蛛身上提取了一种体液，并将其喂食给了另一只蜘蛛，这只蜘蛛再次织出了一张散乱的网。

结论很明显，在紧张型精神分裂症患者的血液和蜕皮蜘蛛的体液中都含有破坏蛛网图案的物质。然而，这是什么物质，以及它是如何对人与蜘蛛造成损害的，仍未被查明。

## 58．是什么让蛛丝如此结实？

据说，一根拇指粗的蛛丝足以阻拦一架巡航速度为 900 千米每小时的大型喷气式飞机。用蛛丝制成的防弹衣重量只相当于凯夫拉尔纤维 [①] 防弹衣重量的 1/10。简而言之，蛛丝是科学界已知的最结实的一种物质。

假设蛛丝的强度是由蜘蛛的纺丝器官中产生的一种蛋白质来决定的，那么，人们把从蜘蛛身上提取的基因转移到山羊的乳腺中，制造出一种羊奶，就应该能从中提取超高强度的物质。然而，尽管美国中央情报局提供了资金并进行了多年的研究，但用羊奶制成防弹衣的计划仍然没有什么进展。

## 59．小小的蜘蛛大脑是如何存储织网所需的复杂指令的呢？

蜘蛛的大小各不相同，有的大得惊人，有的则小得几乎只能用显微镜才能观察到。哥斯达黎加大学的威廉·埃伯哈德以重仅 1 毫克的阿纳皮萨·西蒙尼（Anapisona simoni）蜘蛛为对象，研究一个假设——与较大的大脑相比，较小的大脑用于容纳复杂的织网信息的空间也较小。

通过比较阿纳皮萨·西蒙尼蜘蛛织网的复杂性和它们修复变形蛛网的能力，埃伯哈德得出结论，拥有较大大脑的蜘蛛和较小大脑的蜘蛛在织网能力方面是一样的。不仅如此，较小的蜘蛛能设计出两种不同的蛛网，而较大的蜘蛛却只能设计出一种。

然而，可以肯定的是，与较大的大脑相比，较小的大脑在记忆和处理能力上一定要弱一些。那么，为什么这一差别没有反映在织网的复杂性上呢？

---

[①] 凯夫拉尔纤维是一种芳纶复合纤维材料，具有永久的耐热阻燃性、抗静电性、耐酸碱、高强度、高抗撕裂性，是重要的国防军工材料，主要用于制作防弹衣、防弹头盔。

### 60．为什么条纹金蝉蛛的眼睛如此特别？

在所有电磁辐射的频谱中，我们可以用肉眼观察到一小部分波长的电磁波。多亏了我们视网膜中的色素，我们可以看到波长在 400 纳米（紫色）至 700 纳米（红色）（十亿分之一米）之间的电磁波。在这个范围的任何一端，都有人类无法看到的光谱中的紫外线和红外线部分。

我们知道有些动物的视力可以延伸到紫外线范围。一些鱼类、甲壳类动物、鸟类和哺乳动物能够看到紫外线——这是电磁波频谱中最接近我们能看到的可见光的部分之一。户外紫外线的波长范围在 270 纳米到 320 纳米之间，当我们躺在阳光的直射下，需要保护自己免受户外紫外线的伤害，因为它被人体吸收后会损害我们的 DNA，进而导致皮肤癌的发生。直到 21 世纪，人们依然认为，动物看不到户外紫外线，但在 2007 年，新加坡的一个研究小组在跳蛛的腹部发现了能够反射户外紫外线的斑点，似乎是用来交配的。为了弄清楚这是怎么回事，研究人员进行了一项实验。在表演求偶舞蹈时，将两组雄性跳蛛和雌性跳蛛分开。在其中一组中，分隔它们的屏幕上有一个户外紫外线滤镜，除了户外紫外线外，所有的光线都可以通过。结果显示，在正常情况下，雌性会疯狂地跳着求偶舞，但当户外紫外线过滤器放在它们之间时，它们却表现出对求偶毫无兴趣。

目前已知其他生物的眼睛也会受到户外紫外线的伤害，所以，如果雌性蜘蛛用它们的眼睛来探测户外紫外线的话（很可能是这样的），那么它们就必须以某种方式保护眼睛。但是，在迄今被研究的所有动物中，为什么这类蜘蛛能看到其他动物看不到的东西呢？有一种理论认为，这种户外紫外线探测已经进化成一种其他物种无法监听（也无法使用）的私密交流形式。那么这些蜘蛛究竟有什么私密的事情要交流呢？

### 61．为什么圣安德鲁十字蛛对配偶的选择如此挑剔？

圣安德鲁十字蛛因习惯于把腿伸开呈 X 形，像一个圣安德鲁十字架一样在蛛网上休息而得名。这种蜘蛛的性生活十分不幸，通常在交配之后，雄性会被雌性吃掉，它们很少能在两次交配后存活下来。尽管如此，这些可怜的家伙还是对它们的配偶有着强烈的偏好。2004 年，澳大利亚的一项实验报告显示，在野外，雄性蜘蛛对于那些由实验室里培育出来且未曾交配过的雌性蜘蛛所结的网有着强烈的兴趣。已交配过的雌性蜘蛛的网似乎根本不能吸引它们。未交配过的雄性也表现出对未交配过的雌性的偏好，而曾在之前的交配中幸存下来的雄性并不在乎下次交配的对象是谁。这种择偶偏好的改变是很不寻常的，而且它们为何如此青睐实验室培育的雌性蜘蛛也有待解释。

### 62．蜘蛛结网在多大程度上是一种随机行为，抑或是它们能够准确控制网的位置？

当你看到一张蛛网挂在半空，仿佛处于某个峡谷之上时，你可能会想这是如何开始的。答案是，它们把一根丝线悬在空中，直到它被一阵风吹到了另一边。有了这个绳梯，它们就可以沿着绳梯爬行，吐出更多的丝线，形成蛛网的半径。然后，它们留下用来捕捉食物的有黏性的螺旋状的丝线。在最后，它们会吃掉那些原来只是为了建造的丝线。

回到第一缕风上，我们无法知道是什么因素决定蛛网的精确位置。

蜘蛛是否对风的方向有微妙的判断，并选择在哪里摇摆它的第一根丝线，这样蛛丝就会被带到它想要结网的精确位置，或者它只是随意摇摆它的丝，风吹到哪里，就高高兴兴地在那里结网？

## 松　鼠

### 63．松鼠为什么会自慰？

在 2010 年之前，没有人想过要问这个问题，当时一篇关于纳米比亚一种松鼠的研究似乎打乱了对这种行为的常规解释。对于自慰有两个标准的原因：当找不到伴侣时，自慰可以作为性发泄的出口；或者（对男性来说）它可以通过排出老化和可能功能失调的精子来提高精子质量和受精机会。

这两种解释中的任何一种都可以预测，在那些性生活不那么频繁的人当中，自慰的频率会更高。然而，在纳米比亚监测非洲地松鼠行为的案例中，情况则恰恰相反：自慰最频繁的是性生活次数最多的雄性。

进行了这项研究的生物学家，美国佛罗里达中央大学的简·沃特曼认为，自慰可能是一种生殖器美容的形式，可以减少感染性传播疾病的概率，但是还需要更多的研究来证实这一假设。

## 缓步动物

### 64．为什么被称为缓步动物的微小生物遍布世界的各个角落？

无论你走到哪儿，缓步动物总是如影随形。这些微小的八足生物，也被称为水熊虫或苔藓仔猪，几乎可以在任何地方生存。它们的体长不超过 1.5 毫米，能在接近绝对零度（-273.15℃）或高达 151℃的环境下生存，能承受足以杀死大多数其他动物所需辐射剂量的 1000 倍，并且能在没有水的情况下存活 10 年。

在海洋深处、喜马拉雅山脉高处、极地地区和赤道地区均有缓步动物的踪迹。它们甚至能在太空旅行中存活下来。

世界上的缓步动物物种超过 1000 种，但是人们对它们的进化史知之甚少。因此，它们与其他生物的差异明显，它们的无处不在证明了它们具有非凡的适应能力，这在进化中扮演着重要角色。然而，它们是如何在地球上几乎所有地方开拓生存地的，这仍是一个谜。

## 独角兽

### 65. 为什么印度河流域的人们对独角兽如此着迷？

在公元前 2600 年到公元前 1900 年间，沿印度河流域，即现在的巴基斯坦和印度西北部，一个伟大的文明兴起。直到 20 世纪 20 年代，这个文明才被约翰·马歇尔爵士重新发现，他们高度发达的文化令他感到惊讶。这似乎是一个爱好和平的民族，没有强大或残暴的统治者，没有发动战争，没有大肆炫耀的财富或精制的葬礼仪式，他们有先进而有效的税收方式，相当好的排污系统，对沐浴的热爱，以及对独角兽的痴迷。人们已经在印度河流域的雕像和陶瓷上，发现了 100 多幅描绘这些传说中的野兽的图画。

有趣的是，把独角兽描绘成神话中的野兽是一个相对现代的现象。直到 19 世纪，对于它们是否存在的问题，人们的普遍看法还是比较开放的。在古希腊和古罗马的著作中，它们出现在自然史中，而不是在神话中，亚里士多德和老普林尼均指出它们曾在印度出现。

那么印度独角兽真的存在吗？遗憾的是，在这个地区没有发现过独角兽的骨骼化石，但如果它们不是真的，那么它们从何而来，又是如何在他们的文化中占据如此牢固地位的呢？

## 蠕 虫

### 66. 蠕虫精子上的毛发和刚毛有什么作用？

在显微镜下拍摄小蠕虫交配的视频似乎是一种不寻常的消磨时间的方式。然而，瑞士的生物学家们一直在对大口涡虫属的扁形虫进行这样的研究，他们的目标是解决一个古老的问题，即蠕虫精子上的刚毛和其他装饰物的进化问题。

大口涡虫是一种有趣的小蠕虫，大约有一个逗号那么大。它们同时拥有雄性和雌性的性器官，是完全的雌雄同体。在交配时，它们像两个互相扣住的字母 C 一样蜷曲在一起，各自的雄性性器官进入对方的雌性性器官。

然而，令研究人员惊讶的是，在交配后，每一方都试图通过吮吸来取出对方的精子。他们推测，这是一种性别选择的方法，它们在交配后才选择谁来当孩子的父亲，这和许多其他生物在交配前就选择好有所不同。他们还认为，大口涡虫精子上刚毛的作用是使其更难被吸出。只有通过拍摄更多不同种类蠕虫交配的视频，人们才能证实这一理论是否可靠。

# 地理篇

# 美 洲

## 1. 美洲第一批住民是谁，他们是如何到达美洲的？

直到最近，人们一直认为克洛维斯人是美洲的原住民，也是所有后来南、北美洲土著人的祖先。克洛维斯人以新墨西哥州克洛维斯镇的名字命名，20 世纪 30 年代，考古学家在此首次发现了他们存在的证据。发现于克洛维斯镇的形状独特的矛头成为克洛维斯文化的重要特征，此后在许多其他地方也发现了类似的矛头。最普遍的理论是，1.3 万年前，大约在末次冰期，克洛维斯人从亚洲赶着成群的动物，穿过连接西伯利亚和阿拉斯加的白令陆桥到达美洲，之后在北美洲建立了第一批人类居住区。

每过一段时间，"克洛维斯优先"理论就会受到质疑，声称有发现表明，可能在克洛维斯人到达之前美洲就已经有人存在。最近，美国得克萨斯州出土了大量的工具和手工制品，这些东西的历史可以追溯到 1.55 万年以前，比人们认为的克洛维斯人到达美洲的时间早了 2500 多年。此外，当时北美洲存在着巨大的冰原，因此人们认为克洛维斯人不可能经由陆路从亚洲进入美洲，而前克洛维斯理论的支持者认为，美洲原住民可能来自波利尼西亚，他们从海上到达南美洲并向北挺进。

## 2. 美洲是以谁的名字命名的？阿梅里戈·韦斯普奇还是理查德·亚美利科？

几百年来，人们普遍认为美洲（America）是以航海家阿梅里戈·韦斯普奇（Amerigo Vespucci）的名字命名的，1499年他从意大利开始了"发现之旅"，一路航行抵达现在的巴西。目前已知最早使用"America"一词的是马丁·瓦尔德塞弥勒绘制的1507年版地图，该地图主要根据韦斯普奇提供的信息制作而成。但并无证据表明韦斯普奇本人曾给这块大陆起过名字，而且众所周知，在后来的地图版本中，瓦尔德塞弥勒试图将美洲的名字America改为Terra Incognita（未知地）。

然而，从20世纪60年代开始，越来越多的证据支持另一种有关"美洲"这个名字起源的理论。这一切都来源于一位威尔士商人理查德·艾普·梅里克(Richard ap Meryk)的交易记录，15世纪晚期在英国布里斯托尔经商时，他将自己的名字英语化，改为理查德·亚美利科（Richard Amerike）。当时咸鳕鱼大有市场，布里斯托尔的渔民从冰岛往丹麦运送大量鳕鱼，直到1475年丹麦国王才停止了这项交易。随后布里斯托尔渔民又去寻找新的渔场，这份交易记录也证实了他们在加拿大纽芬兰岛沿岸找到了梦寐以求的渔场。当然，他们并未将发现渔场的事情公之于众，但众所周知，亚美利科是约翰·卡伯特1497年前往北美探索的主要赞助者。

如今我们已经知道，哥伦布和韦斯普奇都有卡伯特地图的抄绘本，唯一的问题是卡伯特是否在他们之前就用赞助者亚美利科的名字命名了这块大陆。有趣的是，该理论又多了一个猜想依据：亚美利科的盾徽。他的盾徽上刻有星星和条纹，该理论支持者称这激发了美国国旗的设计灵感。这倒是有可能，但是否真实则有待验证：首先，亚美利科盾徽上的条纹是竖直而非水平的；其次，盾徽上仅有3颗星星；最后，盾徽的颜色除了红、白、蓝这3种颜色外，还带有明显的芥末黄色。

## 3．中国人早在克里斯托弗·哥伦布之前就发现美洲了吗？

2002年，退役的英国皇家海军潜艇编队指挥官加文·孟席斯出版了一本畅销书《1421：中国发现世界》（*1421：The Year China Discovered the World*）。他在书中表示，中国探险家早在哥伦布之前就到达过美洲，而且发现了澳大利亚、新西兰和南极洲，甚至比麦哲伦早一个世纪实现了环球航行。他的说法是，身为海军上将的宦官郑和奉皇帝之命，率领大批船只完成了这一系列的伟大壮举。尽管一些历史学家谴责他的说法纯属虚构，并无证据可证实，但孟席斯表示，正是中国探险家的航行发现解释了为何某些早期欧洲地图上会标出一些大陆的准确位置，而这些地方在当时应该还未被欧洲人发现。

2006 年，北京公布了一张最近在古董店里发现的地图。地图上的汉字注明了这幅地图由莫易仝所绘，根据明永乐十六年（1418 年）的一张地图抄绘而成。这张地图绘有澳大利亚和其他当时未知的地域。2009 年，更多中国当年绘制的地图被披露。据说这些作品是 15 世纪原版地图的抄绘图，由已故的小亨登·哈里斯博士收藏，他于 1973 年出版了一本关于地理大发现的书，书中所述发现可能皆出自早期中国的水手之手。哈里斯的想法比孟席斯的更夸张，认为中国人在公元前 2200 年左右就到达了美洲，是美洲印第安人的祖先。

## 4．第一个在美洲大陆出生的英国孩子弗吉尼亚·戴尔，以及罗阿诺克岛上消失的殖民地究竟发生了什么？

1587 年 8 月 18 日，英国人埃莉诺和亚拿尼亚·戴尔生下了弗吉尼亚·戴尔，她是第一个在美洲出生的英国孩子，她的出生地是同年在罗阿诺克岛（现在的北卡罗来纳州）建立的殖民地。殖民者由弗吉尼亚的外祖父约翰·怀特领导，沃尔特·雷利爵士赞助。弗吉尼亚出生后不久，由于殖民地居民粮食短缺，怀特不得不返回英国以便获取新的补给和支援。但当他 3 年后返回时，整个殖民地早已消失不见。当年怀特离开之前，殖民者决定，如果受困或遭到袭击就刻下一个十字架，如果他们决定迁移居所，就刻下新地点的名字。然而怀特并未发现十字架，只发现了 "CROATOAN"（克罗地亚人）这几个字母。克罗地亚岛距离罗阿诺克不远，是友好的克罗地亚人的部落所在地。但由于赤道风暴来临，怀特不得不返回英国，而无从得知自己的孙女或者任何其他殖民者的生死。

解释殖民者消失原因的理论不一而足，有人认为他们溺水而亡、被食人族吃掉或是遭到西班牙侵略战死，也有人认为他们融入了当地的部落，但这些殖民者真实的命运仍不得而知。目前，"消失的殖民地 DNA 项目"正在尝试将罗阿诺克殖民者亲属的 DNA 与美洲土著祖先的 DNA 进行比对，以确定当年的殖民地居民是否全部灭绝了，如果比对成功，就证明了他们当年与当地人融合，成为"土生土长"的美洲原住民。

## 5. 戴维·克罗克特因何而死?

1836 年，戴维·克罗克特在与由尚塔·安娜率领的墨西哥军队的阿拉莫之战 ① 中死去。但情况真是如此吗? 克罗克特的死有两个截然不同的版本。

当时，有一个叫本的黑奴专门给尚塔·安娜军队做饭，据他所言，人们在阿拉莫找到了克罗克特的尸体，其周围有不下 16 具墨西哥人的尸体，克洛克特的匕首深深地插在其中一具尸体上。这听起来似乎符合常理。

据阿拉莫之战的其他描述，大约有 6 名得克萨斯士兵向墨西哥军队投降后，尚塔·安娜立即下令处决了他们。有些人说克罗克特在处决之列。这个版本来自一位叫若泽·昂里克·德拉培尼亚的墨西哥军官的回忆录，他表示克罗克特并没有在战争中死去。但这些回忆的真实性一直充满争议。

---

① 阿拉莫之战是得克萨斯独立战争期间发生的，是得克萨斯争取独立的战役。

### 6．卡斯特的最后一战真的发生过吗？

1876 年 6 月 25 日，乔治·卡斯特将军及其士兵在小巨角河战役[①]中被疯马酋长率领的苏族[②]勇士全部歼灭，这场战役究竟发生了什么？对于此次战役，美国人都赞扬卡斯特的英雄事迹，当时他的军队寡不敌众，他和手下不得不射杀自己的马匹，并将它们堆起来作为防御壁垒，奋力抵抗印第安人部落，直至全灭。然而，由于卡斯特军队 210 人悉数被歼，所有关于他最后一战的描述都来自印第安人，并且所有关于此次战役的早期描述都是苏族和美国政府之间精心策划的结果，毕竟尽可能塑造卡斯特的英雄形象对当时的双方来说都有好处。

然而，现在根据卡斯特山上的调查对当年所发生的事情提出了重大质疑。人们在那里发现了大量尸体，这一发现连同其他证据被一些人用来佐证卡斯特曾用死马做防御壁垒，以及绝望但英勇的最后一战的故事。然而，对废弃弹壳位置的分析却描述了这样一个场景：士兵们惊慌失措，四处溃逃，子弹射向四面八方，有的射向空中，有的射向地面。后来，参战的印第安人的说法也表明，这场战斗结束得非常快，正如有人所说的"那就是个饿鬼吃顿饭的功夫而已"。

# 南极洲

### 7．谁是第一个踏上南极洲的人？

古希腊人以"arktos"命名北极，即希腊语中的"熊"，指的是在

---

① 被称作是"最惨烈的"美军与印第安人之间的战役，最终以印第安人的胜利而结束。
② 苏族（Sioux，意为"七色火焰会议"），是北美印第安人中的一个民族。

北方天空中看到的大熊星座——Ursa Major。因此，古希腊人又称地球的另一端为"Antarktike"，因为它与北极相反（"anti-"词缀表示"相反的"）。在 18 世纪到 19 世纪初，为了捕鱼或勘探，数以百计的探险队向南航行，直到大量的冰块阻止他们继续向南行进。直到 1838 年到 1842 年间，由查尔斯·威尔克斯带领的美国探险远征队才证实了冰层之下确有陆地，南极洲并不是一块虚构的大陆。

在威尔克斯证实了南极洲的存在后，第一个踏上这片土地的人可能是法国探险家兼船长朱尔·塞巴斯蒂安·塞萨尔·迪蒙·德于维尔率领的探险队中的一名船员，登陆时间可能是在 1840 年 1 月 20 日。然而，有证据表明，美国海豹猎人约翰·戴维斯可能在 1821 年踏上过南极洲，但是他也不确定自己踏上的是否就是南极大陆，或者只是附近的一个岛屿，他登陆的精确位置并没有确切的记录。而人们对 1840 年德于维尔探险队登陆的地点也有类似的质疑。

## 8．南极洲沃斯托克湖中生活着怎样的生物？

南极冰面下约 4 千米处的沃斯托克湖是南极大陆上最大的冰下湖。该湖长 250 千米，宽 50 千米，隐藏于冰下至少 1400 万年，存在的时间也可能更久一些。但 1967 年人们开始质疑它的存在，到了 1993 年才将其证实。目前甚至还没采集到沃斯托克湖的水样，但俄罗斯的一个团队一直在尝试钻穿冰盖，但迫于天气原因，不得不在 2011 年 2 月快要成功时放弃钻探。正在太阳系中寻找其他生命的科学家对此调查倍感兴奋，因为科学家认为，沃斯托克湖的环境条件与木星和土星的一些卫星上的环境条件相似。

除了在沃斯托克湖发现新生命形态的可能性之外，关于这个湖还有另一个巨大的未解之谜。

### 9．为何南极洲沃斯托克湖北部的地球磁场会极不平衡？

确认了沃斯托克湖的存在后，科学家通过空中或地面雷达对其面积和特征进行了大量研究。研究发现该湖中有潮汐流和暖流的存在，这出乎所有人的意料。这些迹象表明湖底存在地热活动和不止一个冰下湖水源。最惊人的发现是在 2003 年，当时在湖泊大范围内发现了强烈的地球磁场异常。磁场测量值和预期值相差过大，无法用该区域正常的日变化数据进行解释，这一发现也被阴谋论者拿来支持越来越多匪夷所思的想法。

一些人说，磁场数据悬殊证明南极冰盖下存在秘密城市。阴谋论者猜测，这可能是失落之城亚特兰蒂斯，也可能是美国或俄罗斯的核设施基地，或是一艘坠毁的宇宙飞船——甚至可能是第二次世界大战之后，200 万纳粹的后裔逃到了那里。

然而，最有可能的解释是，在很久以前，由于一些无法解释的地质因素，湖水下方的地壳变薄，导致磁场失衡。钻探到冰下湖表面的工程已经超过了几十年，我们可能得等一段时间才能知道湖底发生了什么，究竟是亚特兰蒂斯、外星人活动，还是只是一个有趣的地质学现象。

## 澳大利亚

### 10．人类第一次到达澳大利亚是什么时候？

许多人认为，"智人"——即现代人祖先的历史始于大约 20 万年前的非洲，随后人类逐渐遍布世界各地。众所周知，澳大利亚土著人的祖先最初是从亚洲到达澳大利亚的，至于具体何时到达澳大利亚的，各种猜测仍然存在很大的差异。在澳大利亚的新南威尔士州芒戈湖的一处遗迹中发现了距今约 5 万年的人类遗骸。然而，人们对这一数字不置可否，因为有人表示使用放射性碳定年法[①]鉴定超过 4 万年的物品的结果并不可靠。

遗留的土著岩画的时间可追溯到更早的距今 6 万年以前，但人们对此同样不置可否，因为有人声称发现了 7 万年前土著使用的工具。甚至有人认为，12 万年前澳大利亚火灾增加是由于当时的人类活动引起的。

与此相关的问题是，第一批人是如何到达澳大利亚的？一般的解释是，他们经由现在的澳大利亚和新几内亚岛构成的史前萨胡尔大陆的陆桥，从亚洲到达澳大利亚。然而，陆桥的存在很难解释澳大利亚动物物种和东南亚动物物种之间缺乏相似性的问题（所谓的"华莱士线"穿过印度尼西亚群岛，将两个地区的动物区系分隔开来）。此外，陆桥消失的时间可能与第一批人到达澳大利亚的时间不一致，因此他们可能是通过海上航行到达澳大利亚的。

## 11. 是什么杀光了澳大利亚的巨型袋鼠？

巨型袋鼠，身高 3 米，重约 200 千克，大约在 4.5 万年前灭绝，时间上刚好与人类第一次到达澳大利亚的时间相吻合。因此就有结论认为，巨型袋鼠纯粹就是被猎杀而导致灭绝的。另一个理论将巨型袋鼠的灭绝归因于气候变化，并指出其他大型物种，包括 2 吨重的袋熊和 5 米长的陆地鳄鱼，在人类到达澳大利亚之前就已经灭绝了。根据这个理论，巨型袋鼠应该是灭绝于干旱。

然而，在 2009 年，对巨型袋鼠牙齿的分析显示出了一些抗旱植物

---

① 又称"碳十四断代法"或"碳–14 年代测定法"，是利用自然存在的碳 14 同位素的放射性定年法，用以确定原先存活的动物和植物的年龄的一种方法。

的痕迹，据此一些人又把矛头转向人类，因为这种迹象表明，动物在那时显然已经适应了干旱的气候变化。

## 12．为什么澳大利亚有那么多有毒动物？

据说，世界上 10 种最毒的毒蛇中，澳大利亚就占 7 种。幸运的是，这些蛇往往会避开人类，澳大利亚已经很多年无人死于被蛇咬伤。与此同时，箱水母、石鱼①、漏斗形蜘蛛和澳大利亚红背蜘蛛仍在致人死亡。这就产生了一个问题，为什么在一个人类数量一直非常稀少的大陆上，竟有如此多的物种进化出能致人死地的武器呢？

在澳大利亚周围的海域，有许多迷人但也十分致命的生物：箱水母的长触手，其致命毒液可能导致剧痛，甚至让人心脏骤停而死；蓝环章鱼是另一种毒性极强的海洋生物，尽管其体型只有一个高尔夫球的大小，但它的毒液能使受害者瘫痪，并且目前还没有适配的解毒剂；然而最令人痛苦的莫过于石鱼，它会潜伏在珊瑚礁的底部，将自己伪装成岩石。

回到陆地上，除了蛇以外，澳大利亚还有漏斗形蜘蛛和澳大利亚红背蜘蛛。众所周知，澳大利亚红背蜘蛛喜欢在马桶下面筑巢，这种习性着实令人不快。但由于已经发明了抗毒血清，如今因蜘蛛咬伤致死的情况已十分罕见，但它们的毒性程度并没有因此而改变。

也许印度的蛇或墨西哥的蝎子毒死了更多的人，但最引人注目的还是澳大利亚种类繁多且能致人死亡的动物区系②。

---

① 少数几种有毒海生鱼类的统称。行动迟钝，生活于岩礁、珊瑚间以及泥底或河口。通常像石头一样静静"潜伏"在海床上，等待猎物主动上门。

② 动物区系是指在历史发展过程中形成而在现代生态条件下存在的许多动物类型的总体，是在历史因素和生态因素共同作用下形成的。

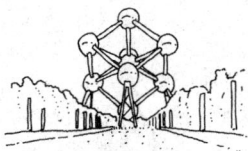

# 布鲁塞尔

## 13．布鲁塞尔撒尿小童雕塑的起源是什么？

布鲁塞尔的撒尿小童雕像是比利时最受欢迎的旅游景点，它描绘了一个赤裸的小男孩向喷泉里撒尿。该雕像由杰罗姆·杜克斯诺于1618年或1619年雕刻而成，雕像如今的这个位置上曾是另外一个类似的雕像，其历史可追溯到14世纪，只不过后来换成了现在的这个雕像。然而，无论是先前的那座雕像还是现在这个，小男孩摆出古怪姿势的原因皆尘封于传说故事中。

故事的一个版本说，这个小男孩撒尿浇灭了大火，使国王的城堡免于被烧毁的命运。类似的故事是，小男孩在入侵部队放置于城墙的炸药上撒了一泡尿，浇灭了导火索。

另一个版本说，这尊雕像刻的是鲁汶的小公爵戈弗雷三世，据说他被放在一个篮子里并升到树的高处来保证自己的安全，然后他站在篮子里从高处向敌军撒尿。

或者你可能更倾向于这个故事：一个富商的儿子失踪了，他发誓只要找到儿子，就立马建造一个他儿子的雕像。这个故事听起来也是挺有趣的。

# 气 候

## 14．目前的气候变化有多少是由温室效应所致？

20 世纪 70 年代，在经历了几个非常寒冷的冬天之后，世界出现了一阵恐慌，人们认为新的冰河时代即将到来，并把这一切都归咎于温室气体。当这些气体在大气中越积越多，它就会产生两种影响。一种影响是升温效应，这种情况下，温室气体就像一床羽绒被一样，阻止地球的热辐射逸散到大气中；另一种是冷却效应，温室气体会阻止太阳光射入。当时，因为气候十分寒冷，所以人们猜测，冷却效应占据了上风。

现在，得益于全面的科学调查，我们知道了变暖的影响更为显著，这也是为什么目前很多活动致力于减少温室气体的排放，来应对全球气候变暖问题。然而，即使我们知道气候正在变暖，温室气体的确切排放量也很难评估。毕竟，我们正在从小冰河期走出来，这个冰河期在 1550 年至 1850 年间的不同时期带来了极度寒冷的天气。目前的气候变化有多少是由小冰河期变暖过程所致，又有多少是由温室效应所致，我们尚不清楚。

## 15．目前的气候变化有多少是由人类活动所致？

当下流行的一个词是"anthropogenic"，意为"都是我们的错"。然而，即使我们只考虑温室气体上升造成的升温，也很难正确地评估人类对气候变暖造成的影响。燃烧化石燃料固然会导致大气中二氧化碳含量的上升，但二氧化碳远非唯一，甚至也不是最糟糕的温室气体。其他罪魁祸首还包括来源于自然过程产生的水蒸气和甲烷，其中甲烷是对气候变暖影响最大的温室气体。

人类的耕作方式固然会产生甲烷气体，如牛羊打嗝和放屁，但我们不应该忘了世界上还有 250 万亿只白蚁，它们不停地咀嚼也会产生大量甲烷，对气候变化造成很大的影响。

## 地　球

### 16．是什么导致了地球的冰期？

在过去的二三十亿年间，地质证据告诉我们，地球曾经历过至少 5 次冰期，但我们对导致冰期的机制却不甚了解。其中一个因素一定与地球从太阳那里吸收到的能量有关，因为地球轨道的细微变化，以及地球旋转轴与太阳轨道平面之间的夹角都会影响地球从太阳那里接收能量。其他因素也可能影响太阳释放的能量，但我们不知道它们是什么。另外一个影响因素是地球轨道上其他行星的引力。还有一种说法认为，地球的温度可能受到其轨道所经过的空间温度变化的影响。

1940 年左右，塞尔维亚地球物理学家兼工程师米卢廷·米兰科维奇研究了地球运行轨道的变化，并指出地球经历了几次可能影响气候变化的波动，分别以 2.1 万年、2.6 万年和 4.1 万年为一周期，即现在所说的"米兰科维奇循环"。尽管这种循环与地质数据并不完全吻合，但它一定与地球的周期性冰期有关。

还有大陆漂移和板块构造的问题，它们通过改变海洋和陆地的相对位置和面积来影响地球表面保存的太阳能量，因为海洋比陆地变暖或变冷的速度要慢。另外，温室气体可能也起到了一定的作用。例如，有人认为 6.3 亿年前大量的火山喷发所释放的气体可能是导致一次冰期结束的主要原因。

更复杂的是，在每一个冰期内还有冰川期，在此期间，冰盖会前进或后退。在过去大约 1.1 万年里，我们一直处于间冰期①，通常冰原消退，但从 1350 年，全球温度开始下降，到了 17 世纪初地球进入一个"小冰期"，并一直持续到 19 世纪早期，对于这段寒冷时期的出现原因还没有人能给出完整的解释。

## 17. 为什么大约 5500 万年前地球的温度急剧上升？

在 5500 万年前的古新世末期，出现了一种异常气候，被称为"古新世－始新世极热事件"。全球海洋表面温度飙升了 5℃—8℃，并持续了几千年。在北极，温度更是上升到了 23℃左右。气候变暖的主要影响是海水向外扩张，改变了地球上海洋与陆地的比例。气温上升对海洋生物的种类也有显著影响。地质证据、化石记录以及对原始生物化石外壳发现的分子进行的化学分析均证实了这种变化。但却没有人知道是什么导致了如此巨大的温度变化。

## 18. 1908 年俄罗斯上空发生的"通古斯事件"是因何所致？

1908 年 6 月 30 日，西伯利亚偏远地区通古斯河附近上空发生了一起大爆炸，其威力大约是投向日本广岛的原子弹的 1000 倍。关于这个主题的学术论文有数百篇，但我们仍不确定到底发生了什么。一些人认为是一颗彗星或小行星在地球大气层中蒸发造成的，但爆炸却没

---

① 间冰期是大冰期中相对温暖的时期。

有留下任何证据，甚至连一个陨石坑也没有被发现。然而，据目击者说，当时一道蓝光如太阳一般明亮地划过天空，接着是一声类似于重型火炮射击的声音。有人形容，当时就好像"天空裂成了两半"。欧亚大陆各地的地震台记录到了这起大爆炸，即便远在英国，大气冲击波也被探测到了。后经调查人员证实，有超过2000平方千米的森林被夷为平地，约8000万棵树被炸倒。地面上还有许多坑洞，最初被认为是陨石坑，但调查人员并未发现任何陨石的痕迹，也没有发现其他任何来自爆炸的产物。

## 19．为何地球的热层在 2008 年至 2009 年间收缩得如此严重？

在地表上空，高度在 90 千米至 500 千米之间，是地球大气层的最高层——热层。热层吸收来自太阳的紫外线，温度会随着高度的增加而升高，而不像大气层的其他三个部分（对流层、平流层和中间层）一样，温度会随着高度的增加而降低。

然而，在 2008 年至 2009 年，地球热层急剧收缩，这一现象至今仍无法解释。众所周知，大气中二氧化碳的增加会使热层收缩；另外我们还知道，太阳活动的减少也会产生这种影响；但将这两方面都考虑在内并进行计算，结果仍有至少 60% 的热层收缩现象无法解释。显然，太阳对地球的某些影响我们还不甚了解。

## 20．所谓的打开了地球和太阳之间的磁性入口的磁通量传输事件因何所致？为什么这些入口每 8 分钟就会打开一次？

在距离地球表面约 7 万千米的地方，有一片被称为"磁层"的空间区域，直到 1958 年才被探险者 1 号太空探测器发现。磁层（并不是一个球体，而更像是一个泪珠形状）是在地球磁场对电离层的自由离子（大气的最外层组织的一部分）和太阳风携带的电子的作用下形成的。事实上，它的磁力就像一道防护罩，能抵御太阳风对地球造成的破坏。然而，每隔8分钟，磁层就会打开一个磁性入口，允许来自太阳的高能粒子穿过地球，这就是所谓的"通量转移事件"。没有人知道这种现象因何所致，也没有人明白为什么这个现象每8分钟就发生一次。

## 21. 在盘古大陆分裂前地球是什么样的？

1912年，德国气象学家阿尔弗雷德·魏格纳提出地球曾经由一个单一的超级大陆组成，但这个想法遭到了严重的怀疑。这片假想的大陆直到1926年才有了名字，当时在一次关于魏格纳大陆漂移理论的会议上，人们将这片大陆命名为Pangaea（盘古大陆，源自希腊语，意为"所有的陆地"），将其周围的海洋命名为Panthalassa（意为"所有的海洋"）。随着化石证据越来越多，人们对魏格纳理论的怀疑逐渐消失，并在20世纪60年代证明了该理论的正确性，认为板块构造论不仅为大陆漂移，而且为地震活动和火山活动提供了一个较为合理的理论基础。但是，在盘古大陆之前地球是什么样的，人们仍在猜测之中。

这其中，有一个理论得到了一些地质证据的支持。该理论认为，地球在3亿年到5亿年的周期里会经历超级大陆形成然后又分裂的过程。但是在这些周期里地球是什么样的呢？这在很大程度上仍然是一个谜。

## 22. 地核是由什么构成的？

相比我们现在对宇宙其他部分的了解，我们对地球深处知之甚少。我们可以根据地球引力的大小计算出它的质量；可以直接测量地球表面附近物质的密度；还可以从这些数字中推断出，地球内部的密度肯定比我们所知道的其他部分大得多。

除此之外，我们对地核性质的主要证据来自对地震引起的地震波的分析。地球表面不同地区的地震仪监测到的意想不到的模式，表明地震波在传导过程中遇到了一些阻碍，并由此得知地球固体内核半径约为 1220 千米，其周围的液体外核从地球中心向上延伸了约 3400千米。

根据其密度，再加上对那些与地球形成方式相同的陨石的研究，我们得出了这样的结论：地球内核主要由铁和镍组成。然而人们普遍认为内核中应该还有其他元素，但目前尚未确认。几十亿年前"星子"[①]相互碰撞形成地球，2006 年，通过研究与这些 "星子"相类似的陨石的成分，澳大利亚地质学家伯纳德·伍德得出结论，地球上有99% 的黄金不知所踪，这些黄金必然是下沉到了地核中，而且地核中一定还包含有地球上大部分的铂金。要想知道地核的构成，我们就需要钻到地下 5000千米的地方看看。

## 23．地球中心的温度有多高？

在但丁的《地狱》中(《神曲》共为分三部分,《地狱》是其中一部分,另外两部分分别是《天堂》和《炼狱》)，地球的中心流淌着一个冰冻湖，名叫悲河悲叹河。悲河悲叹河在地狱的第九层，同时也是最底层，在那里像犹大那样的叛徒会受到永恒的惩罚。撒旦就被困在它的中心，他的眼泪持续不断地流入冰冷的悲河悲叹河中。

从科学的角度来看，书中展现的地球中心景象纯属虚构，但是人们对地球中心温度的估计仍然有很大的差异，大约从 4000℃到 7000℃不等。这些估计都是在地心已知巨大压力下，根据对地球内核和外核边界处铁熔点的计算得出的。

---

① 星子一般称为微行星，被认为是存在于原行星盘和残骸盘内的固态物体。

## 24．下一次地球大灭绝将何时发生？

化石记录显示，在过去的 5 亿年里，地球上发生了 5 次大灭绝，每一次发生都会导致地球上一半以上的生物灭绝。最近一次灭绝发生在 6500 万年前，最终导致了恐龙的灭绝。

有大量的证据表明，物种灭绝是由小行星撞击造成的，尽管对此还有其他解释，包括火山爆发导致气候变化，哺乳动物进化为以恐龙蛋为食，以及植物生长的变化导致食草恐龙便秘致死。其他大规模物种灭绝的原因尚不清楚，这使我们很难估计下一次物种灭绝的时间。未来物种灭绝的潜在原因包括人为造成的环境变化、来自银河系外的能量爆发、我们无法控制的气候变化以及小行星撞击地球。无论情况如何，太阳都将在 50 亿年后燃烧殆尽，并爆炸成为一颗红巨星吞没地球，以目前每 1 亿年 1 次大灭绝的速度计算，太阳爆炸之前我们至少还会经历 50 次大灭绝。

## 25．地球上的生命来自外太空吗？

化石记录表明，地球上的生命大约始于 35 亿年前，而地球形成的时间大约在 46 亿年前，相比之下，生命形成的时间相对较短。有人怀疑这段时间是否足以形成由碳、氧、氢和氮构成的生命所必需的复杂分子。大约在地球上出现生命的同一时期，我们的星球经历了"晚期重击"，当时地球和月球受到大量来自太空的岩石撞击。由于在地球形成前，宇宙已经存在了大约 90 亿年，因此有足够长的时间让所谓的"生命起源前分子"甚至是基本生命形式在其他地方出现，这些可能是由陨石撞击地球而产生的。这一理论被称为"外生"（exogenesis，意为"从外部诞生"），但这一理论需要在宇宙其他地方找到生命存在的证据来予以支持。

## 地　震

### 26. 驱动地球构造板块运动的力量的性质是什么？

直到 20 世纪初，人们还普遍认为我们所知道的世界是完全固定不变的。地球可能曾经是一大团气体和熔岩，但现在一切都冷却下来了，形成了我们如今所看到的一成不变的陆地和海洋。然而，1912 年德国气象学家阿尔弗雷德·魏格纳提出了"大陆漂移"理论。他认为地球曾经由海洋和被他称为"盘古大陆"的超级大陆组成，而后盘古大陆分裂成我们如今所知道的大陆。魏格纳还认为，这一过程一直延续到今天，地球的大陆仍然在移动。魏格纳的理论解释了为什么相似或相同的化石和岩石类型会出现在相隔很远的地方，但他并没有解释促使大陆板块移动的原因是什么。

20 世纪 60 年代，大陆漂移理论得到了一种崭新的、涉及面更广的理论的支持：岩石圈——地球的外层岩石壳，包括地壳和上地幔——是由许多巨大的、可移动的"构造"板块组成。岩石圈大约有 7 个大板块和 7 个小板块，它们组成的岩石圈位于软流圈[①]的顶部，由于软流圈是地球地幔中较热的一层，因此更具可塑性和移动性。板块相互远离，熔岩从下面的软流圈上溢而成，形成新的岩石圈。这一过程被称为"海底扩张"，同时也解释了大西洋、太平洋和印度洋里洋中脊[②]的成因。在其他板块边界处，一个板块在另一个板块之下滑动，部分岩石圈由于被

---

① 软流圈，是指地壳岩石圈以下的圈层，在地下 60—250 千米，位于地幔上部。
② 洋中脊是指贯穿世界四大洋、成因相同、特征相似的海底山脉系列。

挤压至地底深处而被加热并融化。在其他板块边界处，板块仅是滑过彼此（或擦边而过），因此岩石圈安然无恙，一切如常。

对地震和火山活动发生地点的研究以及对海底的航空测绘证实了"大陆漂移"理论，并证明是板块运动造成了这些地质扰动。然而，对于是什么推动了板块的运动仍存在许多争论。

第一种理论认为，来自地核的热量在软流圈中引起对流，从而导致构造板块的运动。然而，最近对地球内部结构的成像并未发现这一理论所说的对流单元。相反，人们认为地核处有羽流①或热通道存在，但这也没有得到证实。

第二种理论是，构造运动部分是由重力驱动的，因为海底的熔融岩石在板块边缘处冷却凝固，变得更加致密并滑动到邻近的板块下方，并导致进一步的运动。

第三种理论认为，地球的自转和潮汐对地壳施加了一种力，导致了构造板块的运动。

也许在某种程度上，答案会是所有这些因素的结合。

## 27．动物是如何预测地震的？

从远古时代起，人们就知道动物能够预测地震的发生。公元前 373 年，希腊历史学家记载：在一场毁灭性地震发生的前几天，大量老鼠、蛇和鼬鼠逃离了希腊的海利斯城，鱼剧烈翻跳，母鸡停止下蛋，蜜蜂离开蜂巢。2004 年的节礼日②，斯里兰卡和泰国的大象将人们从巨大海底地震引发的毁灭性海啸中解救出来，并将人们带到较高的地方避难。美国的研究报告称，地震发生前，当地报纸上增加了许多宠物丢失的报道。

那么，这些动物发现了哪些地震仪遗漏的信息呢？如果知道这个问

---

① 羽流是一种流体在另一种流体中的移动。
② 节礼日为每年的 12 月 26 日，圣诞节次日或是圣诞节后的第一个星期日。

题的答案，那么人类就能更好地预测地震的到来了。

# 复活节岛

## 28．复活节岛民如何在岛上移动巨大的复活节岛石像？

1722 年复活节，荷兰探险家雅各布·罗赫芬成为第一个登上位于太平洋的复活节岛的欧洲人。他和他的船员们发现了被称为"摩艾"的巨大石像。后来的调查发现，复活节岛上共有 887 座这样的石像，石像高 10 米，重 86 吨。放射性碳测年法表明，这些石像用的是拉诺·拉拉库火山口的火山岩，在 13 世纪到 17 世纪之间雕刻而成。但复活节岛的岛民是如何搬运这些巨大的石像，有时甚至将它们运到数千米以外的地方的呢？当地人认为，是神的介入让石像自己走到目的地。除此以外，主要有三个理论：

- 岛民将石像放在滚木上，用绳子拉着石像向前移动。
- 他们也许是将石像放在滚木上用撬棒撬着搬运石像。
- 他们把石像竖起来，将绳子套在石像的脖子和身体上，让它们在地上左右摇摆着一步步向前挪动。

前两种理论起初并没有得到证实，因为当时认为罗赫芬登陆时岛上没有树木。但后来对花粉沉积物的调查表明，在 1650 年前，复活节岛上出现过严重的森林砍伐现象，因而可能在石像制作时，复活节岛的岛民并不缺乏树木。尽管如此，任何一种移动石像的方法实际操作起来都很困难。

### 29．我们该如何破译在复活节岛石刻和木刻上发现的朗戈朗戈文字？

19 世纪时，人们在复活节岛上发现了大约 24 块刻有未知象形文字的木板。1864 年，生于法国的修士尤金·艾罗是第一次提到复活节岛岛民的人。艾罗住在智利，也是第一个与复活节岛岛民生活在一起的欧洲人。他表示原先有数百块朗戈朗戈木板，但当 1868 年其他人开始调查这些木板时，就只剩下 24 块了，其余的都已不知去向。

在现存的木板上使用的许多符号看起来像是人或动物，采用左起一行右起一行的回转书写法，但所有试图破译这些图案，甚至将朗戈朗戈（Rongorongo，意为"吟诵的线条"）确定为一种语言的尝试均宣告失败。它与其他已知的文字均不相同，这表明它可能是人类历史上为数不多的独立发明的书写系统之一。

1868 年，艾罗死于肺结核。一些人认为是他把这种疾病带到了复活节岛，导致岛上近 1/4 的人口死亡。

### 30．建立复活节岛石像的文明发生了什么？

在欧洲人把疾病和奴隶贸易带到复活节岛之前，当地人口就已经在大幅减少了。17 世纪早期，复活节岛上的人口约有 15000 人。一个世纪后，该岛人口数已不足 3000 人。人们认为，岛上人口数量减少与森林砍伐（可能与 1650 年左右地球小冰河期的到来有关）、内部战争甚至是同类相食有关，但并没有令人信服的证据证明这些因素会造成如此大的影响。

根据口述传说，岛上曾经有两个阶层，分别是长耳人（因为他们的耳垂很长）和短耳人。据说长耳人奴役了短耳人，强迫他们雕刻摩艾石像，但有一天晚上短耳人起义，杀死了所有的长耳人。这就解释了为何石像的建造突然停止，并留下了许多未完成的摩艾石像，但目前并没有证据能证明这个传说的真实性。

# 希腊人

## 31．苏格拉底是如何谋生的？

苏格拉底对后世西方哲学的影响巨大，而我们却对这位公元前 5 世纪的雅典思想家知之甚少，这是值得注意的。目前我们所知的关于他的信息几乎都来自他的追随者柏拉图和色诺芬的哲学著作以及阿里斯托芬的喜剧。当时没有人费心思去写传记，甚至苏格拉底自己都没有将自己的想法记录下来，我们对他的了解很大程度上都依赖于柏拉图的《对话录》。然而，这些对话中有多少是柏拉图借苏格拉底之口说出自己的思想，又有多少真的是苏格拉底的真知灼见，一直以来都存在争议。

关于苏格拉底以什么谋生的问题，我们面临的不是缺乏信息，而是大量证据证明他什么也没做。在柏拉图的《苏格拉底的申辩》中，苏格拉底用他的贫困来证明他并不是一名导师。色诺芬也否认苏格拉底曾经为他的教导接受过报酬，并引用他的话说，他一心扑在讨论哲学上。后来的作家称，苏格拉底子承父业，干起了石雕工作，但这一说法缺乏证据佐证。然而，苏格拉底娶了比他小得多的赞西佩为妻，并育有 3 个儿子，所以他一定有某种收入来养活他们。

我们所知道的是，他惹恼了雅典当局，以至于在公元前 399 年，在法庭上他被判定犯了无神论和腐化雅典青年罪，并因此被判服毒芹汁自杀而死。

## 32．毕达哥拉斯确有其人吗？

我们可能不太了解苏格拉底，但我们对毕达哥拉斯了解更少，而著名的毕达哥拉斯定理（勾股定理）正是以他的名字命名的。毕达哥拉斯学派（又称兄弟会，提出了数字和比例是宇宙运行的基础）在公元前 6 世纪晚期作为一个秘密教派蓬勃发展，但是直到几百年后才有了关于毕达哥拉斯本人的记载。

缺乏毕达哥拉斯的信息可能是因为兄弟会严守秘密，恪守信仰——其追随者们相信灵魂转世，并认为吃豆子是罪无可恕的。有些人认为，世上从未有过一个叫毕达哥拉斯的人，他只是一个虚构的名誉领袖，而兄弟会的理论和发现可以用他的名义来发表。

## 33．希腊人使用火作为武器的秘密是什么？

7 世纪末，拜占庭帝国以主要讲希腊语的君士坦丁堡为中心，引进了一种新式秘密武器，可在陆地和海上使用。这种武器被称为"液体火"，通过虹吸管投射到敌人的位置或船只上，在接触时会瞬间引燃，因其难以扑灭的特性而臭名昭著。长久以来，火就一直应用于战争，但这种被称为"希腊火"的火比以前见过的任何一种火都要猛烈，其所及之处令人恐慌，带来满目疮痍。这种武器的配制秘方在几个世纪里都仅在拜占庭皇帝之间代代相传。

即使敌人缴获了虹吸管和可燃物质的样品，甚至是整艘火船，复制秘密配方的尝试却未能成功过，"希腊火"的主要成分和所谓的"秘密成分"也从未被发现。到 13 世纪早期，"希腊火"作为武器的使用已经逐渐消失。可能是配方丢失了，也可能是制造者无法再获得所需的原料。

# 金字塔

## 34．吉萨金字塔群的序列是按照星星排列的吗？

古埃及人在修建金字塔这件事上是随心所欲的，哪里有空地就在哪里建吗？还是说金字塔位置的背后有什么规划？ 1994 年，罗伯特·博瓦尔和阿德里安·吉尔伯特发表了"猎户座相关理论"，认为吉萨金字塔群中三座最大的金字塔的位置与猎户座腰带上的三颗星相匹配。金字塔之间的间距几乎是相等的，第三个金字塔刚好在另外两个金字塔的一侧。这三颗恒星的结构与此完全相同。不仅如此，金字塔的相对大小几乎与恒星的相对亮度完全吻合。

在金字塔结构的某些方面和不同的星星之间也发现了其他的关联。然而，天空中有大量的星星，某种巧合可能只是一厢情愿。猎户座理论的批评者也提出，这些所谓的重要方位可能在金字塔建造时并不存在。

## 35．古埃及的金字塔是如何建造的？

大约每年都会有一篇新文章出现在报刊上，声称已经"解决了困扰考古学家几个世纪的问题"，然后继续解释埃及人如何建造金字塔的最新理论。他们给出的答案都不尽相同。建造金字塔是一项非凡的成就。胡夫金字塔由 230 万块石灰石组成，重约 700 万吨，在建成后的 4000 年里，它一直是世界上最高的建筑。即便让大约 2 万名工人，从采石场挖出这些石块，把它们拖到建筑工地上（因为古埃及人不用轮子），再把它们抬到这个巨大建筑的顶部，也会是一项艰巨的任务。

一些证据表明，当时人们曾使用斜坡将石块逐步提升到越来越高的高度，但古埃及人没有留下任何文字记载来说明他们是如何做到这一点的，也没有记载建筑师是如何指挥庞大的劳动力并达到如此精确的水平的。所以，任何解释的最后都集中在说明他们可能是怎么做到的。当然，这些解释都建立在假设金字塔不是像一些人声称的那样由外星人建造的。

## 36. 金字塔建造时代何时开始？何时结束？

人们认为古埃及人在大约 1000 年的时间里（从公元前 2700 年到公元前 1700 年）断断续续地为他们的统治者建造金字塔当作坟墓。公元前 2575 年至公元前 2150 年期间，金字塔建造业达到巅峰。已知的埃及金字塔有 135 座，很多人认为它们是为了确保法老可以顺利转世。某些金字塔中隐藏的房间朝向夜空的黑暗部分，一些人认为它们可能是某种通往永生的发射装置。

然而，这些观点从何而来，金字塔的建造为何停止，现在仍不得而知。对来世的信仰以及与之相关的仪式，在金字塔停止建造后持续了 1500 多年，所以，是什么让埃及人开始相信金字塔建筑并不那么重要，这是一个有趣的问题。

# 罗 马

## 37. 奥古斯都皇帝统治时期，罗马的人口是多少？

人们普遍认为，在耶稣诞生，即奥古斯都为罗马皇帝时，罗马的人口超过了 100 万，但是这个数字却没有多少精确的信息予以证明。

根据奥古斯都时期的人口统计，公元前 8 年罗马帝国有 423.3 万名 "公民"，公元 14 年有 493.7 万名 "公民"，但这只是整个帝国的数据，我们也不知道谁可以被认定为 "公民"。一般认为，这个数据并不包括奴隶、妇女和儿童，而且可能只包括服兵役的男性。如果将这些都算在内的话，罗马帝国的总人口约为 5600 万。

至于罗马本身的人口，则是根据帝国的总规模、罗马的面积和人口密度，以及谷物进口和消费的数据进行估算的。其结果大约在 50 万到 130 万之间。

# 狮身人面像

## 38. 狮身人面像的修建者们如何称呼它？

尽管古埃及人有很多象形文字，但却没有为他们的一些杰出成就留下适当的文献，这一点显得非常 "失职"。吉萨的狮身人面像是世界上最大的巨石雕像（由一整块岩石雕刻而成），但我们甚至不知道在古代它叫什么。

"狮身人面像" 这个名字是古希腊人在公元前 500 年左右给它起的，根据希腊神话中的一种同名神兽——它有狮子的身体，女人的头，还有翅膀。不过埃及的这座雕像并没有翅膀，它的头部性别也有待商榷。大约在 1000 年前，古埃及人称它为 Hor-em-akhet（"地平线上的荷鲁斯"，荷鲁斯是古埃及的主神之一），但这尊雕像最初的制作时间仍在此 1000 多年以前，在这 1000 年中，没有发现任何有关其名称的记录。

### 39. 狮身人面像有多古老？

正统的说法认为，狮身人面像是在公元前 2500 年法老卡夫拉统治时期雕刻的，然而这一说法主要是基于雕像的位置靠近吉萨第二大金字塔，它与卡夫拉有关。从卡夫拉时期起，没有任何已知的铭文表明法老和狮身人面像有关系。人们发现附近一些建筑的某些部位似乎都在指向狮身人面像，一些人认为，这一证据表明狮身人面像出现得更早，比卡夫拉的统治时间早了二三百年。

当人们在狮身人面像的围墙上发现被水侵蚀的痕迹后，更早的建造日期又被提了出来。据说，这种水蚀只可能是由长时间的大规模降雨造成的。由于埃及自公元前 3000 年以来就没有过如此强的降雨，这就意味着狮身人面像的建造时期一定更早，可能推前到公元前 3100 年或更久远的时间。

### 40. 狮身人面像描绘的是哪一位法老？

有些人认为狮身人面像与法老卡夫拉所处的时期相关，因此认为狮身人面像就是以卡夫拉本人为原型雕刻的。然而，一位法医、人类学家对其进行了详细的检查和测量，让人们对这一说法产生了怀疑。

作家罗伯特·坦普尔注意到狮身人面像的脸与公元前 1929 年到公元前 1895 年在位的法老阿蒙涅姆赫特二世的脸有相似之处，坦普尔认为狮身人面像最初是狼头人身的死神阿努比斯的雕像，但脸部后来被重新雕刻了。

### 41. 谁摧毁了狮身人面像的鼻子？

所有的证据都表明狮身人面像 1 米宽的鼻子不是偶然掉下来的。雕像脸上的痕迹表明，有人用凿子凿进鼻子的部位，然后将其撬掉，这是一种蓄意破坏的行为。从英国军队、埃及的马穆鲁克到拿破仑的炮弹，各种各样的"肇事者"都被指控造成了这次破坏。其中一个说法是，一位名叫穆罕默德·萨伊姆·达尔的中世纪穆斯林砍下了雕像的鼻子，以惩罚埃及农民向雕像献祭。从 1737 年绘制的一幅狮身人面像图画上，我们可以肯定的是，那时狮身人面像的鼻子就已经不见了，这至少为拿破仑洗脱了罪名。

## 42．古埃及的档案库是真的吗？

罗马作家老普林尼描述了狮身人面像周围的下面有一个洞穴，与一个关于档案库的古老传说有关。据说，这个档案库包含了一个纸莎草卷轴的图书馆，里面收藏了埃及人所有的知识，包括失落的亚特兰蒂斯大陆的历史。

尽管老普林尼说，埃及人相信这只是一个国王的墓室，但他们已经做出了实际的尝试来寻找档案库，并且在狮身人面像周围找到了来历不明的通道。

# 天 气

## 43．龙卷风和热带气旋是如何形成的？

"气旋"是个很棒的词。它象征着"转圈"，就像那个给奥德修斯惹了那么多麻烦的独眼巨人可能会做的那样。热带气旋是猛烈的风暴，包括飓风和台风，最猛烈时，会表现为真正的旋转和扭曲的形态，典型代表是北美洲的龙卷风。形成这种强烈旋转的风暴似乎需要几个因素：温暖的水延伸到相当深的深度，较高的湿度，随高度增加而温度骤降的空气，一致的风速和方向，或者其他干扰大气的条件。它们似乎还需要距离赤道至少 5 个纬度，以便科里奥利力①使风偏转并产生转向效应。很明显，这其中有一些我们无法理解的东西。

## 44. 精确的长期天气预报有可能实现吗?

短期天气预报是基于对当前天气状况的测量，评估云层和气团的去向，并试图计算出它们到达后会发生什么。随着计算机系统越来越庞大，输入的观测数据也越来越详细，预测结果可能会越来越精确，但似乎这种精度只能局限在 5 天左右。

问题是，天气是变幻多端的。1972 年，当美国数学家和气象学家爱德华·洛伦茨介绍混沌理论时，他把自己的重要论文命名为《巴西的一只蝴蝶扇动翅膀是否引发了得克萨斯州的龙卷风？》( *Does the Flap of a Butterfly's Wings in Brazil Set Off a Tornado in Texas?* )。混沌理论的整体思想是，有可能存在一个系统，其行为在原则上完全由牛顿运动定律决定，即使初始条件中最微小的变化也会导致完全不同的结果。一系列条件可能会让得克萨斯州的天气晴朗，但如果你在巴西加上一只拍动翅膀的蝴蝶，就会导致龙卷风。即使你的设备足够灵敏，你电脑的运算能力也足够强大，能够捕捉到地球上每只蝴蝶的翅膀的扇动，但一只蚂蚁的动作仍可能使一切预测偏离轨道。

实现天气长期预测的一种方法是将混乱的不可预测性纳入计算机模拟中，并对数据进行多次运算，对最初的数据只做微小的修改。

如果它们都给出了相同的结果，人们就可以确信它是正确的（只要计算机模型基本上是可靠的）。但是，如果它们给出了不同的结果，我们所能做的就是对不同天气类型的发生概率进行估计。除非我们对天气有更多的了解，能够更好地预测洋流、空气运动及它们的相互影响，否

---

① 科里奥利力是对旋转体系中进行直线运动的质点由于惯性相对于旋转体系产生的直线运动的偏移的一种描述。

则这可能是我们能够做得最好的长期预报了。

## 45．太阳黑子对我们的天气有什么影响？

一个多世纪以来，关于太阳黑子对天气影响的争论一直在持续。在不同的时代，人们都发表过太阳黑子活动的数量和地球温度之间的关联的论文。最引人注目的例子来自 1645—1715 年间的数据，这段时期被称为"蒙德极小期"，以英国天文学家爱德华·蒙德的名字命名，因为是他首次引起了人们对这一问题的注意。这是一段太阳黑子非常不活跃的时期，正好与被称为"小冰河期"的长期严寒气候中最严重的时期相吻合。长期以来，人们一直怀疑这两个事件之间存在联系，但没有提出令人信服的证据来解释太阳黑子活动是如何影响天气的。其他将太阳黑子活动与天气条件联系起来的尝试也都无法令人完全信服。

## 46．球状闪电的成因是什么？

几个世纪以来，有许多关于天空中出现了发光火球的记录，通常是在雷暴雨天气。这些球以每秒几米的速度在空中移动，然后要么消失，要么爆炸，最终只留下一股硫黄的味道。长期以来，这种现象被认为是幻觉或者恶作剧，但是最近人们开始更加严肃地对待球状闪电了。

汽化硅、空气动力涡流、大的静电电荷，甚至是黑洞都被提出作为一种可能的解释，而且科学家们已经在实验室中制造出了与球状闪电一样的效果。但是，我们仍然无法知道，这些实验室创造的现象是否与自然界中发生的现象是同一回事。

## 47．为什么夜光云出现得更频繁？

夜光云由微小的冰晶组成，它们位于大气层的最高处。只有它们在反射阳光的时候才可见，尤其是在夜晚来临的时候，这就让它们有了这个名字。夜光云是在印度尼西亚的喀拉喀托火山大爆发后的 1885 年首次被观测到的，人们因此怀疑，它们的存在可能在某种程度上是由大气中的火山灰造成的。也可能是这些灰尘造成的壮观的日落让人们更加注意天空中发生的事情。

近年来，夜光云的出现频率有所增加，这使得人们怀疑它们在某种程度上与气候的变化有关。然而，还没有人提出任何有关这种联系的原理。

## 48．下周会下雨吗？

我们想从天气预报中了解的主要信息是会不会下雨。目前能提前 5 天左右预报，且在这段时间内，天气预报有相当高的准确率。如果想提前一个月或更早知道天气情况，可以根据过去的记录合理地预测特定类型的天气发生的可能性。而提前一周的天气预报不巧处于两种类型之间。坦率地说，你的猜测可能和气象学家的猜测一样准确。

# 雪 人

## 49．雪人的故事有多大真实性？

"雪人"这个词据说是来自两个藏语词汇，意为"岩石地带"和"熊"。1921 年珠峰勘察探险队返回，他们也带来了雪地里神秘脚印的传说，这只多岩地带的"熊"引起了西方世界的想象。当地向导说这些一定是"雪地野人",但他们的表述却被误译为"可恶的雪人"。于是,可恶的雪人的传说就这样诞生了。

然而,雪人早在佛教时代之前就已经成为当地信仰的一部分,雪人被描绘成一种类似猿类的生物,会发出啸叫声,用一块大石头作为武器。1950 年前后,人们对雪人的兴趣达到了顶峰,有几次人们声称看到了雪人和一些无法解释的脚印。英国《每日邮报》甚至赞助了一次探险活动来寻找雪人。在 2007 年和 2008 年,人们发现了更多的脚印,并发现了疑似雪人毛发的样本,但一切都没有得到证实,这只难以捉摸的野兽一直没有露面。一些神秘动物学家倾向于认为雪人是某种猿人或处于人猿与人类之间的过渡动物,而科学界则倾向于相信这些脚印和目击事件更有可能是一只熊———只"来岩石地带的熊"。

## 50. 1959 年,演员詹姆斯·斯图尔特帮助从印度走私运出的雪人手指和拇指到哪里去了?

1959 年,爱尔兰出生的登山家彼得·伯恩访问了尼泊尔庞波切村的一座喇嘛庙,他希望在那里能检验一件被认为是雪人之手的东西。在有备而来的情况下,他偷走了喇嘛庙中的一根手指和大拇指,换上了他随身带来的一根人类的手指和大拇指。这些被认为是雪人的一部分被走私到印度,在那里,伯恩遇到了演员詹姆斯·斯图尔特和他的妻子格洛里亚,他们同意帮忙把这些"雪人器官"走私到英国。据说斯图尔特夫妻俩把它们包在内衣里,放在手提行李内带入英国。遗憾的是,当时还没有 DNA 检测技术,所以对这些手指的科学测试还没有定论。这些样本随后消失,再也没有出现过。2011 年 5 月,作为"归还雪人之手"活动的一部分,一只失踪的雪人之手复制品被归还给尼泊尔的喇嘛庙。但最初的雪人之手仍然下落不明。

# 历史篇

# 古代历史

## 1. 亚特兰蒂斯存在过吗？

公元前 4 世纪，希腊哲学家柏拉图在书中提到了失落之城亚特兰蒂斯，一个"仅在一天一夜内便沉入深海"的岛屿。书中提到的亚特兰蒂斯位于直布罗陀海峡附近的某个地方，有关它的传说一直流传至今。然而历史学家并不相信这个传说，并指出虚构想象中的城市是柏拉图时代一种常见的文学手法，但这并不妨碍人们对亚特兰蒂斯的猜想和时不时寻找亚特兰蒂斯的探险。

2009 年，有报道称在大西洋海底发现了一个巨大的矩形方阵，亚特兰蒂斯爱好者认为这就是失落之城的证据。不幸的是，进一步的探测表明，这个矩形方阵只是当时进行调查的船只留下的痕迹。比较可信的是，考古学家和地质学家最近利用探地雷达、数字测绘等水下探测技术对西班牙加的斯附近的多尼亚纳国家公园沼泽地进行调查。此次调查发现了一座被海啸掩埋于地下的城市，据说这是亚特兰蒂斯的幸存者建造的"纪念城市"，这更加证实了亚特兰蒂斯的存在。但这座城市与柏拉图所描述的海底城市大相径庭，而他把城市的毁灭时间定在了距他当时的年代之前约 1 万年，而西班牙附近的遗址据测约在公元前 6000 年至前 5000 年，尽管比柏拉图预测的要晚几千年，但很有可能是传说中亚特兰蒂斯的起源地。

## 2．大约 1.5 万年前西欧马格德林文化时期的人们制作人头骨杯有何用途？

公元前 5 世纪，希腊历史学家希罗多德对远在黑海另一边的斯基泰人①的描述中提到他们把敌人的头骨当杯子使用。其他文化对此也有类似的描述，但直到考古学家对高夫洞穴（位于英国萨默塞特郡的旧石器时代遗址）进行调查之后才有了实质性的证据，考古学家发掘出了一些人类和动物骨头的碎片，其中包括 41 块人类头骨碎片。将这些碎片拼凑起来后发现，它们来源于 6 个人类头骨，研究人员称其为"精心打造的颅骨穹隆②"：这些头骨被打造成杯子的形状。然而，考古学家无法断定这些"杯子"是否真的被用作饮用容器，或者它们是否被用在某种仪式上，例如葬礼仪式。

## 3．米诺斯人怎么称呼自己？

从公元前 27 世纪至公元前 15 世纪，希腊克里特岛上的米诺斯文明是当时世界上非常先进的文明之一。他们的建筑、艺术（影响了后来的希腊和埃及的艺术），以及他们从地震和火山爆发等自然灾害中的恢复能力，都证明了米诺斯人高度的组织和管理水平。然而，他们的种族起源和语言尚且未知，他们的文字系统线形文字 A 也未被破译。所有这些问题导致我们甚至不知道米诺斯人怎么称呼自己。他们当然不会称自己是"米诺斯人"，因为这个名称是英国考古学家阿瑟·埃文斯爵士根据神话人物克里特岛国王米诺斯而起的，传说米诺斯将弥诺陶洛斯③关在迷宫里——故事的灵感可能来源于克诺索斯王宫错综复杂的地下室，而

---

① 斯基泰人是公元前 8 世纪至公元前 3 世纪位于中亚和南俄草原上印欧语系东伊朗语族之游牧民族。
② 穹隆是指天空中间高四周下垂的样子，也泛指高起成拱形的。
③ 希腊神话中克里特岛上的半人半牛的怪物，由公牛和米诺斯的妻子结合所生，拥有人的身体和牛的头，米诺斯在克里特岛为它修建了一座迷宫。

埃文斯曾在 20 世纪早期发掘过这个地方。

## 4．谁才是卡迭石战役的最终胜利者？

公元前 1274 年爆发的卡迭石战役是埃及历史上非常重大的一场战役，据说这场战役投入的战车胜过其他任何一场战役，可谓空前绝后。卡迭石战役同时也是埃及历史上第一场参战双方都有详细文字记载的重大战役。事实上，可以说我们知晓卡迭石战役的方方面面，除了不知道到底哪一方赢得了胜利。

卡迭石战役是埃及法老拉美西斯二世与赫梯国王穆瓦塔里两军之间的战役。赫梯的兵力部署紧密，而拉美西斯二世误判了此形势，将大部队分散开来，致使他自己率领的军队突然陷入赫梯的埋伏，并遭受重创。据他自己所说，当时他的军队处于溃败之势，但随后增援部队赶到，击退了敌人。后来双方撤军，不久之后便签署了停战协议。

在其之后漫长的统治生涯里，拉美西斯二世宣称卡迭石战役是埃及的伟大胜利，而赫梯人却坚信胜利属于赫梯。考古学家的调查也未能对双方的说法提供证据支持。

## 5．巴比伦空中花园真实存在过吗？

传说巴比伦空中花园是巴比伦国王尼布甲尼撒二世为他的王妃安美依迪丝（来自伊朗米底）因思念家乡花草树木而修建的花园。花园建于公元前 600 年左右，为古代世界七大奇迹之一。公元前 1 世纪的希腊历史学家们曾在书中提到了这座花园，并大加赞美，100 多年后空中花园在一次地震中被毁。据说，公元前 5 世纪的希腊历史学家希罗多德将空中花园列入他罗列的世界七大奇迹名单中，但这份名单并未留传下来，并且在他所有的著作中都没有关于空中花园的确切记载。奇怪的是，在当时巴比伦的众多著作中，也没有任何关于空中花园的已知内容的记载。

自 19 世纪巴比伦遗址被重新发掘以来，考古发掘出的一些证据与空中花园的某些部分描述相吻合，但这些证据没有一个能充分证实空中花园的存在。一种说法认为，空中花园从未存在过，对它的赞美只不过是一种艺术渲染的手段；另一种说法认为，确有其园，只不过是在伊拉克北部的尼尼微，而不是在巴比伦，由亚述王西拿基在公元前 7 世纪修建。因此，古代世界七大奇迹中最古老的奇迹可能是西拿基的真实版花园和尼布甲尼撒二世的神话版花园的融合，实在是令人困惑。

## 6．在青铜时代晚期到铁器时代早期，是什么导致了东地中海地区诸多文明没落崩溃？

公元前 1200 年至公元前 1150 年间，随着铁开始取代青铜作为工具和武器的首选材料，许多东地中海地区的文明遭受了沉重的打击，从此一蹶不振。

在希腊，迈锡尼文明的巨石宫殿尽数被毁；在埃及，新王朝时期宣告结束，国家正遭受外来入侵者的侵略，如神秘的"海族"；而在近东地区，赫梯帝国四分五裂，整个帝国的城市要么被洗劫一空，要么被彻底焚毁。大范围的文明崩溃背后有着各种各样的原因，既有天灾，又有人祸。有证据表明，当时东地中海地区长年干旱，地震、火山喷发频发，但有些学者认为大规模移民（可能与气候变化有关）以及新式铁制武器技术的产生，可能导致了尚武情绪高涨，驱使人们对外扩张。或者，文明消亡的原因也可能很简单，即在过去的 2000 年里，该地区出现的文明变得越来越复杂，依靠现存的统治和管理难以为继，因而给自己的文明消亡埋下了祸根。

## 7．建造巨石阵的初衷是什么？

大约 5000 年前，在英国威尔特郡狂风呼啸的索尔兹伯里平原上，史前居民建造了一个环形石阵。石阵结构简单，由一个土冈①、一条土沟和一些被称为"奥布里"的坑组成。这些坑洞以其发现者——17 世纪的古文物学家约翰·奥布里的名字命名。这些圆形坑处在白垩层，每个坑直径约 1 米，深 1 米，底部平整。这些坑围在一起，形成了一个直径约 87 米的圆。在坑内部，人们发现了一些火化过的人类骨骸。

这座建筑曾被废弃了 1000 年左右，直到公元前 2150 年，巨石阵又开始修建，当时人们从威尔士西南部普雷斯利山脉运来了大约 82 块巨大的蓝砂岩石，并将它们排列在此。这些石头重达 4 吨，从它们原来的位置移动了大约 380 千米，如今人们对如何长途搬运如此重的石头进行了大量的研究和推测。最有可能的方法是将石头河运或海运至此，到了陆地上再用滚木搬运。还有人认为，这些石头可能是由于几千年前末次冰期②的冰川活动，通过冰盖从威尔士迁移至此。

但做这一切是为了什么呢？有人认为巨石阵可能是一座寺庙、天文观测台、疗养中心，或是人们祭祀的地方——但由于对这座岛上前凯尔特居民的生活和信仰知之甚少，建造巨石阵的目的几乎没有线索可循。

### 8. 玛雅人一年 260 天的卓尔金历法的起源是什么？

在讨论 2012 年是不是世界末日时（见引言），我们已经了解了古代玛雅历法，但其错综复杂的数字模式背后的运算推理几乎无法探明。玛雅历法包括两个不同类型的周期，一个以 13 天为 1 周，另一个以 20 天为 1 周，进而形成以 260 天为 1 年的历法和以 365 天为 1 年的历法，两者相互结合，令人十分费解。最常见的解释是，数字 13 和 20 对玛雅人具有某种特殊意义，但这种解释难以服众。

有人认为，以 13 天为 1 周可能与阴历有关，即从新月到满月的天

---

① 土冈是指天然的高于地面的小山。
② 末次冰期是于第四纪的更新世内发生的最近一次冰河时期，于 7 万年前开始，1.15 万年前完结。

数。这个理论的问题在于，它并没有把日子加起来算，算过之后就会发现，这个理论其实把阴历认定为 26 天，而不是更精确的 29 天。该理论的支持者回应说，在满月的前一天和后一天都可以看到满月，所以整个周期就是前 13 天月相由新到满，中间 3 天满月，后 13 天月亮从满到缺。瞧，刚好 29 天！但即使是玛雅人也一定觉得 13 天的阴历周有些瑕疵，因为这种算法导致每个阴历周的月相要晚 3 天才开始。

至于 1 年 260 天的周期，一种观点解释说，它指的是人类的孕期，或者至少是从第一个该来却没有来的月经期到分娩之间的天数。但还没有证据表明玛雅的产婆能对历法系统产生如此重大的影响。

## 9．伊特鲁里亚人来自哪里？

从铁器时代开始到罗马帝国早期，伊特鲁里亚人——意大利托斯卡纳大区的古代居民，是意大利中部的主要势力。事实上，从台伯河沿岸的小村庄鲁马（Ruma，发音类似于 Rome，罗马）发展成广为人知的强大的罗马城，正是伊特鲁里亚人起了主要作用。然而，2000 多年来，伊特鲁里亚人来自哪里的问题一直备受争议。古罗马人坚称他们来自小亚细亚半岛；而另一方面，古希腊人则认为他们是意大利土著。除了在当地墓穴中发现的一些物品外，伊特鲁里亚人没有留下任何文献、宗教经文以及其他有关他们起源的线索。仅存的一点伊特鲁里亚语表明，他们的语言不属于印欧语系，事实上，它跟任何已知的语言——无论是现存的，还是已经消亡的都没有任何相似之处。

## 10．人类在什么时候发现地球是圆的？

"当克里斯托弗·哥伦布说他认为地球是圆的时，他们都笑了。"艾拉·格什温和乔治·格什温的这句歌词就能完美解答这一问题。其实早在哥伦布时代 2000 多年前，我们就已经知道地球是圆的了。公元前 600 年左右，希腊数学家毕达哥拉斯就曾假定地球是个球体，而另一位希腊天文学家埃拉托色尼，在公元前 240 年左右就计算出了地球半径——自那时起，没有一个希腊大思想家不认为地球是圆的。尽管后来寥寥几位另类的早期基督教神学家又重拾"地平说"理论，理由是希腊人是异教徒，因此他们的理论一定是错误的，但这种人一直以来都只是极少数。

谁是世界上第一个确定地球形状的人？古希腊人自己对此也有分歧。而我们对他们的天文学技术也知之甚少，因此也无法给出任何可靠的推测。根据公元前 3 世纪第欧根尼·拉尔修在书中所述，毕达哥拉斯首先在其著作中提出地球是球体的观点；泰奥弗拉斯托斯认为，第一个提出该观点的人是公元前 5 世纪哲学家巴门尼德；齐诺认为，这个观点最先是由公元前 7 世纪初的诗人赫西奥德提出。然而，这些观点的作者并没有告诉我们他们断言的依据是什么。

## 11．老挝查尔平原上，成千上万个巨大石缸背后隐藏着怎样的秘密？

老挝中北部川圹省境内，在大约 90 处遗迹中发现了数千个巨大的史前石缸，每处遗迹中的石缸有 100 到 400 个不等，每个石缸高 3 米、宽 1 米。

20 世纪 30 年代首次对这些石缸进行调查研究时，人们以为它们与殡葬活动有关，因为它们与在中南半岛①发现的其他石缸类似，而这些石缸正是用于丧葬，但在老挝境内的石缸内部或石缸附近并没有发现任何人类或动物遗骸。当地的一种说法是，石缸是用来酿酒的，但并没有证据证明这一观点。这些石缸好像被设计成可安装盖子，尽管在附近也

① 中南半岛是位于东南亚的一个半岛，为亚洲南部三大半岛之一。

发现了这样的盖子，但没有发现盖着盖子的石缸。虽然有人推测这些石缸的制造时间可以追溯到公元前 500 年至公元 500 年间的铁器时代，但石缸的具体制造年代仍无从得知。

## 12．亚历山大大帝的死因是什么？

马其顿王国的亚历山大三世（即亚历山大大帝）无疑是世界上非常成功的军事指挥官之一。与波斯和其他国家进行了数十年大大小小的战争之后，亚历山大大帝在 30 岁时便建立了当时世界上领土面积最大的帝国。但他却英年早逝，死时还不满 33 岁。

公元前 323 年 6 月，亚历山大大帝在巴比伦溘然去世。众所周知，他死于一场高烧，在死亡的前两天，士兵们在他面前列队致敬，他只是默默地挥手致意。后来，希腊和罗马的历史学家就像许多现代记者一样，不愿让亚历山大大帝的真实死因破坏了他辉煌的人生经历，于是编造出各种各样的情节，来解释他的死因。

普鲁塔克提到亚历山大大帝死于高烧，称这是亚历山大大帝死前两周和他的一位将领共进晚餐后，又与一位朋友狂饮无度造成的。狄奥多罗斯称，为了纪念大力神，亚历山大大帝喝了一大碗酒，之后在痛苦中死去。其他人则认为他是被自己的大臣安提帕特毒死的，而安提帕特不久前刚被亚历山大大帝免去马其顿帝国摄政一职。当时安提帕特的儿子伊奥拉斯专门为亚历山大大帝斟酒，因此他既有刺杀动机，又有刺杀的机会。

一个不那么夸张的解释是，亚历山大大帝死于酗酒和作战留下的伤口，而最新的说法认为，他是因疗伤过程中使用过量菟葵①被毒死的。另外，伤寒、疟疾和西尼罗热②等疾病也可能导致亚历山大大帝的自然死

---

① 菟葵，草本植物，有块状根茎，叶大部合生，掌状深裂，花单生，黄色或白色。

② 西尼罗热是一种人畜共患病，是由携带西尼罗病毒的蚊虫叮咬人畜而引起发病的。

亡。2010 年提出的理论表明，亚历山大大帝的症状——不仅包括发烧，还包括肝脏和关节上的剧烈疼痛，以及丧失说话能力，与卡奇霉素中毒的症状一致。卡奇霉素是一种由某种土壤细菌产生的剧毒物质，人们在伯罗奔尼撒半岛的马夫罗里河中发现了卡奇霉素，古希腊人把这条河视为冥河，认为其是通往冥界的神秘入口，因而冥河的水剧毒无比也就顺理成章了。

### 13．博物馆里的水晶头骨是古代制造的吗？

于 2008 年上映的电影《夺宝奇兵 4：水晶骷髅王国》激发了公众对水晶头骨的兴趣，这些头骨的样品目前陈列在世界上几所著名的博物馆中。据说这些头骨是由早已消失的中美洲文明——阿兹特克人或玛雅人制造出来的，一些人认为它们具有某些神秘属性。水晶头骨还引起了 20 世纪 60 年代"新纪元运动"[①]的无限想象，这无疑推动了从前哥伦布时期[②]就已繁荣的赝品文物贸易，而这种贸易据说在 19 世纪中期就已开始。

自 1950 年以来，研究人员曾多次尝试对大英博物馆的水晶头骨进行时间测定，并在 1996 年将该馆的头骨与美国华盛顿特区史密森学会[③]收藏的一颗类似的头骨放在一起进行研究，发现了头骨上由珠宝轮打磨时留下的工具痕迹，但当时的阿兹特克人和玛雅人并不具备这样的工具，它只在很久以后的欧洲才出现。因此大英博物馆将他们在 1897 年获得的头骨重新归类为"老"而不是"古"。

其他博物馆收藏的或私人手中的水晶头骨是否为真正的古董仍有待考证。

---

① 新纪元运动，又称新时代运动，是一种去中心化的社会现象。
② 前哥伦布时期，又称"印第安时期"，是指美洲在明显受到来自欧洲文化影响前的历史时期。
③ 史密森学会是唯一由美国政府资助、具有半官方性质的第三部门博物馆机构。

# 英国历史

## 14. 亚瑟王确有其人吗？

已知最早的关于英国传奇领袖亚瑟的记载可以追溯到 9 世纪的《不列颠史》，可能是由一位名叫南尼厄斯的威尔士僧侣所写的。在这本编年史中，关于亚瑟王的功绩仅有一段记载，但这段文字却列出了他在 5 世纪或 6 世纪时对抗撒克逊入侵者的 12 场伟大战役。在这些战役中，如蒙斯 - 贝多尼克斯战役（如今已不知蒙斯 - 贝多尼克斯的确切位置，不列颠人曾在此地战略性地击败了撒克逊人），其细节与当时的其他历史记载一致。然而，有关蒙斯 - 贝多尼克斯的叙述最早出现在由 6 世纪的僧侣吉尔达斯撰写的《征服不列颠》中，但其中并没有提到亚瑟。

在 10 世纪和 11 世纪的记述中，亚瑟短暂地出现过，但 12 世纪威尔士蒙茅斯郡的牧师杰佛里所撰写的《不列颠诸王史》使亚瑟王的故事丰满起来，并首次提到了梅林、桂妮维亚、兰斯洛特和亚瑟王的神剑。在早期的文献中，亚瑟王只被看作是"战争领袖"、战神或军事指挥官，但杰佛里却称他为王。

或许是受到杰佛里的启发，12 世纪和 13 世纪的法国文学浪漫史对这个故事进一步润色，比如添加了亚瑟王在卡美洛的传奇城堡。当托马斯·马洛礼在 15 世纪晚期写下《亚瑟王之死》时，亚瑟王的传奇便以其广为熟知的形式，包括骑士和圆桌，牢固地建立了起来。这些与最初的亚瑟有多少相符之处，杰佛里是否杜撰了这一切，而不是像他声称的那样——基于现在已经失去的史料创作而成，这只能靠猜测了。

### 15. 为什么 7 世纪的盎格鲁 - 撒克逊人在萨顿胡埋葬了一艘战船，但其中却没有人类遗骸？

1939 年，在英国的萨福克郡的萨顿胡发现了一艘长 27 米的船。这是英国历史上最壮观，但也最令人困惑的考古发现之一。考古学家在船内发现了黄金制品和其他珍宝，但却没有发现人类遗骸。该遗址为 6 世纪到 7 世纪初的墓地，但这艘满载宝物的船只的埋葬方式不同于其他任何地方。人们提出了两种理论来解释为什么其中没有发现尸体：一种是尸体最初和船葬在一起，但后来土壤中的化学物质将尸体腐蚀得一干二净；另一种是说这座坟墓是一个早期的纪念碑，用来纪念当时一位声名显赫的人物。但无论哪种情况，人们认为这位墓主是 7 世纪东英吉利国王雷德沃尔德。但是，他是否曾和船葬在一起？这个秘密或许早已化作尘土了。

### 16. 忏悔者爱德华在 1066 年去世时，他真的对哈罗德·葛温森说过"我把我的妻子和江山皆托付于你"吗？若果真如此，他这么做意欲何为呢？

1066 年初，忏悔者爱德华临死前对哈罗德·葛温森说了此番话，这显然违背了他之前让诺曼底的威廉做他继承人的承诺。哈罗德立即加冕为英格兰国王，但 9 个月后在黑斯廷斯战役中阵亡。

难道是哈罗德国王和拥立他的大臣们捏造了爱德华的临终遗言？对此最早的记载似乎来源于《爱德华国王的生平》，由爱德华的妻子威塞克斯的伊迪丝（婚后与忏悔者爱德华未诞子嗣）在 1067 年左右完成。伊迪丝是威塞克斯伯爵哥德文的女儿，同时也是哈罗德的妹妹。

还是说忏悔者爱德华的此番话只是想让哈罗德在威廉继承王位之前暂管这个王国？爱德华最后得的一场病被描述为"大脑疾病"（很有可

能是脑出血或其他形式的中风），我们可能还会问，爱德华临终前是否能够清晰连贯地表达他的意愿。

## 17．赫里沃德最终下场如何？

觉醒者赫里沃德是一名盎格鲁－撒克逊战士，1070 年，他在东英吉利沼泽地领导了一场反抗诺曼人占领英格兰的起义。他似乎从小就有叛逆的倾向，18 岁时因不服从父亲管教而被流放。1071 年，赫里沃德在伊利岛上的基地被攻占，随后反抗诺曼人的叛乱被瓦解。赫里沃德从水路逃走，但后来发生在他身上的事与其说是事实，不如说是传说。有人说他后来仍在反抗诺曼人，最终被诺曼骑兵杀死；也有人认为，征服者威廉赦免了他，他最终安稳地度过了余生；还有一种可能是，他从未得到赦免，而是再次被流亡，最终销声匿迹。查尔斯·金斯利 1865 年出版的小说《赫里沃德》将他的生平轶事浪漫化，使他成为维多利亚时代学生课本上典型的英国英雄。

## 18．伊斯维尔的泥瓦匠理查是理查三世的私生子吗？

众所周知，理查三世至少有两个私生子。一位是格洛斯特郡（英国西南部的港口城市）的约翰，他在 1485 年被理查三世任命为法国加来市的船长，是理查三世口中的"我亲爱的私生子"；另一位是凯瑟琳·金雀花，1482 年她由国王资助与彭布罗克伯爵成婚。但是关于第三个被认为是私生子的伊斯维尔的理查仍是一个巨大的谜团。

除了 1550 年在肯特郡伊斯维尔的教区地下发现的一份关于"理查·金雀花"的记录外，并没有确凿的证据能够佐证这一说法，但相关的一些其他信息使它有了一定的可信度。

1546 年，英国下议院议长托马斯·莫伊尔爵士在自己的领地上进行一些建筑工程。在工人们休息的时候，他注意到当其他工人喝酒聊天时，一位老砖匠却坐在自己的椅子上读着一本拉丁文书籍。托马斯爵士坐过去和这位老人谈话，并取得了他的信任，然后这位老人讲述了自己的故事。他称自己十五六岁以前一直和一位男拉丁语老师住在一起。这位老人不知道自己的父母是谁，但一位尊贵的绅士每年都会来四趟并支付他的生活费。16 岁时，他被这位绅士带往博斯沃思战役①，在那里，理查三世的军队正与篡位者亨利·都铎的军队交战。绅士将男孩介绍给理查三世，理查三世告诉了男孩他们的父子关系，如果理查三世赢了这场战斗，他就会承认他这个儿子。如果输了，国王建议他从此隐姓埋名。之后，理查三世被杀，亨利继承王位，男孩逃到了伦敦，在一个泥瓦匠那里当起了学徒。

这个故事给托马斯·莫伊尔爵士留下了深刻的印象，他让这位老人住在自己的庄园里直至去世。不管怎么说，这就是英国古物学家弗朗西斯·佩克在他 1732 年和 1735 年出版的杂集《珍品集粹》（共两卷）中所写的故事。

## 19. 莱斯特伯爵罗伯特·达德利之妻艾米被杀是为了让达德利和伊丽莎白一世女王成婚吗？

伊丽莎白一世爱上了罗伯特·达德利，达德利娶了艾米·罗布萨特。1560 年，艾米 28 岁死于颈部骨折，人们在牛津郡附近的库姆纳的一小段楼梯的脚下发现了她的尸体。官方的调查结果是"死于意外"，但当时坊间有传，所谓的"意外"是女王的顾问威廉·塞西尔或达德利本人策划的。后来，沃尔特·司格特爵士在他的小说《肯纳尔沃斯堡》中虚构了这个悲剧故事。书中，莱斯特的管家瓦尼心狠手辣，针对艾米设计了一场复杂的骗局。在小说的结尾，当莱斯特在肯纳尔沃斯堡招待伊丽莎

---

① 博斯沃思战役发生在 1485 年，是兰开斯特王朝和约克王朝之间战争中最重要的一场战役，导致了约克王朝最后一任国王理查三世的死亡，是英国历史上重定乾坤的重要战役。

白时，瓦尼在库姆纳精心策划了一场意外，让艾米从活板门跌落致死。

在 20 世纪 50 年代中期，有人提出了一种理论，认为艾米·达德利患有乳腺癌，这可能使她的脊椎变得脆弱，导致她从不高的地方跌落后脊椎折断。最近，研究人员对其尸体进行了再次调查，结果表明，死者可能是摔死的，或许死因可能更加惨烈。

## 20．火药阴谋是英国政府精心策划的吗？

1605 年，当盖伊·福克斯在千钧一发之际被人阻止而没能炸毁英国议会大厦时，对阴谋策划者的指控也就一目了然了。毫无疑问，这是英国天主教徒对国王詹姆斯一世反天主教措施的反抗，他们计划暗杀詹姆斯一世，可能是想让他的女儿伊丽莎白公主成为天主教女王（尽管她不是天主教徒）。

此次事件千真万确，但其中的几个关键因素和阴谋的失败向人们表明，故事可能远不止于此。盖伊·福克斯和他的同伙可能中了英国政府精心策划的圈套，而这个阴谋可能由国王的反天主教首席部长罗伯特·塞西尔一手策划。这个阴谋论主要集中在蒙蒂格尔勋爵收到的一封信上，信中警告他在计划爆炸当天不要靠近议会大厦。这封信来自他的堂兄弗朗西斯·特雷瑟姆，他是阴谋者之一，据说他可能是直接听命于塞西尔的双重间谍。根据这个理论，塞西尔的动机只是想用一种戏剧性的方式来诋毁天主教徒。不过，支持这个理论的人仍有疑问：阴谋者们是如何在离国会如此之近的地方租到房子的？他们又是如何轻而易举地获得这么多火药的？最重要的是，他们是如何将火药偷偷运到上议院的地窖里的？

## 21．詹姆斯·德拉克洛什是查理二世的私生子吗？

1862 年，英国历史学家阿克顿勋爵收到了来自罗马耶稣会档案的文件，这些文件讲述了詹姆斯·德拉克洛什的离奇的故事。故事始于1646 年，当时年仅十几岁的未来的英格兰国王查理二世访问了英国泽西岛。在此，他与玛格丽特·德卡尔特雷夫人发生了关系，并生下了一个儿子，取名詹姆斯·德拉克洛什。

文件中有三封查理的信，信中承认他是詹姆斯·德拉克洛什的父亲，并讲述了詹姆斯留在伦敦信奉新教期间，自己每年给他 500 英镑补助的事情。然而，詹姆斯后来却去了罗马并加入了一所耶稣会神学院。当查理考虑改宗罗马时（事实上，他只是在 1685 年临终时才这么做），詹姆斯甚至还担任了国王的密探和驻梵蒂冈的非官方大使。

1668 年，罗马对詹姆斯·德拉克拉什的记载戛然而止，但第二年，一个自称詹姆斯·斯图亚特的人来到意大利那不勒斯，声称自己是查理二世的私生子。1669 年，詹姆斯·斯图亚特去世，他的遗嘱中特别要求查理二世给他儿子封邑。

詹姆斯·德拉克洛什和詹姆斯·斯图亚特是否是同一人，他们中是否有一个人是查理二世的亲生儿子，德拉克洛什给耶稣会的信是否是伪造的，这些尚不清楚。如果整件事都是杜撰出来的，那么詹姆斯·德拉克洛什一定是历史上最自信的一个骗子。

# 法国历史

## 22．铁面人是谁？

从 1669 年以尤斯塔奇·道格的名字被捕到 1703 年去世（当时他被称为马希奥利），这位路易十四时期的囚犯的身份一直秘而不宣。

这位囚犯的脸一直隐藏于铁面具之下，无人被允许察看。有人认为他就是詹姆斯·德拉克洛什——查理二世的私生子。是不是所有认识他的人都将这个秘密带进了坟墓，既无文字记录也无口头相传？ 300 多年过去了，我们似乎仍未解开这个谜题。相关的影视作品和书籍数不胜数，其中提出了不少可能的人选，但还没有找到确凿的证据加以证实。

伏尔泰认为戴着铁面具的人是路易十四的一个年长的私生子；历史学家休·罗斯·威廉森认为他可能是国王的生父。关于这名囚犯有王室血统的说法一直存在争议，因为他曾向监狱长申请做贴身侍从，这是一项非常不符合王室身份的工作。另一些人认为他可能是维维安·德布隆德将军，在与奥地利人作战时，他下令迅速撤出他所指挥的军队，致使国王龙颜大怒。但是，由于禁止囚犯与监狱中除一名看守之外的任何人交谈或见面，并且在他死时，他所有的衣服和财物都被销毁了，因此只留下间接证据证明铁面人可能是这几个人选之一。而这几个人跟过去几个世纪里所提到的众多的候选人相比，仅仅是冰山一角。

也许在法国的某个旧图书馆中，有一张被遗忘的纸条，上面写着这个谜题的答案。关键线索可能已经不存在了，可能永远找不到了，但也说不定某一天就会被发现。

## 23. 有人说过"让他们吃蛋糕"吗？

这句话通常被认为是路易十六的妻子玛丽·安托瓦内特所说，"让他们吃蛋糕"的这种译法似乎来源于让-雅克·卢梭在 18 世纪 60 年代所写的《忏悔录》，当时玛丽·安托瓦内特还是一个住在维也纳的十几岁的奥地利女大公（奥匈帝国皇室女公主的称号）。卢梭称，有一位"伟大的公主"在听说农民没有面包吃时说了这句话，但他并没有具体说明这个公主是谁。

路易十八在他的回忆录中把这句话描述为一个古老的传说，并称在他的家族中，这句话通常被认为是由路易十四的妻子玛丽亚·特雷莎所说。然而，这些回忆录是在卢梭的《忏悔录》之后写的，这可能对路易十八的想法有一定的影响。

认为这句话出自玛丽·安托瓦内特之口，无疑是因为她在法国大革命前几年逐渐声名狼藉，当时反对她的人们很乐意将她的名字与卢梭书中讲述的故事联系在一起。但卢梭是从哪里知晓的这个故事就不得而知了。

## 24. 夏绿蒂·科黛的头发是什么颜色的？

1793 年，夏绿蒂·科黛因刺杀激进的雅各宾派领袖让 - 保罗·马拉而被送上断头台。在法国大革命期间，她成为温和的吉伦特派的烈士和英雄，但你知道她的头发是什么颜色的吗？

许多关于她的画作，大多是在她死后完成的。画上她的头发是黑色的，但在一些她生前所画的肖像中，她的头发却是深褐色的。然而，在她的通行证上，她的头发却是栗色的，而让 - 雅克·豪尔在处死她之后不久绘制的现场图显示她的头发是金黄色的。然而，有人认为，出于绘画的目的，豪尔想把她描绘成一个虚荣的贵族，因此才让她看起来像是在头发上撒了金黄色的粉末。

## 25. 第一个过朱利安桥的人是谁？

法国东南部的沃克吕斯省境内有一个风景如画的山村名叫拉科斯特，它附近的朱利安桥是一种非常罕见的罗马桥，其历史可以追溯到公元前 1 世纪。2005 年这座桥关闭，当时最后一个过桥的人是《两个手提箱和一条狗》（*Two Suitcases and a Dog*）的作者芬巴·麦克·约恩。桥上的一块牌子上写着："我们不知道第一个过桥的人是谁，但我们知道最后一个是爱尔兰人。"

## 中世纪

### 26．为什么丹麦人成了维京人？

从 8 世纪末开始，一直待在斯堪的纳维亚半岛上的居民开始了一段急剧扩张时期。他们从东部的俄罗斯和君士坦丁堡，到南部的西班牙和北非，再到西部的冰岛和格陵兰岛，开始掠夺、殖民和贸易交流。他们甚至到达了远在北美的纽芬兰、拉布拉多和比卡博特，比哥伦布发现新大陆还早了几个世纪。

是什么导致了文化的巨变呢？学界主要有以下三种理论：

● 这一切都起因于查理曼大帝的欲望。查理曼大帝是 768 年的法兰克国王，800 年的罗马皇帝，用武力推行基督教。基督教和挪威异教之间的战争已经持续了近一个世纪，所以维京人扩张可能是出于保护挪威异教文化，同时向查理曼大帝复仇。

● 这一切都是由于人口激增造成的。人口激增使北欧人没有足够的农业用地来养活他们日益增长的人口。由于他们的航海技术已经高度发达，到公海去比到东部开垦森林更容易。

● 罗马帝国的衰落和伊斯兰教的兴起导致了欧洲经济的长期衰退。这两件事都导致了国际贸易的衰退，维京人的扩张是出于开拓新市场的需要。

所有这些情况都不能完全解释维京人大规模扩张的原因，但它们中的任何一种可能都会为一个好战的时代播下种子。

### 27．谁发明了枪支？

火药被认为是中国人在 7 世纪左右发明的，可能是道士在寻找长生不老药时偶然发明的。此后不久，火药就被用作武器，尤其是燃烧弹。但关于火器（枪）的最早记录可以追溯到 12 世纪。在四川的一个山洞中发现一尊那个时期的雕塑，一个人手持"投弹炮"的原始大炮，火焰和炮弹从炮口冒出。现存最古老的这种大炮可以追溯到 1288 年，不过悬而未决的问题是，谁第一个想到用火药的爆炸力推动金属炮弹攻击敌人。我们只知道他可能是一位生活在 12 世纪左右的中国人，他发明了一些东西，后来慢慢演化出今天我们熟知的军需工业 [①]。

### 28．有多少诺曼人于 1066 年入侵英格兰？

黑斯廷斯战役是英国历史上最重要的事件之一，但我们对其准确的细节知之甚少。也许这并不奇怪，因为我们获取信息的主要来源是一幅很长的刺绣画（贝叶挂毯），而且是在战争结束 11 年之后才完成的，就连英格兰国王哈罗德被一箭射中眼睛而亡的故事也颇有争议。

至于军队的规模，据说英国军队人数为七八千人，但是没有关于征服者威廉的军队规模的可靠资料。大多数研究者认为，他的军队的规模与英国军队差不多，但如果说要给一个更精确的数字，则是在 4000 人到 20000 人之间。

### 29．所谓的马尔福斯事件真的发生在诺曼征服期间吗？如果是的话，发生在何处？

至少有 5 位 11 世纪和 12 世纪的编年史家提到一起事件，据说该事件发生在一个名为"马尔福斯"（又称"邪恶的沟"）的地方。他们的

---

① 军需工业是从事给养、被服、装具等军需物资生产的工业。

说法各有不同，但都讲述了一个大致相同的故事，即诺曼人在黑斯廷斯战役的最后阶段追击绝望的英国军队。

英国人决定在马尔福斯做最后的抵抗，那里有一条壕沟和其他对他们有利的天然地形。诺曼人由布洛涅尤斯塔斯和威廉一世亲自领导，当时两个人正在商议事情。一个在战场上受伤或装死的英国士兵，看到这两位骑士在交谈，于是他站起身来，用尽全力拿一块石头猛击其中一名骑士的肩胛骨，鲜血从这个骑士的口鼻中涌出，随后这个受了重伤的骑士被抬走了。

法国在描述这场战役时，并没有提及此事。如果确有其事，那么威廉一世应该是死里逃生了。至少有五个可能的地点被认为是马尔福斯，但没有发现任何证据来证明这个事件的真实性。

## 30．贝叶挂毯是在哪里制作的？

贝叶挂毯不是一件挂毯，而是一件刺绣品，人们认为它完成于1077年，是1066年黑斯廷斯战役的主要信息来源。但是，贝叶挂毯是受谁委托制作的，谁做的刺绣，在哪里制作的，一直都备受争议。

法国人认为，这是由征服者威廉的妻子玛蒂尔达皇后和她的侍女们完成制作的。但也有人说，这是由威廉一世的同父异母兄弟大主教奥多任命制作的，这个说法也有助于解释为什么它是在法国诺曼底大区的贝叶大教堂发现的，而贝叶大教堂正是为奥多修建的。

然而，历史刺绣领域的专家指出，这块挂毯的风格和专业技能显示它起源于英国，并非法国，其拉丁字母的风格再次表明它的来源地是英国。特别是字母 U 总是以 V 的形式出现，更像是英式风格。

自1476年以来，最早提到挂毯的是贝叶大教堂，但它前400年的历史已经失传。在这个历史缺口被填上之前，我们将不得不继续猜测这些精美的刺绣是出自哪里。

## 31．成吉思汗的墓在哪里？

1227 年，大蒙古国可汗成吉思汗去世，享年 65 岁。按照习俗和他自己的意愿，人们将他埋葬在一个秘密的无名墓中。传言，他的葬礼护卫队杀死了途中遇到的所有人，包括修建陵墓的奴隶。而他们返回时自己也被杀了。有人说，这个地方有一条河被改了道，另一种说法是马群踩踏了土地，种植了树木来隐藏坟墓。无论是哪种保密措施，它们确实奏效了，成吉思汗的坟墓至今无人知晓。

## 32．马可·波罗来过中国吗？他对于中国的叙述是编造的吗？

威尼斯商人马可·波罗无疑是中世纪最伟大的旅行家之一。他的著作《马可波罗游记》是中世纪的畅销著作，被翻译成多种语言。但他可能并没有像他所说的走得那么远。尤其值得一提的是，他写的关于中国的文章被当作证据，证明他只是在叙述别人告诉他的故事，而不是叙述他的个人经历。

他的叙述虽然在某些方面很详细，但却没有提到中国书法、筷子、茶、缠足，甚至没有提到长城。更重要的是，尽管马可·波罗声称自己曾是中国皇帝忽必烈汗的特使，但在中国历史记录中却没有提及他。但马可·波罗确实是第一个提到老虎、中国的邮政系统、日本以及连接北京和杭州的大运河的欧洲人。

据说马可·波罗临终时，一位神父敦促他承认书中的大部分内容是他编造的。据说他曾这样回答："我还没有说出我所见的一半呢。"

## 33．黑死病是由什么引起的？

14 世纪中叶，黑死病被认为杀死了大约一半的欧洲人，使世界人口减少了约 20%。但我们却无法确定这是什么原因造成的，甚至也无法确定它到底是什么。直到最近，人们才知道黑死病是一种鼠疫，类似于 17

世纪在欧洲城市造成流行病的鼠疫，但自 21 世纪初以来，在对当代关于黑死病的详细记载进行研究后，人们对黑死病是否真的是鼠疫表示怀疑。尽管症状在许多方面相似，但黑死病在一年中的不同时期发作，与之后的鼠疫疫情相比，其死亡率不同，发病率和复发率也不同。将它在城市和农村的病情对比，似乎也与鼠疫不同。一些研究人员由此提出了其他可能性，认为出血热（由汉坦病毒引起）或炭疽病（由炭疽杆菌引起）可能是造成黑死病的主要原因。

然而，2010 年，对中世纪鼠疫坑中发现的尸体牙齿进行了 DNA 详细分析，发现了一种细菌与鼠疫有关。如果这是真的，那么还有一个问题，就是这种疾病是如何传染给人类的。我们知道，鼠疫可以由老鼠身上的跳蚤传播。然而，众所周知，黑死病暴发的地方过于炎热，致使跳蚤无法生存。在 19 世纪，中国、印度和中东地区流行的鼠疫同样如此。19 世纪鼠疫患者的脓疱主要出现在腹股沟，那里经常是跳蚤叮咬的地方。在黑死病的案例中，脓疱也经常出现在腋窝和脖子上，而这些地方显然不是跳蚤的觅食地。最后，有人认为鼠疫的暴发与鼠类数量减少有关，这迫使跳蚤跳到人类身上，来寻找其他的觅食场所。不过在老鼠种群中却没有发现与黑死病有关的这种变化。

## 34．珀金·沃贝克是谁？

珀金·沃贝克，英格兰王位的觊觎者，是英国历史上最神秘的一个人物。他自称是约克公爵什鲁斯伯里的理查德，是爱德华四世的小儿子，据说死在伦敦塔。珀金多次试图从亨利七世手中夺取王位。他获得了爱德华四世的妹妹约克的玛格丽特的信任，承认他是什鲁斯伯里的理查德。尽管目前尚不清楚这是因为玛格丽特真的相信他，还是因为她认为他是一个有用的政治盟友。

当他被国王的军队俘虏时，他坦白了自己的佛兰德血统，并声称自已是在爱尔兰学的英语。但由于这一供词是在胁迫下作出的，人们认为这不过是为了逃避死刑而捏造出来的。

从外表上看，珀金·沃贝克长得很像爱德华四世，一些人猜测他可能是国王的私生子，甚至真的是他自己说的那样是位王子。珀金·沃贝克于 1499 年被绞死，随后他的尸体被送往解剖处。由于他的遗体已经没有了，所以即使是采用基因测序也无法解开这个谜团。

## 现代史

### 35. 埋葬在威斯敏斯特教堂无名战士墓中的士兵是谁？

英国伦敦的威斯敏斯特教堂只有一块墓石，且禁止人们踩踏。这块石头上有一块碑，上面写着很长的碑文，开头是这样的：

> 在这块石碑下，安息着一位英国战士的遗体，他的名字或军衔不详，但他从法国来到这里，躺在这片土地上最负盛名的地方。

这就是"无名战士"之墓。

建立这样一座纪念碑的想法始于 1916 年，当时一位名叫戴维·雷尔顿的军队牧师，在法国看到一座坟墓上有一个木质十字架和"无名英国士兵"的字样。1920 年，雷尔顿写信给威斯敏斯特院长，建议将一名在刚刚结束的战争中牺牲的身份不明的英国士兵从法国带回来，并在威斯敏斯特修道院举行国葬。

这个想法得到了批准，一些身份不详的尸体陆续从战场上被挖掘出来，运到了法国的一个小教堂。每具尸体都躺放在担架上，身上覆盖着英国国旗。一名英国准将挑选了其中一具尸体，但不知道他来自哪个战场，并将其以无名战士的身份运到伦敦埋葬。而其他尸体则被带走又重新埋葬。

## 36. 阿梅莉亚·埃尔哈特是怎么死的？

1937 年 7 月 2 日，美国飞行员先驱阿梅莉亚·埃尔哈特在太平洋上空飞行时失踪。她和她的领航员弗雷德·努南再也没有出现过，她们的飞机也一直没有被找到。1939 年 1 月 5 日，她被宣告死亡。埃尔哈特于 1932 年成为第一位独自飞越大西洋的女性，她也因此成为家喻户晓的世界名人。她失踪的消息让人们悲痛不已，人们下定决心弄清楚到底发生了什么。然而，我们手里只有一些颇有争议的证据和大量的推测性结论。

最合理的解释是，当时她的这架洛克希德·伊莱克特拉飞机燃油耗尽，她试图将飞机降落在美国豪兰岛的一个小型简易机场上，这个地方离她的最后一条信息发出地不远，但由于导航设备故障而降落失败。飞机坠入大海，埃尔哈特和努南溺水身亡。

另一种被广泛接受的说法是，她们的坠毁地不是在豪兰岛附近的海域，而是在 560 多千米外基里巴斯的尼库马罗罗岛。1940 年，一名英国殖民官在尼库马罗罗岛发现了一副骨架和飞机设备，他认为这是一位女士的骨架。这些骨头被送到斐济检查后，宣布死者是一位矮个子男性。然而，最近对这些数据进行检查，得出的结论为死者是一位拥有北欧血统的高大白人女性。遗憾的是，这只是根据骨头长度得出的结论，因为骨头早已在斐济失踪了。

2010 年，另一组研究人员在尼库马罗罗发现了可能是人类手指的骨头。DNA 分析的结果并不明确，但推测它们可能来自人类或海龟。在尼库马罗罗岛上还发现了人工制品，可能来自一架类似于埃尔哈特的伊莱克特拉飞机的飞机。

更离奇的说法是，埃尔哈特和努南坠落在一个被日本人占领的岛屿上，并作为间谍被处决。有人信以为真，尽管这个说法只是和 1943 年的电影《自由飞行》（*Flight for Freedom*）中的情节相似。在这部电影中，一个能让人联想到埃尔哈特的人物，执行了一项针对日本的间谍任务。

## 37. 希特勒有没有下达过"最终解决方案"的书面命令——灭绝欧洲的犹太人？

"最终解决方案"似乎已经是希特勒政策中一项清晰且被普遍接受的纲领，人们很难想象这项命令从来没有被下达过，因为直到今天也没有找到任何文件证据证明它。纳粹德国宣传部部长约瑟夫·戈培尔在他的日记中暗示，元首在这个问题上明确了自己的目标。尽管有许多研究，但却没有发现任何书面命令。也许没有下达任何命令，可能所有的痕迹都被销毁了，也可能证据明天就出现了。

## 38. 琥珀屋发生了什么？

1716 年，普鲁士国王威廉一世送给他的盟友俄国沙皇彼得一世一份绝妙的礼物。这是一间修建于 1701 年至 1709 年，用琥珀镶板装饰，背面有镜子和金箔的完整房间，人们称之为"琥珀屋"。它最终建在圣彼得堡附近的凯瑟琳宫，占地面积约 55 平方米。

直到 1941 年德国入侵苏联前，琥珀屋一直备受赞赏，基本上没有遭到破坏。俄国人试图把它拆开，但因为材料太脆弱而失败。然而，德国人成功地做到了这一点，并于 1941 年 10 月将琥珀屋装在 27 个箱子里运到了普鲁士的柯尼斯堡城堡。

1945 年初，人们再次看到箱子离开柯尼希斯贝格城堡，但没有任何信息说明箱子里有什么。后来，柯尼斯堡（现位于俄罗斯的加里宁格勒州）遭到英国人的猛烈轰炸，城堡也被苏联人摧毁。尽管每隔几年就会出现传言，说发现琥珀屋的隐藏地或者发现金子或琥珀，但琥珀屋再也没有出现过。

## 39．在 1948 年所谓的塔玛姆·舒德案中，被冲到澳大利亚萨莫顿海滩的尸体是谁？

1948 年 12 月 1 日凌晨 6 时 30 分，一名男子被发现死于澳大利亚阿德莱德的萨莫顿海滩。死者看起来身体状况良好，年龄在 45 岁左右。仔细检查发现，他的衣服上所有的识别标签都被撕掉了。他的指纹和牙齿记录在澳大利亚没有得到任何匹配。当搜索范围扩大到世界各地时，也无济于事。尸检发现了包括脾脏严重扩张在内的种种异常，被认为与中毒有关，但没有发现任何已知的毒素痕迹。

有人呼吁寻找目击者，是否有人在他死前于阿德莱德见过他，这时人们发现了一个棕色的手提箱，里面装着许多去掉标签的衣服和一件美国制造的夹克。在他的裤子里发现了一个隐藏的口袋里面装着一张纸，很显然是从一本写着"塔马姆·舒德"的书上撕下来的。

多亏了出色的文字侦探，认出了这些词汇是波斯语中的一个短语，在爱德华·菲茨杰拉德翻译的奥马尔·海亚姆的作品《鲁拜集》中出现过。这个短语的意思是"结束"。那本被撕下纸的书后来被找到了，在他死前不久被扔在一辆没有上锁的汽车的后座上。这本书经过检查，发现是这部作品的一个非常珍贵的版本。它还包含了一个看起来像是编码的信息，目前还没有人能够破解。所有试图确认这名男子身份的努力也都无果而终。

## 40．那些出现在世界上的人有多少还活着？

一些无用信息爱好者经常声称，曾经生活过的人中有一半现在还活着。这完全是无稽之谈，即使估计出准确的数字也很做到。在 19 世纪中叶前，世界上大部分地区都没有准确的人口数据。2011 年，世界人口增加到 70 亿以上，1999 年达到 60 亿，1987 年达到 50 亿，据估计在 1804 年，世界人口总数首次突破 10 亿大关。

在耶稣诞生前后，世界人口数量被认为大约为 2 亿，但在那之前一切都是猜测。即使我们只追溯到现代人类——智人，我们也要至少计算 20 万年。

对人口增长进行某些假设，并假设没有出现大规模的人口爆炸或（我们目前并不了解的）灾难，据估计，世界上曾经生活过的人口总数约为 1100 亿，其中只有 7% 左右的人现在还活着。但我们可能永远也不会知道真实的数字。

# 生理篇

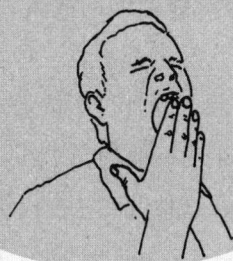

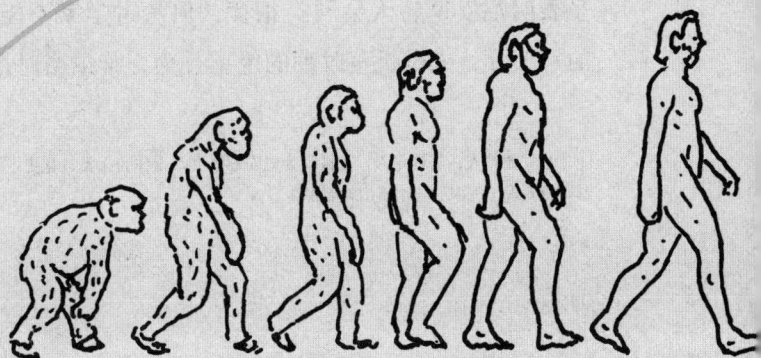

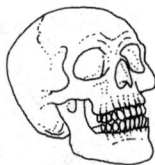

# 同类相食

## 1. 同类相食是正常的人类行为吗？

威廉·阿伦斯在 1979 年出版的《食人神话：基于人类学与食人族传说的研究》一书中指出，古往今来，人们都在传播关于食人的故事（即同类相食），以此来诋毁他们的敌人，建立自己的文化优势。威廉·阿伦斯的结论是，吃人从来都不是一种普遍的行为，人们对它的描述通常充斥着种族主义思想，并且过于依赖道听途说的传闻。相反，丹尼尔·迪尔和马克·P.唐纳利，他们在 2006 年的著作《吃掉你的邻居：同类相食的历史》中坚称，这种做法在古代极为普遍。

## 2. 我们石器时代的祖先会吃自己死去的同类吗？

很多文化都在他们的神话中添加了食人魔的恐怖故事，但在古人类中普遍存在的食人现象却极少有令人信服的证据。20 世纪 90 年代，一支由法国考古学家和美国考古学家组成的考察队开始调查位于法国南部隆河附近的穆拉－格瑞斯洞穴，洞中有一处有着 10 万年历史的尼安德特人 ① 遗址。1999 年，他们报告称发现了人类骨头，这些骨头上的人肉都被剔除了，而且与尼安德特人屠宰动物肉的方式相同。这似乎表明尼安德特人会同类相食，但考古学家不能确定这是否属于仪式的一部分，或是饥荒时期的绝望行为，抑或当时尼安德特人的惯例。

---

① 尼安德特人，简称尼人，也被译为尼安德塔人，常作为人类进化史中间阶段的代表性群居的通称，因其化石发现于德国尼安德特山谷而得名。

2009 年，人们在德国西南部的黑尔克斯海姆村发现了更多被屠宰的人类骨骼。这似乎更清楚地证实了人们通常所说的同类相食——这些骨头属于"现代人"的骨头，其遗骸可以追溯到新石器时代早期（在7000—7500 年前）。研究人员得出结论，在几十年里，当时居住于此的人吃掉了数以百计的他们的人类同伴。

一些考古学家认为，这些证据并非代表同类相食，而是代表一种仪式。在这种仪式中，人们把以前埋在地下的尸体挖出来，肢解并将尸体上的肉割掉，然后再埋起来。对怀疑论者而言，骨头上的划痕并不一定意味着我们的祖先就是食人族。

### 3. 美国西南部的阿纳萨齐人是食人族吗？

2001 年，美国考古学会在新奥尔良市举办了一次研讨会，题为"美国西南部史前拉美裔社会暴力的多学科研究"。在这次研讨会中，只有一个简单的问题待解决：在公元 900 年至 1200 年间，美国西南部普韦布洛印第安人的祖先阿纳萨齐人是否经常会把同伴烤着或煮着吃掉？

这场研讨会上分为两派，科罗拉多州考古学家史蒂文·莱克森将两派称为"流血的心"和"撕破的心"。支持同类相食的一派的举证比较常规，即割痕、擦伤以及可能是人类骨头和炊具彼此留下的痕迹。反对的一派则提出了各种不同的理论，认为这样的尸体可能是准备重新埋葬的，或者可能曾被野生动物所捕食，甚至可能是被处死的女巫的尸体。这个问题恐怕只有等考古学家发现一本当时的食谱，或者在一个保存完好的人类尸体的胃中找到人肉，才能得到妥善回答了。

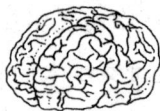

# 大　脑

实际上，我们并不了解大脑是如何工作的。自从思想家们开始思考这个问题以来，人们就倾向于用最新的技术思想来解释心理过程。古希腊人认为大脑是一个精心设计的管道系统；很久以后，在 20 世纪初，人们把大脑看作是一个电路；最近，大脑被拿来与高度复杂的计算机网络相比较。每一种理论似乎都在解释大脑功能的某些方面，而忽略了其他方面。然而，自 17 世纪法国哲学家勒内·笛卡儿以来，甚至在更长的时间里，哲学家和各类神经系统科学家之间就一直在争辩一个问题：

## 4．思维和大脑是如何连在一起的？

在我们看来，大脑是一个接收和处理信息的器官。如今我们可以观察大脑中的单个神经元（神经细胞），并观察它们工作。有了高度精密的大脑扫描方法，当它的主人在思考时，我们就可以观察大脑，看看哪些部分比较活跃。从某种程度上来说，我们也可以因此辨别心理过程的机制。但是，当我们在思考的时候，我们可能知道我们在思考什么；我们有与这些想法相关的主观体验，我们甚至可以决定我们想要思考什么。这种心理活动的主观方面就叫作思维（它与意识的概念很相近，但不完全相同）。我们看待思维与大脑的关系的方式基本可归结为三种：

- 大脑中的所有事件都遵循相同的物理定律运作，因此我们的所有行为完全由大脑决定，包括主观体验。换句话说，思维只是大脑的一部分。
- 思维比大脑具有更高的层次。它既可以影响大脑中发生的事情，也可能受其影响，但它与大脑是完全不同的。

● 主体性只是一种幻觉，所以不管怎样都不存在思维和大脑之分。

在我们对大脑如何运作以及意识究竟是什么有更深入的了解之前，这个问题是无法解决的。

## 5．有没有可能通过监测他人的大脑来阅读他们的想法？

20 世纪 50 年代初，人们发现了 DNA 双螺旋结构和相关的信息传递信使——RNA 分子，此后不久，在某些领域，人类有望了解大脑是如何运作的。特别是，一些科学家认为记忆、新概念或任何其他新信息都与大脑中的化学物质中新形成的 RNA 分子相对应。如果情况属实，该理论认为，从一只动物的脑中提取信息并将其注入另一只同类的动物脑中是有可能的。科学家们用鱼、蠕虫、老鼠和其他生物进行了几项实验来验证这一理论，遗憾的是，在得出确切的结论之前，就我们所了解的 RNA 的运作机理表明，其功能不可能进行记忆编码，因此记忆转移实验也就此中止了。

知识如何存留在大脑中仍然是一个悬而未决的问题。我们可以通过刺激单个神经元来产生特定的心理反应，但是，基于人们对之前问题的回答，情况可能是我们所认为的知识只是思维解读神经元以及神经元之间的突触通路的一种方式。

也许有一天，一个人大脑中大约 1000 亿个神经元加上上万亿个突触的完整地图会告诉我们他们大脑中的所思所想。但至少目前，我们还无法通过监测大脑活动来知晓一个人的所思所想。但是，如果我们不能通过科学设备监测大脑正在想什么，我们可能会问，是否有可能通过某种直接的脑对脑信息交换来读取它？这就引出了下一个问题：

## 6．心灵感应是可能的吗？

自 19 世纪以来，科学家们进行了大量的实验来测试心灵感应是否真实存在。理性主义①者指出，这一领域有很多骗局和欺诈，而且事实上，即便一个明显事先设计良好的实验得出的结果能证实心灵感应假说，但这样的实验总是被证明不可完美地重复。另一方面，心灵学②家倾向于支持，虽然目前还没有心灵感应的个别证据被证明，但总体来说，大量已发表的研究论文都支持这一假说，这不只是巧合，或者说，除了接受某种程度的心灵感应已经发生之外，其他任何方式都不能解释。冷战时期，苏联和美国的军事情报组织都坚信心灵感应的可能性，以至于他们在"千里眼"实验上（更不用提企图通过盯着山羊看来杀死它们了）耗费了大量精力，但其得出的结果缺乏说服力。

## 7．为什么人类大脑在过去的两万年里变得越来越小？

第一批人属人类是在 200 多万年前进化而来的。智人已经存在了大约 20 万年。化石记录中对颅骨大小的检测表明，在几乎所有的人类历史上，我们的颅骨尺寸一直在增加，这似乎合情合理。至少相较于体型而言，似乎意味着大脑越大，处理能力就越强，智力水平也就越高。然而，在过去的两万年里，比较颅骨容量的结果表明，我们的大脑其实一直在变小。这种现象很难解释，虽然人们已经提出了如下的一些理论：

● 总体来说，我们的大脑体积可能变小了，但大脑的某些部分，如小脑（控制运动协调）却变大了。因此，我们的大脑虽然变小了，但却变得更高效了。
● 大脑越大，并不代表智力越高。狼的大脑比狗的大脑大，其更擅长解决问题，而狗更擅长执行学习任务。因此，早期人类可能比现在的人类有更多的问题要解决。

---

① 理性主义是建立在承认人的推理可以作为知识来源的理论基础上的一种哲学方法。
② 心灵学是研究人类生活中发生的超出常规，而又不能用科学知识加以解释的一些精神现象的学科，又称心灵研究，自 20 世纪 30 年代起普遍称其为"超心理学"。

● 我们变得越来越笨了。

要想回答这个问题，显然还需进行更多的调查研究。

## 8．为什么朋友越多的人，大脑中的杏仁核越大？

杏仁核是大脑中位于前颞叶背内侧部的两个杏仁状部分，是大脑中控制情绪的部分。对于人类和其他灵长类动物来说，杏仁核的大小与个人的社交圈大小有关。事实上，2010 年底发表的一篇论文称，杏仁核的大小与人们在社交网站上拥有的好友数量有关。

究竟是社交活动的增加促进了杏仁核的生长，还是较大的杏仁核促进了社交活动，具体原理目前尚不清楚。此外，还有一个问题是：一个人社交网站上好友的数量与他们现实生活中真正的朋友数量之间的重合度有多高，以及这两种数字分别与这些人的社交活动的强度有何关系？

## 9．单个脑细胞如何既能持有"布拉德·皮特和詹妮弗·安妮斯顿"的概念，而同时又不对他们个人有所反应呢？

2005 年，美国加州理工学院的罗德里戈·基安·基罗加发表了一项研究，提出了关于大脑如何工作的各种问题。通过在癫痫患者大脑中植入监测脑细胞活动的设备对其进行研究，他能够监测到当患者看到名人的图片时某些个体神经元会变得活跃。在其中一位患者的大脑中，他发现了一个只对比尔·克林顿的图片有反应的细胞。此外，他还发现了对詹妮弗·安妮斯顿有反应的细胞，等等。然而，最值得注意的是，他发现有这样一个神经元：当患者看到布拉德·皮特和詹妮弗·安妮斯顿的照片放一起时，该神经元会做出反应；但当患者看到布拉德·皮特或詹妮弗·安妮斯顿的照片单独出现时，该神经元则变得不活跃。

1959 年，神经生物学家杰罗姆·雷特文提出了"祖母细胞"的概念，来嘲讽单个细胞专门负责识别单个人的想法。现在没有人会相信，一个神经元消失可能会导致我们忘了亲爱的祖母，但基罗加的研究清楚地表明，迄今为止，单个细胞所携带的信息一定是十分复杂的。然而，由于布拉德·皮特更换了伴侣，识别"皮特＋安妮斯顿"的细胞是否可以重新编程，变成识别"皮特＋朱莉"的细胞，这尚且未知。

## 10．性和暴力在人类大脑中是否就像在老鼠大脑中一样是强相关的？

根据 2011 年发表的一份报告，在老鼠身上进行的实验发现，当老鼠打架或交配时，有一小簇脑细胞会活跃起来。当雄鼠的这簇脑细胞受到刺激时，它就会攻击任何靠近它的雄鼠——即便后者已经被阉割或麻醉，而通常情况下，这足以让那只雄鼠对它视而不见。受刺激的雄鼠也会攻击雌鼠，但前提是他还没有与雌鼠交配。在一次实验中，一只受刺激的雄鼠甚至攻击了一只内装填充物的实验室手套。

结果表明，性和暴力在老鼠的大脑中是有一定联系的。发现这一现象的研究人员之一戴维·安德森表示："我有充分的理由相信这在人类身上也是如此。"也许，就性和暴力而言，它们的性质可能太过相近而导致大脑无法准确区分。

## 11．全身麻醉药是如何起效的？

事实上，麻醉药中含有多种药物成分，它能让你入睡，使肌肉放松，让你感觉不到任何东西——除非发生了什么特别严重的事情，不然醒来时你什么也记不得。对此我们都了然于胸，但对于麻醉药是如何起效的却不甚了解。一般认为，全身麻醉药直接作用于中枢神经系统以抑制突触传递。换句话说，它们干扰了神经冲动在相邻神经元之间的传递方式。这就导致了一般的意识丧失，并以各种形式影响身体所有部位的感官意识。然而，在整个过程背后，其具体的生化原理尚有待解释。

## 12．手机对我们的大脑功能有害还是有益?

自从 20 世纪 90 年代初手机流行以来，人们就一直担心手机会危害健康，甚至可能导致脑癌。许多研究未能证实手机会造成这些危害，但 2011 年 2 月的一项研究称，将手机放在耳边 50 分钟确实会改变脑细胞的活动。

具体来说，研究人员发现，葡萄糖代谢作为大脑活动的一般标志，会在大脑最接近手机天线的区域内增加。研究人员表示，这一发现的意义尚未得到评估。众所周知，在一个拿手机打电话的人旁边坐 50 分钟也会让人倍感压力，但这又是另一个问题。

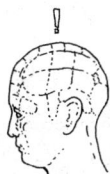

## 意 识

## 13．"心智"和"意识"有什么区别?

"心智"和"意识"这两个词已经被哲学家、心理学家、神经学家和其他一些人使用了很长时间，以至于这两个词之间的区别已经变得极为模糊，无从分辨。有些作家几乎是交替使用这两个词，有些人试图将它们完全区分开来，还有一些人则允许不同程度的概念重叠。

然而普遍的共识是，"意识"是识别自己存在的心理状态，而"心智"是大脑用来处理信息和感觉输入的一系列的心理过程。不过，我们尚不清楚意识是否完全包含于心智之中。美国神经学家安东尼奥·达马西奥在他的著作《当自我来敲门》中将意识描述为"扭曲的心智，因为如果没有心智去产生意识，我们就不可能有意识"。然而，也有人认为，一个人可以在没有失去意识的情况下失去心智。

在我们对大脑的工作原理有更多的了解之前，我们是否能够准确地定义这些术语以区分心智和意识，这还是一个疑问。

## 14．动物有意识吗？

有些人认为，语言是生物有意识的必要条件。这个论点归根结底是说意识是能够与自己交谈——而没有语言你就无法自言自语。所以，如果你不相信动物有语言，那么它们也就没有意识。

更为普遍的一种说法是，意识有时被视为一种特定的人类属性，出现于人类进化的某个特定时刻，甚至可以被视为人类自身的一种特征。

越来越多的观点认为，意识不是一种非有即无的属性，而是任何拥有感情和情绪的生物都可能在不同程度上拥有的因素。神经学家安东尼奥·达马西奥将意识尺度的两端描述为"核心意识"，它是对此情此景的基本意识，而"自传意识"不仅造就了现在，而且也产生了一种对过去和对未来充满希望或充分认同感。

当然，宠物爱好者会说："上述所言都是无稽之谈，'菲多'①有感情，对主人忠诚，有爱心又聪明，它有自己的心智，它也有意识，否则也不会要主人带它去散步了。"

## 15．机器人会产生自我意识吗？

关于人工意识的争论类似于围绕人工智能的争论，有一个弱假说版本和一个强假说版本。

弱假说的观点是，可以对机器或机器人进行编程，模拟出与人类的意识行为无区别的意识行为，并让它们照此行事。这就像现在人们对计

---

① 美国第 16 任总统亚伯拉罕·林肯的宠物狗。

算机进行编程，让计算机通过"图灵测试"，从而能在回答问题时骗过人们，让人们认为它们就是人类。我们有理由相信，随着技术的进步，计算机有朝一日能够通过某种"图灵测试"。但如果它们所做的一切都只是执行程序化的指令，那么在许多人看来，这种行为就不能算作是有意识。

强假说的观点是，随着数据分析、处理速度、计算方法和决策技术的发展，真正意识的出现将不可避免。

这场辩论与心智和意识是否是大脑中物理和化学反应的直接结果的问题密切相关。

## 16．头被砍掉后意识还能存留多久？

1793年，夏绿蒂·科戴因刺杀法国大革命领袖让－保罗·马拉被送上断头台。斩首后，刽子手勒格罗立即捡起她的头，对她进行掌掴。据目击者称，她脸上露出了"毫不含糊的愤怒"，因受到侮辱而满脸通红。勒格罗因违反断头台的规矩被监禁了3个月，但科戴小姐是否知道正在发生的事情呢？这个问题仍然充满争议。

人被斩首之后仍有意识迹象的例子有很多，上面的例子只是其中之一。在另外一个例子中，人们进行了一项可怕的实验：在执行死刑后的一段时间里，将狗血注入一个被砍掉的脑子里，据推测这会引起嘴唇的抽搐和抖动。这种情况以及其他大多数这样的例子都可以解释为肌肉痉挛，只是纯粹的机械运动，而不是有意识的表现。

医学证据表明，心脏骤停后，在5秒到15秒内就出现了无意识的情况，但脑死亡则需要4分钟到6分钟。这就有可能让科戴和其他被斩首者有几秒钟的意识知道发生了什么，但不会让他们因愤怒而把脸涨得通红，因为此时的血液供应已经被切断了。然而，有些人坚持认为，斩首带来的创伤会立刻导致无意识。直到1977年，法国才停止用断头台斩首作为一种执行死刑的方法，从那时起，研究这个问题的实验因客观条件受限而变得棘手起来。

## 17．人死后，某些意识部分还能存活吗？

在过去的十年里，英国南安普顿大学的萨姆·帕尔尼亚博士一直在研究所谓的"濒死体验"，其中心脏骤停的患者在复苏后，描述了在脑海中看到的清晰的幻觉，在此过程中，他们经常能说出一些从当时病床的所在位置上不可能得知的信息。2008 年，萨姆·帕尔尼亚博士开始了意识研究，主要研究复苏期间的意识。他将图像投影在病床上方，这些图像都是患者所处位置所无法看到的。根据经历过"濒死体验"的患者的描述与图像细节的相关性，来找出意识在某种方式离开身体并探索周围环境的证据。

科学家和心理学研究者休·布莱克莫尔博士在 2008 年发表的一篇文章中称："如果人类的意识真的可以离开身体，在脱离大脑的情况下运作，那么我们在神经科学中所学到的一切都将受到质疑。"她称赞帕尔尼亚博士的研究，认为这是对那些通常留给哲学家和神学家去研究的问题的科学尝试。

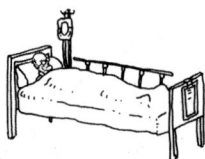

# 疾　病

## 18．汗热病是什么？

汗热病，亦称"英国汗热病"，是一种高度致命的疾病，在 1485 年至 1551 年间多次席卷英国，之后这种疾病便突然销声匿迹，最后一次出现的记录是在 1578 年。汗热病的发作突然且剧烈，一开始患者会焦躁不安，随后会出现剧烈的冷战、头晕、头痛以及颈部、肩部和四肢的剧痛，并伴有严重发热与极度疲惫，几个小时内便会死亡。约翰·凯厄斯博士在其 1556 年所著的《汗厥症治疗刍议》中，记录并描述了汗热病的毒性：

> 正在开窗者、在临街大门正与孩童嬉戏者，一小时后，或最长两小时内便暴病而亡。还有些人正高高兴兴地吃饭，但饭未吃完便一命呜呼。一经感染即致丧命，或眠或醒，或忙或闲，或喜或忧，或饥或饱。一家中感染者或零星三五，或七八有时，更甚者悉数遭重，若一个城镇有半数幸免于难者，则谢天谢地。

时间过去这么久，尽管这种病显然由某种病菌感染引起，但现在的科学家几乎不可能再找到病原体了。

## 19．导致自闭症的原因是什么？

直到 1943 年，医学界才将某种（或一系列）症状称为自闭症，要了解这种疾病依然任重而道远。自闭症的主要症状表现为社交障碍和语言交流障碍，一些人认为自闭症是一种明显的精神障碍，而另一些人则认为它是自闭症谱系障碍中的一个极端，该谱系从轻度强迫症，即阿斯伯格综合征 ① 开始。有些人认为，自闭症不应该被视为一种障碍，它仅仅是在正常范围内的一个极端但可接受的阶段。

研究表明，自闭症有很强的遗传概率，目前已经确认有些基因可能

———————————
① 阿斯伯格综合征具有与自闭症同样的社会交往障碍，有限的兴趣和重复、刻板的活动方式。

会导致后代患上这一疾病，但似乎没有哪个基因会单独致病。大脑中某些激素分泌不平衡也与这种状况有关，也有些人将自闭症归咎于出生后的因素，如饮食、药物或其他一些外部因素。

越来越清楚的研究表明，自闭症是由一系列错综复杂的原因造成的，这些原因之间可能相互关联，但也未必，目前仍有很多问题待解答。

## 20．为什么工程师的后代比非工程师的后代更容易患自闭症？

1997 年，英国心理学家西蒙·巴伦·科亨等人对自闭症儿童的家族史进行了调查，以验证自闭症有遗传因素的理论。他们的研究结果显示，在 919 个有自闭症儿童的家庭样本中，父亲或祖父是工程师的家庭占 28.4%，而在没有自闭症的家庭中，这一比例只有 15%。之后的研究也表明，学习数学和物理专业的学生比那些社会学科的学生更容易患自闭症。也许社交仅仅是一种非常模糊、不太严谨的技能，因而无法引起条理性强的自闭症大脑的兴趣。

## 21．胆固醇摄入量与动脉硬化有关吗？

胆固醇是哺乳动物细胞膜的重要组成部分，在各种生理过程中发挥着重要的作用。但食用奶酪、鸡蛋和肥肉等食物会导致血液中的胆固醇升高。毫无疑问，动脉粥样硬化（类似于脂肪积聚）与血液中的高胆固醇水平有关，最终会导致心脏病发作。但这些疾病是否由高胆固醇摄入引起，仍有待商榷。另一种观点认为，疾病本身干扰了人体分解胆固醇的机制，因此正是这些疾病导致了胆固醇的积聚，而不是相反。

有一个美国人听说，美国人的心脏病发病率远高于饮食中胆固醇占比很低的日本。法国人的心脏病发病率也很低，但他们的胆固醇摄入量却与其他地方一样高（毕竟法国光奶酪就多达 246 种）。于是这位美国人得出的结论是，导致心脏病的不是胆固醇，而是说英语。他可能错怪了英语，但他对胆固醇的看法却可能是对的。

## 22．是什么导致了饮食失调？

行为、生化指标、情绪、心理、人际关系以及社会因素等变化都被认为是导致暴食症和神经性厌食症等饮食失调的原因，但即使是有明显的生理原因的病症依然存在许多谜团。在一些人身上，饮食失调与大脑中控制饥饿感、食欲和消化的化学物质有关，但究竟是饮食失调导致大脑分泌的化学物质失衡，还是大脑分泌的化学物质失衡导致饮食失调，目前尚不清楚。饮食失调也经常出现在家族遗传中，所以饮食失调也可能与遗传有关。

## 23．粉刺和痤疮的成因是什么？

当毛孔或毛囊塌陷阻塞皮脂腺的分泌时，就会出现粉刺，皮脂腺被阻塞的地方会变成油性斑点。形成粉刺的原因有很多，比如不良的饮食习惯（包括缺乏维生素）、激素分泌失衡（这也是青少年特别容易长青春痘的原因）和压力。至于为什么一个皮脂腺会产生粉刺，而另一个却不会，目前尚不清楚原因。

## 24．为什么有些婴儿会早产？

在英国，大约有7%的婴儿会早产（在怀孕的第37周前出生），美国的这个数字则在8%至12%之间。导致婴儿早产的原因有很多，包括多胎妊娠、先兆子痫（高血压通常与胎盘问题有关）、大出血、母亲的病症、胎儿异常和宫颈功能不全（宫颈过早增宽）。然而，在大约40%的早产案例中，其早产原因仍不得而知。但是考虑到我们对女性足月分娩的直接原因也不甚了解，这或许并不令人惊讶。

### 25. 艾滋病和艾滋病病毒是如何产生的？

医学文献中首次提到获得性免疫缺陷综合征（简称艾滋病）是在 1981 年。而艾滋病最初的病例被认为可以追溯到 20 世纪 70 年代中期，而到了 20 世纪 80 年代中期时，它已经扩散到除南极洲以外的每一个大洲。艾滋病病毒现在被普遍认为是导致艾滋病的原因，这就为寻找艾滋病的起源提供了研究方向。

1999 年，一种非常类似于艾滋病病毒的猿类免疫缺陷病毒在来自西非的一只黑猩猩的冷冻血液样本中被发现。追溯猿类免疫缺陷病毒的起源可以得出这样的结论：它来自另外两种猿类免疫缺陷病毒毒株，并在某一时刻进行了物种交叉，从黑猩猩转移到人类身上。猿类免疫缺陷病毒是如何做到这一点的呢？不同的理论提出了各自的见解：

- 它可能是通过人类猎食黑猩猩而传染给人类的。
- 它可能是从猎杀黑猩猩的猎人的伤口处进入其血液中的。
- 它可能是通过对一种口服脊髓灰质炎疫苗的测试传播的，这种疫苗是在黑猩猩肾脏细胞中培养的。

阴谋论者还认为（没有确凿的证据），艾滋病可能是美国中央情报局秘密计划的一部分，很可能是故意设计的。

### 26. 埃博拉病毒在人类暴发间隔期潜伏于何处？

埃博拉是医学界已知的传染性与毒性都非常强的疾病之一，这种疾病仅通过握手就能传播，一旦感染，感染者就会因血管壁破损而大量内出血。目前还没有有效的治疗方法，感染者的死亡率在 50% 至 90% 之间。

首次确定的疫情暴发于 1976 年苏丹和扎伊尔附近的一个地区。这种疾病以刚果民主共和国的埃博拉河谷命名。但之后暴发的此类疫情中，没有人知道在几次病毒暴发的间隔期其潜伏于何处。一直以来，人们怀疑埃博拉病毒寄宿在蝙蝠体内，因为在埃博拉病毒暴发的地方经常能发现蝙蝠的身影。已知死于这种病毒的昆虫、鸟类和非人类灵长类动物也受到怀疑。

与艾滋病一样，有人认为人类的流行病始于食用患病的丛林肉（在非洲被猎杀的野生动物的肉）。然而，由于埃博拉病毒对其他灵长类动物的致死速度跟对人类一样快，因此这些动物似乎不太可能在两次病毒暴发之间成为病毒的宿主。对埃博拉病毒的藏身之处的搜寻仍在继续。

## 27．为什么近几十年来人类哮喘的发病率大幅增加了？

世界卫生组织的研究报告指出，近几十年来，许多国家的哮喘发病率显著上升。美国儿童的发病率从 1980 年的 3.6% 上升到 2001 年的 9%，而在瑞士这一比率从大约 30 年前的 2% 上升到如今的 10%，部分原因可能是由于诊断率的提高所致。从 1930 年到 1950 年，哮喘被正式认定为一种心身疾病①，并作为一种心理疾病而不是医学疾病来治疗。同时，哮喘一直以来都与过敏症有关，而该症状可能会因居住在市中心而有所加剧，并且这种情况还在进一步增加。哮喘还与其他环境和遗传因素有关，但在全球范围内该病发病率上升的原因还不甚明了。

## 28．寒冷的天气会增加感冒的概率吗？

对于这个问题，我们似乎总是犹疑不定。在我们了解细菌之前，人们普遍认为天气寒冷会让人感冒。后来人们把这一观点当作无稽之谈而摒弃。冬天感冒发病率上升是因为人们在天冷时待在室内的时间更久，因此从别人那里感染传染病的概率也就增加了。

然而，2005 年，在英国加的夫的感冒研究中心进行了一项有趣的

---

① 心身疾病是一组发生发展与心理社会因素密切相关，但以躯体症状表现为主的疾病。

实验。在实验中，90名受试者将脚浸入一盆装满冰块的水中20分钟，而对照组的成员将他们的脚放在一个空盆里20分钟。在接下来的5天里，把脚泡在冰水里的那组人中，29%的人出现了感冒症状，而对照组中却仅有9%。

该实验的解释是，寒冷可能不会导致普通感冒，但它可能通过减少白细胞供应而降低身体的抵抗力——白细胞是对抗引起普通感冒的各种病毒的主要防御细胞。但由于尚未找出引起普通感冒的特定病毒，因此我们还无法确定这一解释是否属实。

## 29．接吻会传染感冒吗？

接吻曾被认为是传染感冒的一种途径，但1984年在美国威斯康星大学进行的一项实验表明，让没有感冒的人亲吻感冒的人，结果接吻的健康人中只有1/13的人感冒了。从那以后，官方的说法一直是，嘴唇上或唾液中并不携带感冒病毒，它们存在于我们的鼻腔里。因此亲吻是可以的，但因纽特式的蹭鼻礼还是就此打住吧。

另一方面，与感冒患者亲密接触一直被认为有患感冒的风险，因为病毒很容易从鼻腔转移到手上或进入空气中。因此，有些人会认为，如果亲吻时能确保不和对方亲密接触——尤其是不与靠近鼻子的任何部位亲密接触就可以。

## 30．疾病能被根除吗？

人类已经根除了天花，很快就可能根除脊髓灰质炎和牛瘟。我们以为已经在根除肺结核的道路上进展顺利，直到耐药菌株的出现。那么我们能根除所有的疾病吗？原则上讲，我们似乎有理由在未来的某一天开发出一种能消除所有干扰人体功能的疾病的方法，当然，除非疾病在某种程度上对人类的持续生存至关重要。毕竟，如果无疾病是一种进化优势，我们可能天真地认为确实应该如此，那么为什么我们没有进化成这样呢？在这场进化游戏中，致病生物似乎总是先我们一步。

# DNA

1953 年，弗朗西斯·克里克和詹姆斯·沃森发现了 DNA 分子的双螺旋结构，事实证明，这是科学史上影响非常深远的发现之一。在此之前，达尔文的进化论和遗传科学已经存在了许多年，但 DNA 双螺旋结构的发现显示了遗传信息是如何在分子层级上进行编码的。每个生物体的 DNA 为该生物体提供了一个独特的蓝图，以及使之成为其物种的信息。每个生物体的细胞中都有其独特的 DNA 副本。随着越来越多的物种和个体的基因型被揭秘，我们能够回答越来越多的关于不同生物体的起源和关系的问题。但是这种信息的激增带来了大量的未解之谜，下面让我们来看几个最基本的。

## 31．所有的生命都基于 DNA 吗？

迄今为止，我们在地球上遇到的每一种独立的生命形式都是基于 DNA 的。即使是只能通过入侵宿主细胞才能存活的病毒，要么是基于 DNA，要么就是基于与之紧密相关的 RNA。DNA 包含生物体的所有发育和功能的遗传指令，无论是低等的微生物还是高级的人类。世界上也许还有另一种生命运行的方式，只是我们还没有找到。或者说，我们已经发现它了，只是还没有识别出来，只因为它与我们太不一样了。如果 DNA 对任何形式的生命都是必不可少的，那么我们要问的问题是：是什么让 DNA 如此特殊？

## 32．为什么一些高度进化的复杂生物体的基因组中的 DNA 比简单生物体的少？

构成一个人或任何其他生物所需的所有信息都包含在他们的基因组中，基因组包含了整个生物体的遗传信息，并被编码在其 DNA 中。基因组的片段组合成了可遗传的单位，我们称之为基因。人类的基因通过染色体（在每个细胞中发现的 DNA 和蛋白质的组织结构）传递下去，因此有人可能会认为人类（我们所知的最复杂的生物体）应该比其他生物体拥有更长的基因组，以及更多的基因和染色体。

不过事实并非如此。人类基因组由大约 30 亿对碱基组成，这些碱基由被称为"核苷酸"的结构单元组成。仅仅是破译出人类基因组就需要近十年的时间。你可能会认为人类基因组太复杂了，但显微镜下的无恒变形虫的基因组比人类的还要长，肺鱼和百合花亦是如此。

那么我们的基因呢？我们大约有 2.5 万个基因，和芥草的基因数差不多，不比蛔虫的多了多少。我们有 46 条染色体（23 对），这已经相当可观了，但是鲤鱼却有 104 条，甚至有些品种的马铃薯也有 48 条，那为何最终我们人类会在染色体上取得优势呢？

也许上面提到的生物需要它们所有的遗传物质，但其中大部分遗传物质可能在漫长的进化过程中是多余的。

## 33．为什么在我们的 DNA 中，绝大多数部分似乎没有功能？

据我们所知，DNA 的主要作用是提供形成各种各样的蛋白质所需的信息，从而构建起我们的身体并保持其功能。然而据估计，只有 2% 的 DNA 具有这种功能。其他的经常被称为"垃圾 DNA"，意思是这种 DNA 就像一个懒惰的计算机程序中的代码，被后来的指令覆盖，却没有将其删除。

最近，人们的注意力都集中在这种明显是"垃圾DNA"的片段上，这些DNA似乎具有决定基因何时开启和关闭的功能。也许我们的很多基因组都有这种控制功能，又或者它们真的是垃圾DNA，即从远古时期就不再需要遗传的DNA。

## 进 化

### 34．地球上的生命是如何开始的？

我们的星球已经存在了大约46亿年，在过去的大约35亿年里，地球上一直有某种生命存在。然而，即使是已经被检测到的最简单的生命形式却也是相当复杂的生物体，认为它们可能是偶然出现的想法引起了不同的反响，甚至在科学家之间也是如此。有些人认为形成生命并不难，因为宇宙中有数千亿个星系，每个星系都有数千亿颗恒星，所以即使是看起来不太可能发生的事件，也很可能在宇宙的某个地方发生过。

而另一些人则坚持认为，最简单的生命形式本身一定是从更简单的自我复制分子（如DNA）进化而来的，目前大量的研究正致力于在实验室中创造出这样的生命体。一旦成功即当作证据，证明在早期地球的条件下可能发生过类似的事件。

### 35．复杂细胞是如何从简单细胞进化而来的？

1952年，美国芝加哥大学的斯担利·米勒和哈罗德·尤里进行了一项实验。实验表明，被称为"生命的基石"的氨基酸可能是由40亿年前存在于地球大气中的无机化学物质自发形成的。然而，虽然氨基酸是生命所必需的，但其本身不能被视为生命。它们是蛋白质的组成部分，是一系列更为复杂的分子，与核酸、碳水化合物和脂类一起构成了我们如今所知的活细胞的结构。但是，最早的真正有生命的生物以何种形式出现，仍是一个有待商榷的问题。

最有可能的候选者是原核生物（prokaryote），即没有细胞核的简单单细胞生物，如细菌。"原核生物"这个名字来源于希腊语中的"karyon"，意思是"内核"，"pro"，表示"之前的"或"先前的"。这一名称将它们与更为复杂的真核生物（eukaryotic，前缀"eu"，意为"真的"或"好的"）细胞区分开来，这些细胞存在于被称为"原生生物"的更先进的单细胞生物中（例如变形虫和单细胞藻类），以及植物、真菌和动物体内。虽然两种类型的细胞的遗传物质都是 DNA，但它们的结构和功能模式大不相同，这就使了解真核细胞如何从它们的原核生物祖先进化而来变得异常困难。最合理的一种说法是，原核细胞群可能以共生（相互支持）的菌落结合在一起，真核细胞由此发展而来。这一过程甚至可能是从一个细胞吞噬另一个细胞开始的。然而，我们无法拿出任何没有争议的证据证明这一过程确实发生过。

## 36．首先出现的是基因还是蛋白质？

众所周知，生命的基础是构成蛋白质的氨基酸，其结构由 DNA 或 RNA 介导[1]的，但核酸本身的合成也需要蛋白质的参与。因此，蛋白质和 DNA（携带遗传信息）似乎是形影不离的，但由于它们的特质大相径庭，因而无法共同进化。

一种被称为"RNA 世界假说"的理论认为，地球上的生命始于以 RNA 为基础的生物体，DNA 和基因从 RNA 进化而来，并由此产生蛋

---

[1] 介导指的是以一个中间步骤来传递或起媒介的作用。

白质。相比之下，"铁硫世界学说"提出，最早的生命的新陈代谢形式非常简单，并且没有遗传功能，这种代谢形式是在矿物表面通过火山活动引发的复杂化学反应产生的。这些早期细胞后来可能进化成了蛋白质，并由此产生出核酸和基因。

## 37．最后一个普遍共同的祖先是谁，它又是什么？

就像"线粒体夏娃"①这个名字被赋予了地球上所有人都可以宣称其为直系祖先的女性一样，这个假想的生物体的首字母缩写为 LUCA（the Last Universal Common Ancestor，最后的共同祖先），存在的时间更为久远，现今所有存活的生物体都是从这个假想的生物体进化而来的。自 20 世纪 60 年代首次破译遗传密码以来，我们逐渐认识到所有的细胞生命有许多共同之处，它们都将其遗传信息存储在 DNA 上，这些信息被称为"基因"，其中包含了合成 RNA 和蛋白质的方法。

如果所有生物在同样的规则下繁衍进化，那么似乎有理由认为，如果时间回到过去，这一切都源于一个共同的祖先，而在 DNA 进化产生之后，最后一个这样的祖先必定已经存在，只是在那之前，生命形式就早已分化为我们今天所看到的各种各样的变体，从细菌到植物、爬行动物、哺乳动物和人类。

## 38．总的来说，物种进化是一个渐进的过程，还是说进化其实是在停滞期之间的突然飞跃？

关于进化过程的发展理论有两种。达尔文的观点是，进化是渐进、持续进行的；生物体的微小变化要经过很长一段时间才会形成巨大的变化。然而，反对的观点认为，在化石记录中没有这种中间形式的证据可

---

① 在人类进化学说中，"线粒体夏娃"被认为是人类的共同母系祖先，而现今人类体内的线粒体皆遗传自她。

以证实这一渐进主义理论。达尔文本人也对这些进化中缺失的环节困惑不已，然而其他人认为化石记录存在很大的缺陷，因为石化只有在条件合适时才会偶然发生。

　　然而在 1972 年，美国古生物学家斯蒂芬·杰伊·古尔德和奈尔斯·埃尔德雷奇提出了一个"间断平衡"理论。该理论认为，物种往往会在很长一段时间内保持不变，然后突然发生变化。此外，古尔德和埃尔德雷奇坚持认为，这些变化不会在主流群体中发生，其间杂交更可能会消失而不是促进变化，但是在群体边缘处，重组基因相对孤立，这使得基因变化得以保存下来——如果这种基因比过去的基因组成更适于生存的话。虽然已经在一些样本的化石记录中发现了似乎符合间断平衡模式的证据，但这种模式究竟是正常的还是罕见发生的尚不清楚。那些认为这种模式很罕见的人坚持"间断渐进主义"理论，该理论认为，一般来说，进化的过程是缓慢而渐进的，但有时它也会迅速加速。

# 毛　发

## 39．为什么我们有阴毛？

　　对于这个问题，有以下几种理论：

- 阴毛的进化是一种向异性发出性成熟信号的方式。
- 它为我们身体最脆弱的部分提供了保护。
- 毛发帮助身体保留腺体产生的信息素，这些信息素会向异性发出信号，诱使他们繁殖。换句话说，毛发是有益的，因为它让我们的体味更重。

## 40．为什么我们的头发能长这么长？

从进化的角度来看，我们的头发能长这么长似乎有些匪夷所思。我们和其他类人猿共同的祖先通常被认为是多毛的。在我们远离类人猿亲戚的进化过程中，我们逐渐脱落了大部分体毛。然而，我们头上的毛发却比任何其他猿类或者绝大部分哺乳动物的毛发都要长得多。我们身体上其他的毛发大部分在长到一定长度后就会脱落，这也是大多数哺乳动物毛发生长的方式。然而在我们的头上，甚至在男人的下巴，毛发的长度可能会长到 1 米或 1 米以上。

性别选择再次被视为一种解释，但是否是因为它是一种美，或者相信它是某种健康的信号，又或是因为它可以保留气味？这些问题尚不得而知。

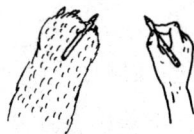

# 利　手

## 41．大部分北极熊都是左利手，这是真的吗？

翻开任何一本有关冷知识的书，你都会发现以下这种说法：所有的北极熊都是左利手。你很可能还会读到"鸭子的叫声没有回音"，虽然这完全是胡编乱造，但却被许多人不分青红皂白地从其他人那里以讹传讹，而这句话现在在谷歌上获得了 20 多万的点击量。相比之下，北极熊是左利手的词条却只有大约 9 万的点击量，事实究竟如何，目前还没有定论。

20 世纪 60 年代，人类学家理查德·纳尔逊在阿拉斯加北部温赖特村庄里的一个因纽特人社区中住了一年，此处刚好在北极圈内，他透露了一个他得到的建议：如果受到一只正在进食的北极熊攻击，你就向你的右边卧倒。

伊努皮克（居住在阿拉斯加北部的因纽特人的一支）的老人称，北极熊是左利手，所以你躲开它们右爪攻击的概率会稍微大一些，因为它们的右爪速度慢而且打不准。我很高兴地说，我从来没有机会进行实地测试。但在作出这样的论断时，请记住，因纽特人已经与北极熊近距离接触了好几千年了。

有一种说法认为，北极熊是左利手的故事可能来源于一位伊努皮克老人的一段描述，他看到一只北极熊正在使用左爪，因而对此进行了概括总结。还有一个被反复提到的说法是，北极熊在捕猎海豹时会用它们的右爪捂住自己的黑鼻子，以便在周围一片雪白的环境中隐藏自己的存在，而当它们的左爪足够靠近海豹时，就会自由地挥击海豹。这种说法也是完全基于趣闻轶事。

然而，遗憾的是，对这些问题缺乏适当的科学调查。2004 年发表的一篇论文最常被用来反驳"北极熊是左利手"的说法，该论文发表了对圈养的北极熊四肢骨折的研究，作者注意到，北极熊右肢受伤比左肢多，由此她得出了一个初步的结论：北极熊使用右肢的次数比使用左肢的次数多。然而，有人可能会得出相反的结论，认为它们的右肢更容易受伤可能是因为它们更擅长使用左肢。无论情况如何，被研究的北极熊数量太少，因而无法得出有力的结论。

现在是科学家和因纽特人联合起来解决这个问题的时候了。对北极熊利手习惯的研究其实早就应该进行了。

## 42．有多少海象是左利手？

2003 年，由丹麦哥本哈根大学的内特·莱韦尔曼带领一组研究人员拍摄了海象的进食行为。在将视频分成 20 秒一段的片段后，他们仔细检查了每个片段，以确定海象在寻找软体动物并在进食前清洗它们时，优先使用左鳍还是右鳍。他们的结果显示，在有使用鳍的视频片段中，使用右鳍的概率为89%。这个结果被广泛报道，但对此的解释却有所不同。有人认为，所有的海象都是右利手，它们使用右鳍的时间占89%；其他人则认为，89%的海象是右利手，这和人类右利手的比例差不多。

为了找出哪种解释是正确的，我联系了内特·莱韦尔曼。她说她也不知道。她甚至不确定她和她的团队拍摄了多少头海象，但至少有5头，并且都是雄性。然而，对海象鳍骨骼的研究检查支持了海象是右利手的观点。

## 43．人类右利手或左利手各有什么进化优势？

大约90%的人是右利手；其余的大多数是左利手，其实也有两手同利的，只不过这种情况十分罕见。然而，我们为什么会进化出喜欢用其中一只手而不大喜欢用另一只手呢？这很难解释。这可能与工具的使用和专门技能的习得有关，在这种情况下，一只手从事精细的工作，而另一只手从事基本的工作，如抓握或推动。或者它可能与大脑半球差异的发展有关，某些活动由左脑执行，而其他活动则由右脑执行。这种不对称的大脑发育会导致不同的用手偏好。然而，所有这些解释都不过是猜测。

## 44．在某种程度上，利手是否与语言技能的习得有关？

无论形成利手的原因是什么，下一个问题很自然的便是为什么大多数人更喜欢使用右手而不是左手。这里再次引用大脑中的横向不对称性，它表明右利手可能与语言的习得有关，因为我们知道，大脑的语言中心通常是在左侧，而左侧的大脑控制着右手。

2011年，心理学家吉莲·福里斯特博士发表了一篇文章，对大猩猩家族的左右手使用情况进行了详细的观察。虽然它们总体上倾向于平等使用双手来完成被她归类为"社会互动"的任务（比如挠头、拍朋友的背或照顾幼崽），但面对一些无生命的目标时，他们更倾向于使用右手（如使用物体、吃东西或准备食物）。

以前对类人猿的研究并没有发现除人类以外，还有其他群体对某一只手存在一致性的偏好。福里斯特认为，这项新的研究可能会提供证据，以证明在特定任务中使用右手的偏好可能是进化左脑语言技能的第一步。她表示："制作和使用工具所需的基本步骤层级可能类似于为我们提供构建语言语法的脚手架。"

然而，在人类中，大约 10% 的人是左利手，但它们中只有 5% 的人用右脑来掌握语言技能。因此，在语言技能方面，无论左利手是右脑型还是左脑型，其可能性似乎是相等的。

# 人类行为

## 45．人为什么会脸红？

我们知道脸红与肾上腺素密切相关。情绪高涨导致肾上腺素水平升高，从而导致化学递质腺苷环化酶向面部静脉发送信号，增加血流量，我们就会脸红。这是对脸红机制的一个合理回答，但却没有告诉我们为什么会脸红。当我们感到尴尬的时候，交感神经系统会告诉别人我们此刻的心情，它在进化上有什么优势呢？为什么脸红主要出现在我们的脸部（尽管也有少量会出现在颈部、胸部甚至腿部）？为什么一些实验证据表明，盲人比正常人更容易脸红呢？

### 46．为什么人们在情绪激动的时候会哭？

眼泪有三种基本类型：基底层眼泪，用于滋润和保护眼睛；反射型眼泪，当眼睛受到刺激时，眼泪会流出来冲洗眼睛；最令人费解的是，在高兴、悲伤、痛苦或克服其他强烈的感受时，我们会流下情绪激动的眼泪。

化学分析表明，情绪激动的眼泪比其他类型的眼泪含有更高的锰元素，锰被认为与性格和催乳素有关，催乳素是一种调节泌乳的激素。眼泪中也含有天然止痛药亮氨酸脑啡肽。因此，哭泣可以帮助平衡身体的压力水平，并通过阻止这些化学物质的积聚来缓解压力，而且它们可能在某种程度上与减轻疼痛有关。为什么这一切都是通过眼泪而不是其他方式发生的呢？这也许是因为人体还未能建立起更加有效的产生有益的化学物质并排出无用的副产品的方式。

### 47．我们为什么会打哈欠？

我们为什么会打哈欠，为什么别人打哈欠会使我们也跟着打哈欠，为什么人打哈欠会使狗也跟着打哈欠，这些都是非常令人费解的问题。一种理论认为，它与身体对氧气的需求有关，也可能是与呼吸过程相关的产前发育阶段的遗留物。然而，在实验中，受试者被给予不同数量的氧气来呼吸，结果显示他们的打哈欠行为并无差异，因此对氧气的需求似乎不太可能是导致打哈欠的原因。另一种理论认为，这可能是由一种基因引起的，这种基因跟我们人类的祖先——似鱼生物的鳃有关。

有一种观点得到了实验的支持，打哈欠可以帮助大脑或身体降温。事实证明，虎皮鹦鹉在温暖的房间里比在寒冷的房间里打的哈欠要多，而且它们打哈欠的时间大多是在温度上升的时候。人类打哈欠也会随着温度的变化而变化：将冷敷袋放在额头上的人打哈欠的次数比把热敷袋放在额头上的人少。然而，这是否表明打哈欠是一种降温机制还存在争议。

## 48．我们为什么要接吻？

奥地利精神分析学家西格蒙德·弗洛伊德称，接吻起源于母乳喂养，尤其是当婴儿寻找乳头时嘴唇撅起的动作。有些人认为，这可以追溯到母亲将食物咀嚼碎，然后嘴对嘴将食物喂给孩子的时候。

另一种理论认为，接吻是味觉和嗅觉仪式的一部分，这有助于选择伴侣。一个人脸上的气味腺可以帮助其选择伴侣，并生出最健康的后代。另一种观点认为，接吻可能是一种表达善意和赢得信任的方式。就像用抚摸代替撞击来表示善意和敏感一样，用亲吻代替撕咬可能会传递积极的信息。

然而，这些都无法解释为什么某些文化，如澳大利亚土著居民或某些南太平洋岛屿的居民，在欧洲人到来并教会他们如何接吻之前从不接吻。接吻究竟是我们的基因在进化过程中发展起来的，还是后天习得的行为，目前仍有很大的争议。

## 49．笑是怎么产生的？

从解剖学上讲，笑是由会厌收缩喉头引起的，但是为什么当我们被逗乐、挠痒痒、高兴或紧张时，会厌会收缩喉部呢？对倭黑猩猩（西非的一种侏儒黑猩猩）的研究表明，被挠痒痒的倭黑猩猩幼崽的笑声与人类婴儿的笑声有很强的相似性，这支持了这样一种观点，即笑在人类进化早期，大约 400 万年前我们的祖先从猿类分化出来之前就已经出现了。最近有人认为，笑是随着大脑沟通能力的进化而产生的。甚至在我们开始说话之前，笑就能让整个群体分享一种良好的感觉，因此笑可能是我们最早的一种社交技能。然而，要证实这一理论绝非易事。

## 50．为什么我们会怕痒？

被挠痒痒时大笑是一种生理和心理反应的奇怪组合。一般来说，身体最敏感的部位最容易发痒，但情况并非总是如此。例如，脚通常比手更怕痒，尽管脚没有手那么敏感。挠痒痒还需要趁人不注意的时候才能起作用，这也许可以解释为什么我们不怕自己挠自己痒痒。和笑一样，有人认为，挠痒痒也是一种交流形式，但最近的研究表明，怕痒可能并不局限于人类和猿类，被挠痒痒的老鼠发出的声音与被挠痒痒的人类婴儿发出的声音有很多共同之处，这与任何挠痒痒的心理理论都相违背。

## 51．人类为什么喜欢音乐？

"就人类的日常生活习惯而言，无论是享受还是创作音乐的能力，都不是最没有用处的能力，因此它们必须被列为是人类所具有的最神秘的能力之一。"查尔斯·达尔文在《人类的后裔》中这样写道。在达尔文发表这番评论后的一个半世纪里，音乐的神秘性几乎从未减弱。

每个时代的已知的人类文化中似乎都存在着某种类型的音乐，这就导致了一个几乎不可避免的结论：倾听音乐和热爱音乐是人类与生俱来的特征，并且一定是在很久以前我们进化的某个阶段获得的。既然"音乐基因"能够保留下来并变得如此普遍，那么它肯定既有利于生存，又有利于我们的繁衍。要论证第一种情况，就必须证明欣赏音乐以某种方式使人类更好地适应环境；对于第二种情况，需要证明具有音乐才能可以提高人类找到配偶或生育健康后代的机会。

一些人推测，音乐的节奏和音调上的变化可能会通过在身体中建立交感神经共鸣而产生物理效应，但对于它是怎么起作用的却没有确切的说法。达尔文认为，音乐不太可能带来任何生物学上的优势，因此他得出结论称，音乐一定是某种类似于鸟鸣的交配展示。然而，另一些人却发现这种类比十分牵强。1971年，法国人类学家克洛德·列维－斯特劳斯写道："尽管鸟类学家和声学家一致认为鸟类发出的声音具有音乐性，但关于鸟鸣和音乐之间存在遗传学上的关系，这一假设毫无道理且无法证实，几乎不值得讨论。"然而，近年来，音乐起源于一种性展示的观点吸引了越来越多人的兴趣，当反对者以很多明星英年早逝为论据来反对任何假设的音乐性的进化优势时，该理论的支持者坚持认为，追星族的存在恰恰证明了这一理论所说的音乐有利于繁殖上的成功。

在这方面，有人提出了人类音乐性的进化与孔雀尾巴的相似之处。孔雀骄傲地炫耀自己的尾羽，充分展示自己的力量和男子气概，所以雌孔雀会选择尾羽最漂亮的雄孔雀。这不仅增强了尾羽基因的存在价值，同时也对那些喜欢有大尾巴的雄孔雀的雌孔雀有利。因此展示尾巴的重要性增加了，直到巨大的尾巴有成为累赘的危险。同样，音乐创作和音乐欣赏也是相互促进的，这使得音乐变得更为复杂，不同文化中也形成了不同类型的音乐。这论点也许站不住脚，但却可能是驳斥达尔文将音乐性视为一种神秘事物的最佳选择。

## 52．为什么高温会使人更具攻击性？

一个多世纪以来，广泛的研究已经证实，人们感到热的时候，思维和行为会更具攻击性。对暴力犯罪统计数据的分析表明，炎热天气下的犯罪率要高于寒冷天气下的犯罪率，而在控温房间里进行的实验表明，高温房间里的人比在低温房间里的人有更多的暴力和攻击性的想法。

然而，其他的实验和常识表明，炎热会使人昏昏欲睡和缺乏活力，这是非常矛盾的：因为攻击性和暴力都需要能量，因此为什么同样的因素既可以导致能量的减少而同时又造成攻击性的增加呢？这类问题一直困扰着研究人类行为的学者们。

### 53．出生顺序是否影响人格发展？

奥地利心理学家阿尔弗雷德·阿德勒在 1908 年的著作中称，出生顺序在决定人格方面发挥了重要作用。他表示，长子成人后成为领袖的可能性更大，因为他们是家中年龄最大的孩子，而且有责任照顾弟弟妹妹。而他们也更有可能患上神经症 [①] 甚至物质成瘾，这是由于当父母开始把注意力花在年纪较小的孩子身上时，他们会产生被遗弃的感觉。

出于类似的原因，阿德勒表示，在一个有三个孩子的家庭中，中间出生的孩子的成长最平衡，最有可能成为人生赢家，而最年幼的孩子因为父母的宠溺将来会造成不良的社会关系，而且最有可能遭遇坎坷。

阿德勒（家中的次子）并没有提供任何研究结果来支持这些论断，他认为这些论断肯定是正确的，因为它们符合弗洛伊德的人格发展模型。在过去的 100 多年里，已经有大量研究测试了阿德勒的说法，但结果却相差很大，有些测试表明出生顺序与人格因素之间没有任何的相关性，有些则支持阿德勒的观点，而少数测试产生的结果与预测结果相悖。

即使是那些赞同出生顺序确实对人格发展有影响的人也不清楚，这究竟在多大程度上是由父母对待子女的行为造成的，还是孩子与生俱来的先天倾向造成的。

### 54．人类最容易被具有不同基因组成的人吸引吗？

选择伴侣可能是个大难题。一方面，找一个像你一样的人似乎最好不过：你更有可能会同情他们，不太可能与之争吵，因此可能会更长久

---

① 神经症是一组精神障碍的总称，包括神经衰弱、强迫症、焦虑症、恐怖症、躯体形式障碍等，患者深感痛苦且心理功能或社会功能会受到妨碍，但没有任何可证实的器质性病理基础。

地在一起。另一方面，找一个像你一样的人也会有同样的弱点，这会使得他们无法帮助你完成你自己最无力做的事情，从而使你们两个人无法进行团队协作来面对世界。从进化的角度来看，两组不同的基因也更有可能繁衍出健康的后代，并保持整个物种的遗传多样性。

2009 年发表的一项研究似乎证实了对于山魈（类似于狒狒的猴子，与人类是近亲）来说，异性相吸确实存在。嗅觉被认为在山魈择偶过程中起着重要作用，雄性山魈会在树上摩擦它们的胸部，从气味腺中释放出气味。一组被称为"主要组织相容性复合体"的基因有助于构建与人体免疫系统相关的蛋白质，并通过与皮肤上的细菌相互作用来影响体味。雌性山魈似乎最容易被气味与自己最不相似的雄性吸引，这就导致"主要组织相容性复合体"的基因变异更显著，从而繁殖出免疫系统更强的后代。雌性山魈也倾向于与尽可能多的雄性山魈交配，因为它们的卵细胞更有可能被与自己基因相差最大的雄性受精。如果它们的卵细胞能够排斥与自己基因构成相似的精子，这将进一步增加后代健康的可能性。

相比人类的交配策略，我们可能更了解山魈的交配策略，但是最近的研究表明，处于排卵期的女性更容易吸引男性，服用避孕药的女性更有可能喜欢偏阴柔的男性，而那些不服用避孕药的女性则喜欢高大威猛的男性。事实证明，由于避孕药可以掩盖女性的自然气味，有人认为，它们可能会使人们更难以嗅出合适的伴侣。

## 55. 我们如何判断出一张照片上的人脸性别？

人类最擅长的一件事就是判断一张照片上的人脸是男是女。即使照片经过剪裁和编辑，去掉了头发长度和化妆等所有明显与性别相关的因素，我们通常还是能分辨出是男是女。几十年来，计算机程序员一直试图让机器做同样的事情。最近，一篇关于该主题的论文提到了一系列新技术和已经尝试过的技术，如主成分分析、独立成分分析、支持向量机、图像强度等。我们在看一张人脸照片时进行了哪些思考和反应，这一过程可能不包括上面的任何一项技术，但它却能以极高的准确度和速度做出判断。如果我们知道人类是如何做到这一点的，也许我们也可以为计算机编写程序来实现这一点。

# 人类进化

## 56．印度尼西亚的弗洛雷斯矮人和智人是不同的物种吗？

2003年，在印度尼西亚的弗洛雷斯岛，古生物学家发现了只有1米高，脑容量非常小的人类骨骼化石。这些遗骸的年代可追溯到1.8万到3.8万年前，这与人类普遍接受的进化观点难以符合。人属被认为出现于230万至240万年前，两足直立猿人出现在大约150万年前。其次是尼安德特人（穴居人），大约出现在50万年前，而最新的智人（现代人），只有大约20万年的历史。然而，尼安德特人和现代人是否都是直立人的后代，仍然是一个悬而未决的问题。同样令人困惑的是，尼安德特人是否已经彻底灭绝，或者是否与我们的祖先有一些异种繁殖——导致我们的基因中仍有一些尼安德特人的基因。

事实上，印度尼西亚"矮人"（科学上称为弗洛雷斯人，不专业的媒体称其为"霍比特人"）直到近期才出现，也确实是个谜。这些化石中存在着相当复杂的工具，这表明弗洛雷斯人可能是智人的一个亚种，然而身高上的巨大差异表明它是一个单独的物种。还有一个问题是，这些工具是如何被大脑如此小的物种设计出来的。不过，大脑的大小并不代表一切。就拿尼安德特人来说，他们的脑容量及脑袋的大小和智人一样，甚至比智人更大。然而即使在其早期，智人所使用的技术也是相当复杂的。至此，还有最后一个问题没有完全解决。尽管一些科学家坚持认为弗洛雷斯人是一个单独的物种，或者至少是一个亚物种，但其他科学家认为，它们只不过是患有遗传性发育障碍的智人的样本。

有趣的是，弗洛雷斯岛也是发现过矮象化石的地点之一，但是矮象和矮人之间是否存在关联的问题，至今还没有答案。

## 57．为什么智人有 46 条染色体，但是其他类人猿却有 48 条？

在人类过去的进化里，我们似乎丢失了一对染色体。在所有的类人猿中，人类有 46 条染色体，排列成 23 对，而其他类人猿则有 48 条染色体。反进化论者引用这一点证明类人猿和人类不可能拥有共同的祖先，但事实却恰恰相反。人类的 2 号染色体与类人猿的其中两个染色体几乎是相同的，被称为 2 p 和 2 q，这两条染色体是拼接在一起的，这足以表明，在我们进化的某个阶段，染色体发生了融合。

据推测，这种拼接首先发生在一个前古人类个体上。在正常的情况下，如此强烈的基因突变很可能会消失，但在新模型中，融合的染色体包含了旧模型的所有基因信息，因而它仍然能够与它相邻的 48 条染色体进行繁殖。

令人不解的是，这种 46 条染色体的形态是如何成为一个占主导地位的新物种的？如果两种染色体融合并不是我们从猿到人演化的重要一环，那么今天的人类就可能同时存在 46 条和 48 条染色体的两种类别。但如果这是个重要变化，那又是什么样的融合过程造成了如此大的差距？

## 58．艺术在人类进化中的作用是什么？

大约在 1.7 万年前，欧洲最早的现代人——克罗马农人在法国拉斯科创作了令人叹为观止的壁画，许多壁画上所画的动物清晰可鉴，有些画的是人，还有一些似乎是植物或景观。然而，真正的谜题是为什么克罗马努人要画这些画。

对于任何类型的艺术，通常的解释都是它是一种交流的形式。任何艺术作品都是对思想、情感甚至是对世界广泛看法的结晶，融合成其他人可以感知和分享的物质对象。然而，人们认为，语言在拉斯科壁画创作之前就已经发展起来了，那么，既然语言已经可以做到这一点了，为何还要创造图画来进行交流呢？

在史前艺术家中，不只有拉斯科的画家，澳大利亚原住民的岩画也大致诞生在同一时期，而西伯利亚的一块岩画看起来像是一个男人在滑雪板上与麋鹿性交，该岩画可以追溯到公元前 5000 年左右。

那么这一切到底是为了什么呢？一些人认为，所有的艺术能力都是作为性选择的一部分而进化的；另一些人则认为艺术，特别是描绘现实世界中所见事物的能力，一直是自我意识和意识进化的重要组成部分。有人可能会说，这可以归结为，你认为西伯利亚人在公元前 5000 年雕刻这幅画时试图告诉别人什么。他是在说"来，和我一起玩个痛快——不信你就看看这个"，还是在说"我敢打赌你猜不出我今天下午在干什么，看，我给你画出来！"

## 59．人类变聪明了吗？

根据新西兰学者詹姆斯·弗林的研究，人类正变得越来越聪明。这种观点被称为"弗林效应"，基于世界上许多不同地区的研究发现，该理论认为人们在智商测力中的平均分数一直在稳步上升。这种进步似乎从最早的智商测试开始就一直存在，但它是否反映了人类智力的普遍提升还存在很大的争议。

　　智商测试的目的是为了测试"晶体智力"①，这是一种纯智力，被认为是任何需要智力的特定应用的基础。弗林的支持者认为，我们的祖先，甚至是关系很近的祖父母或者父母，即便他们的实践能力和我们一样好，其晶体智力也会比我们低。然而，其他人则认为，之所以会这样是因为我们在文化上更加适应了智商测试，而智商测试也越来越成为我们在学校学习的一种能力的实际应用。

## 60．人类进化已经停止了吗？

　　2002 年，英国爱丁堡皇家学会开展了一项辩题为"人类停止进化了吗？"的有趣辩论，此次辩论表明，顶尖科学家们对这个问题的观点截然不同，而且自那场辩论以来，还未曾有任何研究能让我们更接近答案。在辩论中，主要有以下三个观点：

- 进化当然没有结束。人类正变得更聪明、更健康，寿命也变得更长，进化一如既往地持续着。

- 人类虽然更长寿了，但这归功于人类医学知识的增长，而实际上这违背了自然选择。几代人以前，儿童的死亡率非常高，这就消灭了基因库中不健康的基因。现在几乎每个人（在一些医疗条件比较好的国家和地区）都能活到成年，当他们生育后代时，尽管他们的基因不健康，但后代仍能存活下来。因此进化停止了。

- 实际情况比第二点还糟。由于先进的医药、计算机和各种发明的出现，人类现在依靠机器和其他人的思想成果过着轻松惬意的生活。几十年前，人们观察到伦敦特拉法尔加广场的鸽子似乎越来越虚弱，越来越不健康，就将部分原因归咎于投喂鸽子的游客，因为这些游客会对那些受了伤的和看起来不健康的鸽子格外

---

① 晶体智力是指在实践中以习得的经验为基础的认知能力，如人类学会的技能、语言文字能力、判断力、联想力等。

照顾。因此，身体上的劣势反而使它们获得积极的生存价值。"进化正在倒退"学派认为，人类自身也正在发生类似的事情。

# 记 忆

## 61．记忆是如何储存在大脑中的？它储存在哪里？

20世纪20年代，美国心理学家卡尔·拉什利做了一个著名的实验，以确定记忆在老鼠大脑中的储存位置。在教会老鼠穿过迷宫之后，他把老鼠的一部分大脑切除，来观察这样是否会切除老鼠的记忆。但只要老鼠还活着，无论卡尔·拉什利切了哪一个部分，它似乎总是能记住学过的东西。因此，他得出结论，记忆不是储存在任何特定的地方，而是分布在大脑的所有区域。

根据目前的理论，记忆是在海马体中产生的，随后转移到额叶，但我们仍然需要额叶皮质和海马体来寻回记忆。大脑形成记忆，并把它存放在安全的地方，以备日后将它找出来，整个过程显然是异常复杂的，而且每当你回忆起一段记忆时，你就会创造出一段新的回忆，再次回忆起这段记忆时，回忆过程就会更加复杂。记忆是否存在于大脑的某个特定位置，就像拉什利所想的那样，几乎是不确定的，尽管人们不禁会觉得它一定储存在某个地方。

## 62．记忆以何种形式储存在大脑中？

在20世纪60年代，DNA和RNA的最新发现被视为我们需要知道的一切关于生命的潜在答案，当时有一种理论认为，每一个新记忆都对应着一种新 RNA 分子的产生。在验证这一理论的实验中，人们试图从老鼠或金鱼的大脑中提取记忆，然后将它们转移到同一物种的另一个个体上。甚至还有一个著名的实验，在该实验中，研究人员教会一只扁形虫某种知识，然后将这只扁形虫切碎喂给另一只扁形虫，看看知识是否可以通过食用来获取。尽管其中一些实验的结果似乎证实了 RNA 记忆理论，但整个理论很快就被抛弃了，不过，最近的研究表明，那次实验可能并没有完全失败。现在认为，记忆与连接大脑中特定神经元（神经细胞）的新突触的产生有关，或者与现有突触的加强有关。这样的突触改变需要在海马体中产生新的 RNA 和蛋白质，在老鼠身上的实验表明，当 RNA 停止合成时，会对实验对象巩固记忆的能力产生不利影响。

但我们现在仍然不知道记忆是什么样子的。

## 63. 大脑储存长期记忆和短期记忆的方式有何不同？

自 19 世纪以来，记忆就被划分为短期记忆和长期记忆，并为我们体验记忆的方式提供了一个非常合理的模型，这种观点——即当我们决定是将这些想法保留在长期记忆中还是让它们消失时，这些想法只在短期记忆中停留了很短的时间——本身就很诱人。然而，对于是否真的存在两种不同类型的记忆，以及如果存在，它们又有什么不同，人们对此持有不同的看法。如何确定这两种记忆之间的界限一直没有定论。

## 64. 我们通过什么机制回忆起过去的记忆呢？

20 世纪 60 年代，研究人员对金鱼进行了一项有趣的实验。他们将鱼放在 T 形槽中，教金鱼游到横杆上并朝特定方向转动。实验中只要将食物放在横杆的任意一端即可。然而，在实验开始前，研究人员向水中加入了一些酒精。

当金鱼已经有点醉意，学会了如何转弯时就把它放在纯净的水中使其清醒。进一步的实验表明，它很可能已经忘记了它学过的东西。但是，把它放回有酒精的水中就又想起来了。人类也有类似这样的经历：喝醉时学习，清醒时可能会忘记，然而在你下次喝醉时，这些记忆很可能再次回到你的脑海。

这些例子都可证明记忆依赖于特定情境，并佐证了记忆的"编码特异性"理论。这一理论说明，记忆不是单独存储的，而是与它形成的环境一起存储。另一个主要的理论是，回忆起曾经的记忆是两个阶段的过程，第一阶段是搜索和检索，第二阶段是识别。这至少可以解释，为什么认出你以前见过的东西比回想它看起来像什么要容易得多。因为认出只涉及回忆的两个阶段中的一个。

不管是哪一种情况，目前这一切发生的机制都还未被探明。

## 65．意识是所有形式记忆的高级结果吗？

意识包含意识到自己的存在、知道自己是谁，或者至少具有某种身份认同感。也可以说我们的自我认同感不过是我们所有记忆的总和，我们存在的知识是由不断流入的经验和感觉的短期记忆提供的。所以，可以说意识是我们所有记忆的直接结果。

另一方面，你可以说电脑具有记忆，但是没有意识。也许正是意识赋予了人类拥有记忆的独特品质。

## 66．就我们目前对物理学的了解，是否有希望发现记忆的工作原理？还是需要发掘一个全新层次的物理学？

在整个科学史上有一种趋势，无论是水管工程还是电子计算机领域，人们总是想通过与这些最新技术的类比来解释大脑的功能。在罗杰·彭罗斯的《皇帝新脑》一书中提到，我们心理功能的某些方面，尤其是意识，可能无法用我们目前对物理学的理解来解释。当我们无法说出记忆是如何存储的、存储在哪里、如何检索，或者以何种形式存储时，这证明真正的问题是因为对大脑中的物理过程缺乏理解。彭罗斯提出了一个假设，量子力学在某种程度对大脑的记忆机制起作用。但一些哲学家认为，记忆和意识就其本质而言是主观的，因此不完全符合机械论的解释。

## 67. 婴儿有很好的记忆力，那为什么我们无法回忆起刚出生那几年的经历？

你最早的记忆是什么？对绝大多数人而言，他们能想起的第一件事发生在三岁左右。但婴儿可以记住面容，并且有惊人的学习能力，这都依赖于好的记忆力。那么，人类婴儿时期的记忆去哪里了呢？

语言习得是否会改变我们记忆事物的方式，就像我们的大脑被重新编程了，这个新的操作系统不能再有意识地存取我们婴儿时期的旧记忆？如果我们确实从婴儿期就记住了一些事情，我们怎样区分是我们记住了它们，还是记住了我们母亲告诉我们的事情，或者是，我们记住的只是稍后几年里我们一直记错的事情？

## 68. "记忆"确实存在吗？或者说，它只是一个便利的人类构造？又或是一个概括各种未知的心理活动的术语？

我能记得黑斯廷斯战役发生在 1066 年，我也能记得今天早餐吃了什么，我还能记得 30 多年前在冰岛看到的极光。然而，这些记忆是非常不同的类型：第一种是对一个事实的固定记忆，另外两种是个人经历，其中一种比另一种更近。我对早餐的记忆可能是比较准确的，因为那是不久之前的事，还没机会淡化或改变，但我对极光的记忆回忆很多次了，可能每次都有一点改变。与其说是一个"记忆"，不如说是几十年来我对那个事件的所有记忆的混合，它们融合并模糊成一个整体。

人们对年轻时的回忆进行研究后发现，这种"记忆"可能与实际事实大相径庭。你认为你在回忆某件事，但你回忆的是你认为你记得的某件事的重构和修饰。而这才是"记忆"的真正含义，尽管我们往往不愿承认。

# 蛋白质

## 69．是什么决定了多肽（氨基酸链）折叠成蛋白质的三维结构？

多亏了 DNA 双螺旋结构的发现，我们才开始了解生物体是如何呈现它们的形态的。遗传密码包含氨基酸的结构，这些氨基酸串在一起形成多肽，然后折叠形成蛋白质，每一种蛋白质在细胞生长的过程中都有特定的作用。

然而，我们对这个过程的理解有一个重要的缺口，那就是蛋白质折叠过程。多肽只是一串氨基酸，就像项链上的珠子。但这串氨基酸必须以正确的方式折叠成蛋白质的三维形状。如果它以错误的方式折叠，产生的蛋白质可能会不起作用，而且很可能是有害的。那么有机体是从哪里得到正确的折叠计划的呢？

多肽似乎知道该做什么，但它只包含氨基酸，似乎不可能包含所有所需的规则。

## 70．为什么氨基酸总是左旋的，糖总是右旋的？

几乎所有的有机化合物都含有碳原子，碳原子与其他有机分子结合形成更复杂的分子，构成生命的基本结构。理论上，有机分子结合的方式有两种，即左旋和右旋。这些术语来自偏振光通过化合物的方式，因为偏振光总以右旋或左旋的方式旋转。

事实证明，我们所有的氨基酸几乎都是左旋的，而我们所有的碳水化合物，包括糖，几乎都是右旋的。我们并非不能使用右旋氨基酸或左旋糖，但我们却没用。在生命进化过程中，一种形式被另一种形式取代。但我们不知道这是什么时候发生的，以及它为什么会发生。

## 71．蛋白质是如何找到它们的伴侣的？

蛋白质之间的相互作用是生命构建过程的核心，这意味着蛋白质必须找到与之相互作用的蛋白质，或者识别负责该蛋白质的 DNA 代码链。目前还没有人发现它是以什么过程在大量的 DNA 数据流中找到正确的"伴侣"的。

# 性

## 72．有性繁殖是如何进化的？

最早的生物体仅靠一分为二的分裂来繁殖，从而创造出一个完全相同的副本，这种方法简单有效。它通过突变引入一些遗传多样性，同时也不需要去寻找异性，引诱它交配，再成功地完成交配过程。后来，在进化过程的某个阶段，有性繁殖出现了，但它是如何成功地取代了早期简单的繁殖方式，却仍是个谜。

据推测，这可能与遗传变化的速度大幅提高有关。因为父母都将一半的基因遗传给了后代，这可能会加速淘汰失败的基因，使其能够更快地适应环境变化和新出现的疾病。然而，至今没有人可以令人信服地说，这种潜在的优势超过了有性繁殖所带来的问题。

## 73．有性繁殖和死亡之间有关联吗？

低等生物可以永生。例如，变形虫可以通过分裂成两部分进行繁殖，每一半变成另一个变形虫，这个过程会一直继续下去——直到其他生物把它吃掉为止。即便是繁殖方式稍微复杂一点的生物（可能在分裂成两部分之前与其他生物结合）也不会死亡。有一种理论认为，死亡始于有性繁殖的进化。

有些生物，例如鲑鱼或蜘蛛，在提供精子（雄性）或产卵（雌性）后几乎会立即死亡。英国进化生物学家理查德·道金斯曾写过著名的《自私的基因》一书，但整个繁殖过程可能比他想象得还要自私。一旦繁殖得到保证，基因就对身体就没有什么用处了，所以就会任由基因死亡。如果我们没有性行为，也许我们可以永生。不过那将会是漫长的一生，而且相当乏味。

## 74．为什么雄性非洲跳蛛更喜欢和刚吃了蚊子的雌性交配（这只蚊子又刚好吸食了哺乳动物的血液）？

"吸血鬼蜘蛛"听起来像是恐怖电影里的生物，但 2005 年，科学家在东非发现了一种蜘蛛，它似乎就很喜欢血液的味道。这种卡里西沃拉猎蛛不太可能扑到你身上，用它的尖牙咬你的脖子，至少到目前为止没有发现这种类型。它对血液的喜好只能从它偏爱吃那些刚刚吸食了哺乳动物血液的蚊子来确定。更有趣的是，该物种的雄性更喜欢与刚吃过这种蚊子的雌性交配。

2009 年的实验证实了这一点。实验中，让雄性卡里西沃拉猎蛛闻到雌性的气味之后判断哪只最有吸引力。结果表明，雄性卡里西沃拉猎蛛会毫不犹豫地奔向那些刚饱食过蚊子的雌性。奇怪的是，吸引它们的似乎并不是血液的气味，因为它们对刚刚同样吃掉了一只吸饱血液蚊子的其他雌性完全不感兴趣。

一种理论认为，雌性在消化血液时，体内的化学反应可能会产生一种吸引雄性的化学物质；另一种理论认为，雌性身上的血腥气味可能被认为是力量和繁殖能力的象征。为了验证这些假设，科学家们正在计划进一步的实验。

## 75．海龟的性别是如何以及为什么由孵化温度决定的？

海龟在沙滩上挖洞产卵，然后把卵留在洞里孵化。这些卵对温度非常敏感，那些处于 23℃以下或 33℃以上的卵无法孵化。当温度在 28℃到 30℃时，孵化出雄性或雌性的比例大致相同，但当温度在 23℃到 28℃时，孵化出来的通常是雄性，而在 30℃到 33℃之间时，孵化出来的则通常为雌性。

一些鸟类和其他爬行动物的性别也表现出所谓的"孵化温度依赖"，但是这一现象发生的机制以及它的进化意义目前尚不明确。有人认为，这是为了让母海龟自己来选择孩子的性别，但也没有任何证据表明母海龟会这样做。

## 76．为什么有那么多的雌性信天翁是同性恋？

据 2008 年发表的一项研究，一群生活在夏威夷的信天翁是雌性同性恋的代表。根据这份报告，在瓦胡岛的卡伊拉纳角繁殖地，31%（125 只中有 39 只）的黑背信天翁是雌雌配对的。不仅如此，这些同性伴侣还孵出了 16 只雏鸟，其中 10 只雏鸟的父亲是已经有雌性伴侣的雄性信天翁。"这些雏鸟的父亲离雌性伴侣信天翁的巢距各不相同，而不仅仅是最近的邻居"，该报告表明，雌鸟在寻找孩子的父亲方面具有一定程度的选择性。尽管如此，信天翁的一夫一妻制是出了名的，这也适用于雌性同性伴侣，她们倾向于一辈子待在一起。

这份研究报告发表后，人们对其他地方的信天翁群体也进行了同性恋调查，结果在新西兰发现了一对雌性信天翁一起抚养一只雏鸟。新西兰的泰瓦罗亚繁殖基地的经理说："这种情况很不寻常，因为在过去的几年里，我们有过一雄两雌的三角关系，显然这不利于繁殖计划的进行。今年，雄鸟退出了三角关系，但它显然是与一只雌鸟交配之后才离开的。"同一份报告还提到了附近的一对公企鹅，它们正在一起孵蛋。

## 77．为什么单细胞嗜热四膜虫有七种性别？

单细胞嗜热四膜虫是一种简单的生物。它身上覆盖着一层毛茸茸的毛发——纤毛，靠着来回摆动纤毛，来推动它在水中运动。单细胞四膜虫有 7 种性别，研究人员将其分为Ⅰ、Ⅱ、Ⅲ、Ⅳ、Ⅴ、Ⅵ和Ⅶ。

每一种性别都可以与其他 6 种中的任何一种交配，但在任何一个大的群体中，这 7 种性别的比例都各不相同。自然地，个体在寻找配偶时有更多的选择，群体中大约 6/7 的个体可供其选择，而平时常见的两性别的物种中只有 1/2 的个体可以选择。然而，对于不同的配偶可以产生什么性别的后代，却有着相当复杂的规则。如此简单的生物是如何进化成如此多样化的性别，或者说，这样做的好处是什么，目前都还没有定论。

## 78．为什么雄性会射出那么多精子？

人类男性的平均射精量包含大约 1.8 亿个精子，之前估计范围约在 4000 万至 12 亿个之间。然而，只有一个精子可以使卵细胞受精成为受精卵，那为什么还要这么多的精子呢？并且不只是人类，在所有的哺乳动物中都是如此。人们普遍认为其原因是为了增加受精的机会，但如此庞大的数字看起来有点过头了。而少量且优质的精子则会更有效地改善这种情况。

另一个原因则是与精子竞争有关。这种观点认为，如果几个雄性与同一个雌性交配，每个雄性都想增加其精子为卵细胞受精的机会，而做到这一点的最佳方法是在竞争中拥有最多的精子。然而，受精过程并不需要很长时间，所以第一个与雌性交配，并让雌性在短时间内远离其他雄性无疑是更好的策略。事实上，大量的精子似乎在白白牺牲自己的生命。

## 79．如果存在的话，性取向的生物学根源是什么？

每隔一段时间，人们就会宣布发现了一种"同性恋基因"，但之后似乎总会有另一项研究对之前的发现提出质疑。对双胞胎的调查研究似乎证实了同性恋的基因成分确实存在，而大量的研究声称，发现了同性恋和异性恋之间的生理差异。

以下这些都与同性恋／异性恋的差异相关，排序不分先后：大脑某些部位的大小，对性信息素的反应，对某些神经化学物质的反应，四肢长度与整体高度的比率，内耳的功能，头发卷曲的方向，左利手，手指长度比率，指纹脊线①密度，等等。是否有单个的因素可以支撑以上所有的情况还有待发现。

## 80．伊丽莎白一世女王是处女吗？

人们用她来命名美国的弗吉尼亚州（Virginia，来自英文的"处女"Virgin 一词），那她一定是……不是吗？事实上，不完全是。女王为了维护英格兰的独立，像政治家一样拒绝嫁给其他国家的王子。她也担心如果选择英国贵族，会引起贵族间不和，便决定谁也不嫁。这也许表明了她保持贞洁的决心，但婚姻和贞洁从来就不是一回事。事实上，伊丽莎白一世可能有两位情人。说来奇怪，但也可能是巧合，这两位情人都被女王授予了"御马官"的头衔。

第一位是伊丽莎白童年的朋友莱斯特伯爵罗伯特·达德利，伊丽莎白一世一成为女王就立即授予他"御马官"职位。传言说伊丽莎白一世

---

① 指纹脊线是指纹图像中具有一定宽度和长度的纹线。

对他抛尽了媚眼，但后来这位伯爵的妻子离奇去世，疑点重重，女王也就疏远了他。后来，她提议他与苏格兰的玛丽女王结婚，但玛丽女王拒绝了他，理由是她不会接受伊丽莎白抛弃的情人。

另一位是埃塞克斯伯爵罗伯特·德弗罗，他在 1587 年成为御马官，也成为女王的宠儿，据传女王很欣赏他的口才和敏锐的头脑。但他在担任爱尔兰总督时作战不力，带着耻辱回国后发起了一场反抗女王的叛乱，最后被处决。

## 81．瑞典女王克里斯蒂娜是男人吗？

克里斯蒂娜女王是一个非同寻常的女人——如果她确实是个女人的话。她出生时，因为浑身是毛，哭声嘶哑，而被误认为是一个男孩。她的国王父亲一直想要一个儿子，就下令把她当作王子来抚养。后来当她继承王位时，她在誓词中称自己为国王，而非女王。

克里斯蒂娜终生未嫁，也未诞下王位继承人。1654 年退位后，她将王位传给了她的堂兄，然后就前往丹麦边境，换上男装，骑马穿过丹麦。她那男性化的嗓音和外貌常被人议论，而且她也一向偏爱男装。1965 年，对她遗物的检查并没有得出关于她性别的结论，只是暗示她可能是双性人，也就是说既不是男人，也不是女人。但根据定义，这涉及区分男性和女性的元素的非典型生理结构。

## 睡　眠

## 82．为什么我们需要睡眠？

所有的动物都需要睡觉，即使线虫也不例外。长颈鹿哪怕每天只睡两个小时，但它们也是需要睡眠的。所以睡眠一定很重要，可我们却并不知道其中原因。第一种观点认为，睡眠可以让身体修复受损细胞；第二种观点认为，睡眠可以帮助我们补充细胞间能量传递所需的物质；第三种观点认为，睡眠让我们的大脑有机会清理白天积聚在大脑中的垃圾；第四种观点认为，睡眠对我们的大脑来说十分必要，充足的睡眠可以让它能够快速浏览白天接收到的信息，并将其归档以备日后使用。

然而，我们知道的是，睡眠不足会造成严重的后果，包括导致严重的妄想症，甚至造成死亡。令人惊讶的是，即便我们对睡眠不足将导致的严重后果了如指掌，这仍然不能帮助我们发现睡眠到底有何用处。

## 83．是什么导致我们在睡觉时偶尔出现"睡眠痉挛"？

"临睡幻觉"是指在你开始打盹时介于清醒和睡眠之间的状态，这时你可能会经历一种令人恼火的睡眠痉挛，身体抽动，仿佛受到惊吓一样，可能会把你吓回清醒状态。这是一种不随意的肌肉收缩，称为"肌阵挛性抽搐"。有一种说法认为，体温的变化、呼吸和肌肉放松都可能导致大脑认为你在下坠，所以它会向你的四肢发送一个信号，让你醒来。另一种说法是，这纯粹是肌肉痉挛，与大脑无关。但不管它是什么，都让人很恼火。

## 84．考拉为什么每天要睡这么久？

考拉每天要睡 18 到 22 个小时，就算是树懒也没有这么懒。考拉之所以睡眠时间这么长，似乎与它们非常缓慢的新陈代谢率和饮食有关。考拉主要摄入桉树叶，而桉树叶营养含量低，纤维含量很高，不易消化。缓慢的新陈代谢和充足的睡眠可以为它们的消化系统提供充足的时间来从叶子中提取能量。令人费解的是，为什么它们不能在保持清醒的情况下做到这一点。牛和羊的饮食营养较低，但它们会花大量的时间进食以弥补。考拉则采用了另一种策略睡眠。但是，长时间处于睡眠状态可能对动物自身的生存很不利。

## 85．我们为什么会做梦？

关于做梦的作用，有以下几个理论：

- 做梦时，我们是在演练危险情况下的反应，这就是为什么很多梦都是恐怖的故事。
- 当大脑把一天经历中不需要的东西扔掉时，我们就会做梦。这就是为什么梦是杂乱无章的。
- 当大脑以一种更有效的方式重置它们的内部联系时，我们就会做梦。
- 梦是我们自己的心理治疗形式。正如西格蒙德·弗洛伊德所说，梦是"被压抑的愿望的伪实现"。
- 梦只是我们辛苦一天后大脑自由运转的结果，其实毫无意义。

## 86．快速眼动睡眠和做梦之间有什么联系？

20 世纪 60 年代早期进行的一系列实验表明，对人类来说，做梦和睡眠本身同样重要。这些实验基于这样一个理论，即做梦与所谓的"快速眼动睡眠"同时发生，即快速眼动睡眠中眼皮的颤动表示眼睛在睡眠时快速转动。这些早期实验的结论是，在快速眼动睡眠开始时叫醒人们，会使他们非常易怒——实际上，他们明显比那些同样被频繁叫醒，但眼皮没有颤动的人更加易怒。

随后科学家发现，做梦和快速眼动睡眠之间的联系并不是很明确。可能人们在做梦时没有快速眼动，而在不做梦时则表现出快速眼动行为。所以，做梦可能没有想象的那么重要。

## 87. 睡眠与学习有什么关系？

在20世纪50年代，围绕"睡眠学习"这个主题开展了一些成功的营销活动。其内容是给你放一盘磁带，上面有一节课，听着听着你就睡着了，早上起来之后你至少可以学到磁带上的一部分内容。然而，详细的科学调查彻底否定了这种想法。如果你真的睡着了，那么你其实什么也学不到。同时，最近的实验表明，睡眠可以巩固所学的知识。

研究人员为此做了一个典型测试。早上教人们一些东西，然后在12个小时后对他们进行测试。研究人员将他们的测试结果与另一组学生进行了对比。另一组学生在晚上学习了同样的内容，然后睡了一个好觉，接着早上接受了测试，测试同样也是在上课后12个小时。最终第二组的结果比第一组多20%，尽管有人可能会说，在表现不佳的一组中，仅仅是因为清醒时做了其他事情而导致健忘。然而，教会动物一些东西后允许它们睡觉，在动物身上也发现了类似的表现改善。

# 吸　烟

## 88. 吸烟是怎样引起肺癌的？

身体正常生长过程的平稳运行有赖于我们的基因。任何形式的癌症都涉及对这种过程的破坏。就吸烟而言，我们的理解是，烟草烟雾中的致癌物质可以转化为与DNA产生反应的形式，而DNA变异则会导致人类肺部细胞中的基因发生变化。目前科学家们正在进行大量工作，不断充实这一研究进程。

## 89．为什么有人长期吸烟会得肺癌，有些人却不会？

在英国，大约 80% 的肺癌病例与吸烟有关，大约 15% 的吸烟者会得肺癌。那么，是什么原因让其他 85% 的吸烟者没有患上癌症呢？（尽管他们很可能死于由吸烟引起的其他许多致命疾病的其中一个）那为什么另外 20% 从不吸烟的人也患上了肺癌呢？

大量证据表明，肺癌具有家族遗传性，因此，寻找其遗传成分的工作一直在紧张进行着。目前已经发现了许多"肺癌易感基因"的候选，同时人们也非常关注正常的基因修复机制的破坏，这种机制应该可以阻止肺癌的发展。肺癌易感基因在这种疾病的发展过程中起多大作用，或者肺癌预防基因对这种疾病起多大作用，这些都是有待解答的问题。

# 自　燃

## 90．世界上发生过人类自燃现象吗？

查尔斯·狄更斯在他的小说《荒凉山庄》中，生动描述了拾荒者克鲁克先生自燃而死的经过。当评论家们认为人不会突然自燃时，狄更斯激烈地为自己辩护，甚至还加上了验尸官的调查报告，证明了这种事情可以而且确实会发生。

无论是历史记录还是医学期刊文献，特别是在 18 世纪，都支持人类会自燃的观点。而且在当代，一些火灾后发现的尸体也显示出类似的迹象。一种被称为"灯芯效应"的理论认为，最初的火焰会分裂皮肤，释放皮下脂肪到衣服中，这时的衣服就像蜡烛燃烧时的灯芯一样。然而，对于是什么原因导致最初的火焰产生，从而引发了这一过程，目前还没有令人满意的解释。内部气体的积聚或过高的酒精含量都被认为是自燃的原因。但如果要发生自燃，这两种情况中的任何一种都必须达到令人难以置信的高水平。由掉在地上的烟头引发的自燃看起来仍是最有可能的原因。

# 宇宙篇

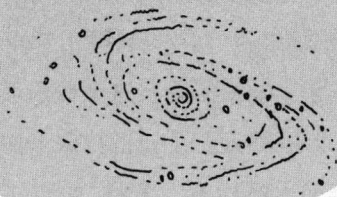

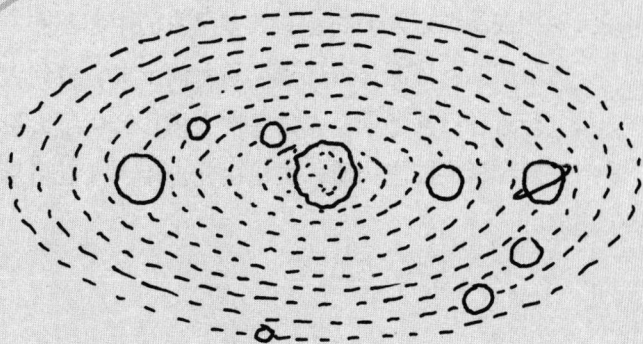

# 黑　洞

## 1．黑洞中心会发生什么？

1931 年，美国物理学家苏布拉马尼杨·钱德拉塞卡计算得出，当一颗大质量恒星坍缩时，其巨大质量产生的引力足以将其逐渐压缩成一个极小的空间，体积无限小，但却拥有超大的质量。换句话说，它的半径为零，密度却无限大。此外，它的引力之大，以至于任何事物——甚至是光，在一定距离内（后来人们称之为"事件视界"）都会被吸进去，无法逃脱。

对于当时的一些天文学家来说，这个概念似乎太过荒谬，以至于他们拒绝接受，但后来的观察证实了钱德拉塞卡的理论，并且将这个体积无限小但质量无限大的天体称为"黑洞"（但法国人对"黑洞"一词抵触了很长时间，因为这个词在法语中是脏话）。

现在，人们已经接受了黑洞是宇宙的一部分，但黑洞中心的无限密度仍是一个巨大的谜团。根据爱因斯坦的广义相对论，在黑洞的中心，时空曲率达到无限，引力也无限大。从数学上讲，黑洞中心是一个空间和时间坍缩而成的奇点，物理定律在此也同样崩溃。

## 2．黑洞和星系哪个先出现？

黑洞在我们的宇宙形成理论中有着重要的作用。随着越来越多的黑洞被发现，人们注意到许多星系的中心都有一个黑洞。由此就提出了一个问题：黑洞是否促进了星系的形成。曾经大多数天体物理学家认可的是这样一幅场景：先是宇宙大爆炸产生了大量的气体和能量；之后气体聚合形成固态物质，恒星由此产生；然后恒星通过引力排列在星系中，恒星燃尽后坍缩，最终形成黑洞。但最近又有人提出了一种新的可能性：在星系形成的过程中，实际上会不会是黑洞产生的引力在吸引着恒星，将它们留在星系中呢？

2009 年，美国加利福尼亚州的天文学家们对 120 亿光年外的星系中黑洞的质量进行了大致测算。将黑洞的质量与其星系的总质量进行比较后发现，这一数据要远高于对较近星系的测算得出的数据。由于距离太过遥远，测算的又是 120 亿年前的情况，加之黑洞的体积只会变大，不会缩小，因此加州小组得出结论：其他星系一定是围绕着中心的黑洞逐步形成的。据美国国家射电天文台克里斯托弗·卡里利表示："先出现黑洞，然后以某种我们并不知道的方式，在它们周围孕育出众多星系。"然而，这项研究只观察了 4 个星系，其他天文学家认为这 4 个星系可能不够典型，因而无法得出确切的结论。

## 3．为什么太阳运转得如此之快？

众所周知，月球每个月绕地球一圈，地球一年绕太阳一圈，但人们很容易忘记，太阳本身就在以约 220 千米每秒的速度绕银河系中心运行，公转轨道一圈大约需要 2.4 亿年才能完成。然而问题在于，根据我们对银河系的所有了解，以及由德国数学家约翰内斯·开普勒提出的行星运动定律，太阳的公转速度应该只有 160 千米每秒。

太阳并不是唯一一个实际运行速度与预测速度相去甚远的恒星。无论在银河系还是其他星系中，解释出现这种差异的原因是宇宙论的主要研究课题之一。

哈勃空间望远镜的观测表明，恒星的公转速度与其星系中心黑洞的质量密切相关，但具体原因尚不清楚。星系边缘的暗物质盘可以解释这个现象，但另一个可能的解释是，在星系这种尺度上，物体的物理定律会有所改变。

## 4. 银河系中有多少个黑洞？

直到 21 世纪初，银河系中心是否存在黑洞仍是一个备受怀疑的问题。但随着引力影响的证据不断增加，银河系中心存在着一个超大质量的黑洞已变成一个不可否认的事实。近年来，该黑洞一直位于人马座，其质量大约是太阳的 200 万至 300 万倍。

2009 年，哈佛大学研究早期宇宙的天体物理学家团队指出，银河系中可能有几百个黑洞，它们是在很久以前银河系与其他星系碰撞时产生的。该团队表示，由于他们的理论是刚提出的新理论，此前也没有人寻找过这样的天体——加之黑洞周围没有发光的星团，他们提到的这些黑洞"几乎是不可能被找到的"。

# 基本粒子

## 5. 超对称理论靠谱吗？

长久以来，物理学家们一直在寻找一种"万物理论"，这种理论将以一种连贯的方式解释所有将宇宙维系在一起的力量。尽管量子力学和相对论在不断发展，而研究似乎没有取得进一步的进展，但最新的候选理论之一是弦理论。

然而，弦理论的一个预测是：在更高的能量水平上，我们将开始看到基本粒子对称性的证据。该理论被称为超对称性，它赋予每一个传递力的粒子（玻色子）组成物质的伙伴粒子（费米子），反之亦然。问题是，在瑞士日内瓦的欧洲核子研究中心的大型强子对撞机为希格斯玻色子提供了确凿的证据之前，没有发现过任何一个预测到的粒子。在此之前，就连超对称性的一些狂热支持者也开始建议放弃这一理论。即使发现了希格斯玻色子，现在仍然缺乏大量的证据来证明该理论，但目前超对称性的希望已经重新燃起。

## 6．夸克是由更小的粒子组成的吗？

希腊人有一个形容基本粒子的词——原子，意为不可分割。1897年，英国物理学家汤普森发现了电子，说明原子是可分的。后来人们发现，这些电子围绕着一个很小的原子核运行，而原子核构成了原子的绝大部分质量，它由质子和中子组成。而后，在 1964 年，美国物理学家默里·盖尔曼提出质子和中子由更小的粒子组成，他称之为夸克（借用的是詹姆斯·乔伊斯的小说《芬尼根的守灵夜》中的一个词）。夸克有 6 种不同的种类，或者说是"味道"，它们的名字十分别致，包括"上""下""顶""底""奇"和"粲"，这些粒子不可能单独存在，但它们以不同的方式结合在一起形成了其他粒子。但是，对越来越小的粒子的搜寻是否会止步于夸克？这个问题谁也无法回答。

## 7．质子是否会衰变成夸克，然后形成其他基本粒子？

如上所述，几十年来，物理学研究的圣杯一直是寻找"万物理论"，将控制物质行为的四种基本力结合在一起，即电磁相互作用力、强相互作用力（将基本粒子结合在一起形成原子和分子）、弱相互作用力（导致放射性衰变）和引力。

随着"万物理论"似乎变得越来越难以捉摸，寻找目标只能退而求其次，变成寻找一个"大统一理论"，它可以解释四种基本力中的前三种，而先将引力问题放在一边，因为虽然引力作用的距离很远，但它比其他三种力都要微弱。随着基于夸克的粒子物理学"标准模型"的发展，物理学家提出了几种"大统一理论"，并对他们的预测进行了实验测试。

其中一个预测是关于质子和中子之间的相互转换。在自由中子和质子实验中已经观察到了这一点，这些质子和中子不与原子核中的其他粒子结合，但一旦结合就会显示出高度稳定的状态。事实上，该理论预测衰变过程的半衰期约为 $10^{32}$ 年，这大约是宇宙的年龄再乘以 $10^{22}$。目前，检测这一过程发生迹象的实验尚未得出任何证据来支持这一预测。

## 8．希格斯玻色子的发现将带来什么样的结果？

当本书在 2011 年秋首次出版时，此条目写的是："希格斯玻色子存在吗？"然而，2012 年 7 月，欧洲核子研究中心大型强子对撞机的科学家宣布发现了一种粒子，他们有 99% 的把握认为它就是难以捉摸的希格斯玻色子。当月月底，他们的把握上升到了 99.99%。但现在我们知道了希格斯粒子的存在，可问题依然存在：发现了又能怎么样？

希格斯玻色子是所谓的标准模型所预测的唯一尚未被证实的粒子。标准模型用物质和力来描述所有的粒子。物质由一种叫作"费米子"的粒子构成，费米子可能是夸克或者轻子，而力则由另一类粒子构成，即"玻色子"。

夸克和轻子各有 6 种形式，由 4 种玻色子组成。第 5 种玻色子是以英国物理学家彼得·希格斯的名字命名的，他在 20 世纪 60 年代首次提出了它的存在。物理学家认为，玻色子赋予了粒子质量，因此它是宇宙大爆炸的一瞬间能量转化为物质的关键。

然而，现在发生的事情纯属猜测。当第一次提出量子力学时，没有人知道它会如何发展。从晶体管的发展到电视机的微调，从超精确的原子钟到纳米技术，许多现代技术都依赖于量子理论。毫无疑问，希格斯玻色子将会有很多实际应用，但似乎没有人知道具体是哪些方面。

## 9．希格斯玻色子的发现对标准模型有何意义？

过去许多物理学家一直希望希格斯玻色子不被发现，因为他们认为标准模型存在缺陷。而希格斯玻色子的发现却证实了这个模型的合理性，但这并不能解释引力问题，也不能解释暗物质和暗能量，而暗物质和暗能量被认为占宇宙质量的 95% 以上。如果希格斯玻色子可以将能量转化为质量，那它是否也在暗物质的演化中发挥作用？

## 10．为什么有些粒子有质量，有些却没有？

根据目前的理论，光子是光的粒子，没有质量，而其他粒子，如电子和夸克则有质量。这些粒子之间有何区别，以及究竟为什么有区别，仍不得而知。根据希格斯玻色子理论的支持者的说法，"希格斯场"遍布整个宇宙，并与无质量的粒子相互作用，赋予它们质量，而这是另一个大型强子对撞机可能会研究的问题。但光能否转化为质量则是另一回事。

# 月 球

## 11．月球是在一次大碰撞后脱离地球形成的吗？

我们知道，在过去的 25 亿年里，月球一直保持着相对不变的状态，但月球是如何形成的，我们至今仍不清楚。关于它的起源有以下四种说法。

- 它可能是与地球在同一时间由气体和宇宙尘埃聚结形成的。
- 它可能是一颗小行星，在靠近地球时被地球的引力俘获。
- 它可能是在地球形成初期从地球分离出来的。
- 它可能是由地球的岩石和碎片形成的，这些岩石和碎片是在地球与另一颗大约为火星大小的行星碰撞时脱落的。

一般来说，最后一种理论被认为是最有可能的，但我们不能完全肯定。

## 12．19 世纪中叶，是什么（如果有的话）改变了月球上的林奈环形山的外貌？

美丽的环形山是月球表面的特征之一，其中一个是以伟大的瑞典动物学家和植物学家卡尔·林奈的名字命名的。林奈环形山只有 1000 万年的历史（对于这样的环形山来说十分年轻），1866 年，德国天文学家、雅典天文台台长约翰·施密特声称发现了它的外观变化，这引起了人们的极大关注。

施密特是一位德高望重的科学家，他对月球有着特别的兴趣和丰富的专业知识，他正在准备一张比以往任何时候看到的都要更好的月球地形图。几十年来，人们的极大兴趣都集中在环形山不断变化的形状上，尽管普遍的结论认为，林奈环形山的变化是由施密特的光学仪器造成的误判，而不是环形山本身发生了变化。

最近，在观测林奈环形山中发现了更多的变化，这些变化被归结为"残余气体"（即气体的排放）可能会扭曲陨石坑的外观。施密特 1866 年的观测结果可能是由于气体排放量的异常增加造成的。因此，林奈环形山上发生的事仍待解释。

# 行　星

## 13．行星是如何形成的？

天文学家认为他们已经对太阳系是如何形成的过程了如指掌。它始于大约 46 亿年前，由巨大的气体和尘埃组成，这些气体和尘埃很可能是由星系中其他地方的超新星的巨大爆炸释放出来的。随后巨大的尘埃云的引力吸引了更多物质，最终导致尘埃云自身坍缩。由于角动量必须守恒，它的旋转速度增加，导致尘埃云在一个非常稠密的核周围变平，成为一个圆盘。

这个核心最终凝聚成太阳，而圆盘外围的一些尘埃粒子被抛向太空，最终成为行星——再次由粒子相互引力的聚集而形成。这就解释了为什么所有的行星或多或少都在相同的平面上被发现，因为那就是最初的圆盘。

然而，这一理论仍有许多未解之处。太阳和行星的圆盘是如何呈现目前这种近乎球形的形状的？它们是如何失去曾经拥有的巨大角动量的？尘埃颗粒在太空中聚集在一起形成岩石，虽然我们很容易接受这种说法，但是这些岩石是如何聚集在一起形成行星的？对于为什么有些恒星有行星系而有些却没有，最后一个问题可能是解释这一切的关键。

除非这些问题得到解答，否则我们不能说已经真正理解了行星是如何形成的。

## 14．金星上还有火山和构造活动吗？

金星在许多方面是与地球最相似的行星，比太阳系中的其他行星拥有更多的火山。最近，绕金星运行的一颗卫星发现了其上的一座活火山，然而至今不清楚，金星上那约1600座主要的火山是否仍是活火山。2010年，从金星表面的温度读取报告表明，金星上有3座活火山，这些活火山持续产生的熔岩喷发可能将金星表面重新覆盖。

潜在的问题是，金星是完全死气沉沉的一团岩石（就像月球一样），还是仍然活跃并处于形成过程中（就像地球一样）。如果我们能够了解金星是否有活动的地壳板块，或者它的表面是否是一整块固体，这将对我们有所帮助。但是，对于金星的地壳下面究竟有什么存在相当大的争议。到目前为止，地球仍然是太阳系中唯一确定拥有构造板块的行星。

## 15．为什么金星朝着反方向旋转？为什么它转得这么慢？

从行星绕太阳运行的轨道平面往下看，除了一颗行星以外，其他行星都沿着自己的轴线朝着同一个方向旋转。这与它们自己绕太阳公转的方向是一样的。唯一的例外是金星，它绕轴的自转是逆向的——与它绕太阳公转的方向相反。它的自转速度也是很慢的：金星上的一天（自转周期）比金星上的一年（绕太阳公转周期）还要长。

我们不清楚为何如此。如果像人们普遍认为的那样，所有的行星都是在太阳系发展的同一时期以同样的方式形成的，那么它们应该都朝着同一个方向旋转。金星的自转速度可能因其稠密的大气中的潮汐效应而减慢，但这种完全的逆转似乎需要另一种解释。

## 16．木星的卫星上有鱼吗？

欧洲航天局和美国国家航空航天局合作执行了一项任务，两颗人造飞行器将绕木星最大的卫星木卫二和木卫三运行，这两颗卫星都被认为拥有巨大的地下海洋。液态水的存在大大提高了生命存在的可能性，所以这两个卫星目前是除了地球以外最有可能发现生命的地方。如果没有发现生命，它们也可以作为未来适宜居住的环境备选。

2009 年，美国亚利桑那州科学家理查德·格林伯格提出了木卫二海洋中可能生活着类似于鱼的生物。他表示，目前没有证据表明这些海洋中存在生命，但这些海洋的条件被认为与地球上生命形成的条件相似。如果情况属实，他估计这些海洋中不仅可能有微生物，还可能有300 万吨鱼在游荡。

### 17．如何解释木星上的大红斑？

木星是太阳系中体积最大的行星，太阳系中最大的风暴在木星上已经肆虐了至少 350 年。这场风暴如此之大，其面积可以容纳 3 个地球，其风速据测可达 614 千米每小时。从地球上通过望远镜观察，它呈现为一个巨大的红斑，自从它在 17 世纪 60 年代中期被发现以来，这个名字就一直为人所知。然而，没有人知道它为什么是红色的，也不知道它是什么原因造成的。一种说法是，它的龙卷风般的力量是来自木星表面或木星大气层其他地方的不断旋转着的尘埃和碎片，然而，是什么赋予了它明亮的红色和能量仍是未知。

2000 年，人们在木星上又发现了一个仅有"大红斑"一半大小的红斑。它一开始是白色的，然后变成了棕色，在 2006 年变成了和它"哥哥"一样的红色，因此被亲切地称为"小红斑"。

### 18．为什么木星的大红斑正在不断缩小？

尽管大红斑很大，但它过去的面积更大。与 20 世纪时相比，它的面积缩小了一半，在 1996 年至 2006 年期间，它的面积又减少了 15%。大红斑面积缩小的原因尚不清楚，尽管有人认为这可能与木星的全球变暖和气候变化有关。

### 19．2008 年 1 月，差点与火星相撞的 WD5 小行星发生了什么？

2007 年 11 月，天文学家发现了一颗直径 50 米的小行星，据估计它与火星相撞的概率为 4%。到 2008 年 1 月，这种可能性大大增加，最终它以相当于火星半径 6.5 倍的距离掠过火星。即便如此，火星的引力也足以对这颗小行星的路径产生重大影响，这就解释了为什么不可能追踪到它，而且它很快就消失了。更大的行星，比如木星，可能会产生足够大的拉力，将小行星抛出太阳系，但是火星太小了，因而不会产生这样的效果，所以 WD5 很可能仍然在地球和火星附近。由于 WD5 的体积相对较小，因此很难被探测到，除非它接近地球，否则我们不太可能再看到它。

## 20．火星上有或者曾经有过生命吗？

1996 年，科学家对大约 1.3 万年前坠落在南极洲的一块陨石进行了分析，在其上发现了细菌化石的痕迹，这可以推测到 40 亿年前火星上可能有过原始生命。美国国家航空航天局一位未透露姓名的人士称，这一发现"可以说是科学史上最大的发现"。

近年来，太空探测器已经发现了越来越多的证据，证明火星上曾经有水。2008 年人们在火星上发现了冰，这表明火星上仍然有水；2009 年和 2010 年又声称发现了液态水，所有这些似乎都证实了火星上曾经有，现在也仍然有支持生命存在的条件。2009 年，在火星稀薄的大气层中发现了甲烷，而甲烷可能是由生物活动产生的。

火星上的水从何而来，存在了多久，这些问题依然困扰着科学家们。无论是现在还是过去，仍然没有确凿的证据表明火星上存在生命。

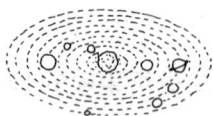

# 太阳系

## 21．太阳系有多大？

由于一颗恒星和另一颗恒星之间没有明确的界限，因此这个问题很难回答，但还有其他几个因素使这个问题变得更难回答。第一个问题是：太阳系的尽头在哪里？一种答案是，当太阳的引力效应与星系其他部分的引力相等时,那便是它的尽头。我们不能确定它在哪里,但据估计它离我们大约有两光年的距离。问题是,我们并不是真的知道在两光年之外的地方有什么,所以我们无法计算出太阳系的整体引力。

太阳系的边缘还被定义为太阳风不再产生影响的地方。太阳风是太阳上层大气喷出的带电粒子流。它穿过被称为"日光层"的空间区域,到达被称为太阳风层顶的区域,在那里它会遇到来自其他恒星同样强烈的"太阳风"。如果我们用它作为我们对太阳系大小的定义,那么它的直径估计在15—40光年,而不是两光年。

其实就连这一点也值得推敲,因为旅行者1号探测器(目前已经接近太阳风层顶)对宇宙风的测量结果与预测值有很大不同,这表明我们可能完全搞错了。

## 22. 为什么柯伊伯带以外的宇宙空间突然变得非常空旷?

向着太阳系最远端前进,我们所知的最后一个大天体是冥王星,它是构成柯伊伯带的成千上万个天体之一。太阳系的这一区域距离太阳约为30—55个天文单位(1天文单位等于太阳到地球的平均距离)。在这之外便是空空如也,这就出现了一个问题。毕竟,柯伊伯带以外的区域仍然处于太阳的引力范围内,因此人们可以预期在太阳轨道上捕获到某种太空碎片。

有一种理论认为,就在太阳系的边缘,远超柯伊伯带的地方,存在着一种叫作"奥尔特云"的物质,它主要由冻结的水、甲烷和氨组成。到目前为止,奥尔特云的存在纯粹是理论上的,虽然有充分的理由相信它存在,但缺乏明确的观察或证据予以证实。另一种理论认为,我们漏掉了一个大型天体,有时它被称为"X行星",它可能通过自己的引力效应,把柯伊伯带以外的所有物质都卷走了。

有些人甚至把 X 行星等同于古代苏美尔神话中的尼比鲁行星，认为它注定要与地球相撞，导致世界末日。当然，这与 2012 年的世界末日论有关，但天文学家认为这种可能性极小。

## 23．为什么先驱者 10 号和先驱者 11 号行星际探测器会稍微偏离轨道？

行星际探测器"先驱者 10 号"和"先驱者 11 号"分别于 1972 年和 1973 年发射，现在它们正朝着相反的方向驶向太阳系的最远端。它们的位置在整个行程中都可被追踪，起初它们的航向与预测的方向一致，但自 20 世纪 80 年代初以来，它们似乎在方向和速度上都偏离了轨道。

人们给出了各种解释，比如观测误差，太阳风和暗物质的影响，还包括一些我们不知道的大型物体的引力效应。甚至有人提出，可能是我们的物理定律有问题。但这些解释似乎都不那么令人满意。

## 24．地球上的生命曾经传播到太阳系的其他地方吗？

正如外生源论认为，地球上的生命起源于宇宙的其他地方，并通过太空来到这里，有生源说理论也认为生命可能存在于宇宙的其他地方，是从地球传播到那里的。2000 年，美国国家航空航天局的科学家宣布了他们的结论：从理论上讲，来自火星的单细胞生物可能在地球上播下了生命的种子，反之亦然。然而，他们的计算表明，微生物从一个星系转移到另一个星系的可能性不大，但也不能排除这种可能性。不过，如果发现了地外生命，却发现它本来就来自地球，那就有点令人失望了。

# 太 阳

## 25．为期 22 年的太阳黑子周期由何驱动？

1610 年，伽利略用他新发明的望远镜首次观察到了太阳表面上的黑点，即我们所知的太阳黑子。从那时起，人们就开始关注这一斑点的数量并推测它们出现的原因。"太阳黑子数"是根据观测到的单个黑子的数量和群体黑子的数量计算出来的，这个数字的变化似乎遵循一个有规律的周期，即每 11 年达到一个最大值。

现在我们知道，太阳黑子是由强烈的磁场爆发活动引起的，而连续的太阳黑子极大值具有相反的极性，所以一个完整的太阳黑子活动周期会持续 22 年，但是什么导致了这个周期还不得而知。我们也不知道太阳黑子对地球天气的影响（如果有的话），当然，这是另一回事。

## 26．太阳光谱中许多不明光线的成因是什么？

通过观察遥远恒星的光谱，我们能够判断恒星上所含的元素。吸收光谱最早于 1802 年由英国化学家威廉·海德·沃勒斯顿发现，1814 年被德国人约瑟夫·夫琅和费再次发现。大约 50 年后，人们发现吸收光谱在大部分情况下和加热元素的发射谱线相对应。因此，恒星的光谱为目前发现的元素提供了"天体指纹"。

然而，夫琅和费在太阳光谱中发现了 570 条这样的发射谱线，这个数字已经翻了一番，远超元素的数量。许多以前未被确认的发射谱线的原因现在已经知道，但是仍然有大量发射谱线无法得到解释。

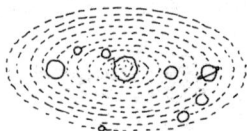

# 宇　宙

## 27．宇宙中的其他地方有生命存在吗？

人们认为，在可观测的宇宙中大约有 2000 亿个星系，每个星系大约有 2000 亿颗恒星。有多少行星绕着这些恒星运行还不知道，但是数目如此之大，似乎很有可能在这 $4 \times 10^{25}$ 颗恒星中找到 1 颗有生命存在的行星。同时，我们对地球上的生命关注得越多，就越意识到，要使生命存在，其物理特性和化学特性必须达到极其微妙的平衡。

然而，恒星本身并不是永远存在的，适宜生命存在的条件可能只存在很短的一段时间，因此，虽然宇宙的其他地方中可能曾经有过生命，但在我们观察的时候可能已经错过了。然而，有那么多的机会表明似乎很有可能在某个地方存在某种生命。这就引出了下一个问题……

## 28．宇宙的其他地方是否存在智慧生命？

1961 年，当对地外文明的搜寻还处于起步阶段时，美国天体物理学家弗兰克·德雷克提出了一个著名的公式，用以预测我们与银河系其他地方的智慧生命取得联系的概率。他的公式里包括了新恒星产生的速度以及它们拥有行星的可能性，这些行星产生生命的条件，生命最终得以形成，然后生命将发展出智慧，它们的技术能先进到发出或接收无线电信号，并且它们的文明不会消亡。所有这些因素加起来，我们才有机会和它们取得联系。

德雷克公式的问题在于，其中几乎所有的术语都是靠猜测得出的，它估计我们可能接触到的银河系文明的数量大约在 10 亿到 100 亿个之间。当然，还有一种可能性是，它们中的许多文明可能比我们先进得多，也许根本不想和我们交流。

根据德雷克的公式，尽管我们能够接触到地外文明的机会非常小，考虑到银河系只是大约 2000 亿个星系中的一个，存在地外智慧生命的可能性非常大。对于这一问题，在我们收到某个信号的回复或者截获它们的任一信号之前，还是无法解答的。

## 29．宇宙的欧米伽值是多少？

法国耶稣会牧师、古生物学家和哲学家德日进在他写于 20 世纪 30 年代但直到 1955 年才出版的《人的现象》一书中提出了宇宙的"欧米伽点"（Omega Point）的概念。如果阿尔法（Alpha）——希腊字母表的第一个字母代表创造，那么欧米伽（Omega）就是终结，他将其定义为宇宙进化的最复杂状态。

当大爆炸理论开始确立时，泰哈德的欧米伽点引出了宇宙欧米伽值的概念，该值可以预测宇宙的最终命运。大爆炸导致宇宙中所有物质共享了大量的动能，从那时起，这些动能一直在推动宇宙的膨胀。同时，宇宙中吸引所有物质的引力通过把一切物质重新拉回来，从而来对抗这种膨胀。欧米伽值的概念是提供动能和质量之间的某种比率，这个比率将决定宇宙的最终命运。如果欧米伽值小于 1，那么宇宙将永远膨胀下去；如果欧米伽值大于 1，在发生逆转和宇宙大收缩前，宇宙膨胀结束；如果欧米伽值正好等于 1，那么它最终会接近稳态。

直到最近，关于宇宙物质密度的理论预测，欧米伽值非常接近于 1，这使得宇宙的命运仍然是三强争霸。随后出现了暗物质和暗能量理论，它们影响了对宇宙密度和膨胀率的估计，要预测在德日进的欧米伽点将会发生什么，就变得比以往任何时候都困难。如今，人们普遍认为宇宙的欧米加值小于 1 且会永远膨胀，但这一切都可能随着更多宇宙学的发现而改变。

## 30．宇宙的形状是什么？

欧米伽值和宇宙的最终命运的问题与其几何结构和毕达哥拉斯定理（勾股定理）是否适用于遥远的距离的问题有关。想想在地球表面进行的测量。在短距离上，毕达哥拉斯的理论非常适用，因为地球表面几乎是平的，因此符合欧几里得的几何定律。然而，在更大的尺度上，地球的曲率开始发挥作用，毕达哥拉斯就让我们失望了。

现在试着想象一下同样的事情在广阔的空间中发生。考虑到宇宙的膨胀，我们得出了这样的结论：如果欧米伽值等于 1，那么宇宙就是平的（毕达哥拉斯定理给出了正确答案）；如果欧米伽值大于 1，那么空间就有正曲率①，就像球面的表面一样（虽然这里我们讨论的是超球面②）；如果欧米伽值小于 1，就像在马鞍上测量一样，它有负曲率。

无论基本几何是什么，关于宇宙的整体形状仍然存在争论，争论的焦点是宇宙是否在各个方向以同样的速度膨胀。就像地球不是一个完美的球体，在两极稍有点挤压，宇宙也可能不是球形的，而是椭球体。这将有助于解决一些与微波背景辐射有关的问题，但也会引入另一个问题，即它是如何产生的。

## 31．为什么微波背景辐射的温度在宇宙中任何地方都是均匀的？

宇宙微波背景辐射是宇宙大爆炸的一种余晖，是最初巨大的能量和热量被宇宙膨胀冷却后的结果。来自美国国家航空航天局的宇宙背景探测器卫星的数据显示，这种背景辐射在各个方向上都有显著的均匀性。

---

① 曲线的曲率就是针对曲线上某个点的切线方向角对弧长的转动率，通过微分来定义，表明曲线偏离直线的程度。

② 超球面，也称 $n$ 维球面，是普通的球面在任意维度的推广。

它的温度在绝对零度以上 2.76 度的范围内几乎没有变化。实际上，已测量到的变化仅为平均数字的 0.001% 左右。

这可能看起来简洁有序，但却与物质发展的理论相违背。目前的理论是根据不同地区物质的数量来预测温度的变化。一方面，几乎完美统一的宇宙背景辐射是支持宇宙大爆炸理论的最有力的证据之一。但另一方面，找到一种方法来解释宇宙中物质分布的微小波动仍然是一个巨大的难题。

## 32．宇宙的大小是有限的还是无限的？

宇宙大爆炸的概念和光速的极限使得人类可见宇宙的大小受限。但是如果宇宙在不断膨胀，它的大小也会不断增大。那么对于宇宙所能占据的最大空间有什么限制吗？

假设一艘宇宙飞船从地球起飞，在太空中沿直线飞行。它会在无限的宇宙中永远飞行下去吗？还是会像一些宇宙几何理论所宣称的那样，它最终会回到它的起点？这样一个有限的宇宙并不是不可能的，有人声称它可以解释宇宙微波背景出现的波纹。

## 33．如果弦理论是正确的，那我们如何检测宇宙其他 7 个维度对我们的三维空间的影响？

在埃德温·艾伯特·阿博特的数学幻想小说《平面国》中，我们看到一个生活在平面上的二维生命的世界，一个球体穿过他们的世界，造访了他们。一开始球体看起来像一个点，然后变成一个小圆，逐渐增大，但随着它继续前进，就变得越来越小，然后再次变成一个点消失了。一个十维空间的居民或一个十维弦论宇宙的物质穿过我们的三维空间时，是否也能产生类似的效果，这是个有趣的问题。

或者我们自己实际上是十维生物，不幸的是，我们的大脑和感觉器官只能识别其中的三个。然而，对我们来说，寻找额外维度存在的迹象似乎比在平面世界上寻找正方形和三角形要困难得多。

## 34．宇宙是永恒的吗？

甚至史蒂芬·霍金似乎也改变了对这一问题的看法。曾经，他和其他宇宙学家还坚持认为宇宙大爆炸是一切的开始，并且认为"宇宙大爆炸之前发生了什么？"不是一个有意义的问题。现在科学家们就不那么肯定了。同样，"时间结束后会发生什么？"也是一个有意义的问题。

不管宇宙是否会发生逆转并在大坍缩中结束，我们知道物质会衰变成越来越小的粒子。随着黑洞席卷一切，遥远的未来将是这样一幅景象：所有的一切都消逝在能够吞噬宇宙一切能量的黑洞中。

在过去，人们认为任何东西都不可能从黑洞中逃离。现在人们认为，黑洞可以发射某种类型的辐射，辐射就是能量，能量就是物质。这使得我们可以描绘一个永恒的宇宙，它在一个长到难以想象的时间尺度上运行，在大爆炸和大坍缩之间循环发生，进入巨大的黑洞，最终再次爆炸，形成另一个大爆炸。但是，我们将不得不等待很长时间，才能知道这种情况是否属实。

## 35．如果宇宙不是永恒的，那么它将如何结束？

古斯堪的纳维亚传说中有诸神的黄昏，其他宗教有审判日或天启，瓦格纳著有《众神的黄昏》（*Götterdämmerung*）。在更科学的理论中，我们有"大冰期"，即所有物体的温度都接近绝对零度。相对应的一种说法是"大热理论"，其中的熵定律使一切都处于最大混乱和温度均匀的状态，没有自由能量留下来维持生命或任何形式的运动。宇宙之后会停止，然后是大撕裂。暗能量（可能是一种反引力）撕裂一切，在大爆炸的动量结束，重力逆转这一过程后，宇宙开始坍缩。这其中的各种理论，任你选择。

名人篇

## 布狄卡

### 1. 布狄卡在何处与罗马人进行了最后一战？

人们经常重复讲到这样一个故事，时间可以追溯到 20 世纪 30 年代，当时反抗罗马征服者的爱西尼（古英格兰部落）女王布狄卡（Boudicca）被埋在伦敦国王十字火车站的一个站台下（尽管不同的叙述给出了不同的站台号码）。这个故事最初是一个骗局还是由于对地名的误解而产生的，仍无从得知。国王十字火车站的所在地曾是"战斗桥村"（village of Battle Bridge），但这个里面的"battle"一词被认为是"布罗德福特"（broadford）的误传，而不是指某场具体的战役。

人们认为，英国的莱斯特郡、沃里克郡、艾塞克斯郡和北安普敦郡都有可能是布狄卡最终被罗马人击败的地方，时间是在公元 60 年或 61 年。但所有的这些猜测似乎都不是根据某一个特定地点发现的某个确凿证据得出的，而是根据她的军队可能是经罗马路（也就是人们熟知的沃特街）从伦敦向北撤退做出的假设。

# 埃及艳后

## 2．埃及艳后长什么样？

希腊历史学家普鲁塔克在描述这位把恺撒和安东尼都引诱到自己床上的伟大埃及女王时写道："她的美……本身并不是无与伦比的，也没到惊为天人的地步；但她的谈吐有一种不可抗拒的魅力。"另一位罗马历史学家卡修斯·迪奥也说过："她是一个极其美丽的女人。"

具体来说，17 世纪法国哲学家、数学家布莱瑟·帕斯卡在他的《思想录》中写道："克娄巴特拉的鼻子如果再短一点，或许整个世界的面貌都会改变。"然而要知道，当时大鼻子被视为力量的象征。遗憾的是，我们无法验证这一点，因为大多数克娄巴特拉雕像的鼻子都被人敲掉了。不管怎么样，克娄巴特拉在雕像和硬币上的形象大相径庭。根据 2007 年英国诺丁汉大学的一项研究，基于硬币上克娄巴特拉的脸来判断，她应该是一个尖鼻子、薄嘴唇、下巴突出的女人。

## 3．克娄巴特拉是死于蛇咬还是中毒？

根据与克娄巴特拉同一时期的古罗马历史学家、地理学家斯特拉波称，克娄巴特拉自杀的方式有两种：一种是服用了一种有毒的药膏自杀，另一种是被一条北非的小毒蛇咬死。后来罗马作家选择了被毒蛇咬死的说法，有些人甚至把故事夸张到她被两条毒蛇咬死。他们都认为，毒蛇咬的是克娄巴特拉的手臂，但莎士比亚让她把蛇缠绕在胸前增添了一丝戏剧色彩。

然而，其他历史学家认为，这些说法看似浪漫，实则是无稽之谈，她应该是被罗马征服者屋大维（后来的奥古斯都大帝）所杀。2010年，德国历史学家克里斯托弗·舍费尔提供了最新的诊断证明，克娄巴特拉的死亡过程缓慢且毫无痛苦，这不可能是一条毒蛇造成的，而她服用的致命鸡尾酒中很有可能掺有毒芹、狼毒和鸦片的剧毒提取物。

## 4．克娄巴特拉和马克·安东尼葬于何处？

克娄巴特拉和她的情人马克·安东尼最终的葬身之所至今无人知晓。据普鲁塔克称，屋大维允许他们二人合葬，但葬于何处并无记载。亚历山大港周围的许多遗迹有望帮助考古学家找到墓穴所在，但目前为止考古发掘尚未揭开这一千古谜题。

## 爱因斯坦

## 5．爱因斯坦关于宇宙常数的说法正确吗？

爱因斯坦在1916年提出他的广义相对论时，他认为广义相对论背后的数学理论表明，引力会导致宇宙收缩并最终坍缩。当时，爱因斯坦和其他人一样认为宇宙的大小是恒定不变的，因此为了使他的理论符合这一观点，他引入了"宇宙常数"的概念。这就给真空空间分配了密度和压力，从而减少了重力的影响。

1929年，美国天文学家爱德文·哈勃对观测到的宇宙进行了仔细测量，结果显示，其他星系正在远离我们，宇宙的大小并不是恒定不变的，而是在不断膨胀。面对这一证据，爱因斯坦将宇宙常数视为他生命中"最大的错误"，然而最近宇宙学的发展表明他可能是对的——因为当考虑宇宙从何而来和它将去往何处时，现有的观点都碰壁了。我们现在可能会同意一切都始于一场大爆炸，但我们无法解释在大爆炸之后，是什么让宇宙在足够长的时间内维系在一起，让物质得以形成，最终合并成我们如今所知的恒星和星系。我们也可以根据大爆炸后光走过的距离来计算宇宙的年龄。但是我们无法解释为什么类似的计算得出的结果似乎表明一些恒星比宇宙本身更古老。爱因斯坦的宇宙学常数或许可以解释这两种反常现象，位于瑞士日内瓦的欧洲核子研究中心正在进行的大型强子对撞机实验或许可以证实爱因斯坦的理论其实是正确的。因此，爱因斯坦的"最大错误"可能会拯救宇宙学家。

## 6．如果时间和空间像爱因斯坦证明的那样紧密相连，为什么时间和其他维度相比如此不同？

爱因斯坦关于时空连续体的观点是有史以来最强大、最深刻的科学观点之一。在他关于"现在"概念的新物理学中，他提到了不可持续性，他说："因此，把物理现实看作是一个四维的存在，而不是，迄今为止，一个三维存在的进化，似乎更加自然合理。"爱因斯坦的相对论表明，对于不同的观察者来说，时间本身在以不同的速度运动，这就使得我们有必要把世界看成是嵌在一个四维时空连续体中，而不是三维空间中向前移动。

但如果时间在某种程度上与其他维度相同，为什么它又看起来如此不同，为什么我们不能回到过去？

爱因斯坦后来写道："过去、现在和未来的分离只是一种幻觉，尽管这种幻觉很逼真。"这就是我们这些生命受限的可怜生物很难接受这个概念的原因。

## 7．爱因斯坦对他的鹦鹉讲了什么笑话？

2004 年，人们在美国普林斯顿大学发现了一本 62 页的日记，时间跨度是从 1953 年 10 月到 1955 年 4 月爱因斯坦去世。日记的主人是约翰娜·凡托瓦，她是爱因斯坦临终前的挚友。除了记录爱因斯坦对物理学和当时政治的想法，凡托瓦还讲述了爱因斯坦 75 岁生日那天是怎样收到一只鹦鹉的。这位伟人认为这只鹦鹉很沮丧，就给它讲了一些冷笑话，试图让它高兴起来，但这只鹦鹉从来没有说过那些笑话是什么。

## 8．爱因斯坦的临终遗言是什么？

1955 年 4 月 18 日，爱因斯坦在美国新泽西州普林斯顿的医院逝世。在他去世之前，他用德语说了几句话。不幸的是，当时护理他的护士并不懂德语，因此他的遗言也就无从得知了。不过，他确实写下了几个字："政治激情，一旦被煽动成火焰，就会迫害受害者……"字迹渐渐模糊并消失了。

# 莫扎特

## 9．莫扎特的死因是什么？

沃尔夫冈·阿马德乌斯·莫扎特在他短暂的一生中饱受疾病的折磨，很难说清到底是什么原因让他在 35 岁就去世了。根据他的死亡证明，他死于"重症粟粒热"，"粟粒"只是指皮肤上的小肿块，这个名称更多的是对症状的描述，而不是对疾病的诊断。

据说，莫扎特的妻子康斯坦萨曾证明莫扎特怀疑自己中毒了，这也导致了人们一直认为意大利作曲家安东尼奥·萨列里应该为莫扎特的死负责（这个谣言启发了亚历山大·普希金的诗歌剧、尼古拉·里姆斯基 - 科萨科夫的歌剧以及彼得·夏弗尔的戏剧和电影《莫扎特传》）。但是根据医学证据，莫扎特不可能是中毒而亡。如果他是被毒死的，最有可能的嫌疑人不是萨列里，而是莫扎特服用的含有锑的药物，这些药物用来治疗其他真实的和幻想出的疾病。因为莫扎特是一名抑郁症患者。

最近的一项研究得出结论，莫扎特最可能的死因是风湿热。另一种说法认为，还可能是急性肾病综合征。或者就是我们所说的肾衰竭。

## 10．莫扎特的《安魂曲》中有多少是他本人写的？

莫扎特晚年时期，受到匿名陌生人委托创作《安魂曲》，这个人后来被证实是弗朗茨·冯·瓦勒塞格伯爵，人们认为他用这种托词是为了把莫扎特的作品冒充为自己的。莫扎特去世时，《安魂曲》还未完成，后来由他的朋友兼同事弗朗兹·克萨韦尔·苏斯迈尔完成，并交给了瓦勒塞格伯爵，但最终的乐曲中有多少是出自莫扎特之手，又有多少是苏斯迈尔的功劳，一直没有令人满意的答案。

最初的亲笔手稿清晰地展示了出自莫扎特之手的《进堂咏》，以及《垂怜经》和《震怒之日》的大部分内容，还有《奉献经》的声乐部分。苏斯迈尔在作品的大部分剩余部分都提到了现已丢失的"碎纸片"，不过，他后来声称《圣哉经》和《羔羊经》都是他自己的作品。

苏斯迈尔比莫扎特小 10 岁，他可能是莫扎特的学生，也曾是莫扎特的抄写员。作为一名作曲家，他的事业相当成功，尤其是在教堂音乐和歌剧方面。但从未创作出像莫扎特的《安魂曲》那样令人印象深刻的作品。

## 11. 萨尔茨堡国际莫扎特基金会展出的头骨真的是莫扎特的吗？

1902 年，位于奥地利萨尔茨堡的国际莫扎特基金会收到了一份有趣但有点恐怖的礼物：莫扎特的头骨。至少这是它自己声称的，其背后的故事也提供了一些佐证。

以浪漫著称的莫扎特，他的尸体却在一个暴风雨的夜晚被扔进了贫民窟的乱葬岗，这种说法实在经不起推敲。大众普遍接受的说法是，他和其他四五个人被放进木棺里葬在一起，这是当时维也纳中产阶级的普遍习俗。几年后，这块地皮因另有他用，就又挖出了尸骨，这也很正常。莫扎特头骨背后的故事是基于约瑟夫·罗特迈尔的一份报告得出的。约瑟夫·罗特迈尔是最早的掘墓者，他说他在莫扎特的脖子上绑了一根铁丝，以方便辨认。尸骨在 1801 年被挖出时，罗特迈尔说他带走了头骨，这就是一个世纪后送到莫扎特基金会的头骨。

2006 年，为了纪念莫扎特 250 周年诞辰，研究人员奉命进行 DNA 研究，将头骨中的骨头与莫扎特家族墓穴中两具骨骼的大腿骨样本进行比较。这些分析不仅没有解决问题，还引出了另一个问题。因为莫扎特的头骨与其他两个人没有任何关系，而且这两个人也没有任何关系。他们中至少有一个不是莫扎特家族的，那么家族墓穴中那位不速之客是谁呢？事实上，这个头骨可能是三人中唯一一个真正的莫扎特家族成员。DNA 测试因此被判定不够准确。

# 莎士比亚

## 12．从威廉·莎士比亚 14 岁离开学校到 18 岁与安妮·海瑟薇结婚，这期间发生了什么？

关于莎士比亚的早年生活，我们几乎一无所知，但人们普遍认为，他 7 岁至 14 岁时曾就读于英国埃文河畔斯特拉福的新国王学校（现为莎士比亚学校）。他在 18 岁那年娶了 26 岁的安妮·海瑟薇（有人说他们结婚很匆忙，因为结婚公告只宣读了一次，而不是通常的三次）。但没有一丝证据可以证明他在 14 岁到 18 岁这段成长期做过什么。莎士比亚的戏剧和诗歌不仅展示了让人叹为观止的丰富词汇和无与伦比的英文表达能力，而且在诸多领域里积累了大量的智慧和知识，这与他 14 岁就停止了正规教育的说法相悖。然而，没有现存的记录可以讲述出莎士比亚少年时代的经历。

## 13．1585 年至 1592 年间莎士比亚做了什么？

结婚 6 个月后，安妮生下了一个女儿，起名为苏珊娜。两年后，她又生了一对龙凤胎：儿子哈姆内特和女儿朱迪思。他们在 1585 年 2 月 2 日接受了洗礼。此后，莎士比亚的生活轨迹再次消失，直到 1592 年他出现在伦敦的戏剧界。

莎士比亚"消失的岁月"（从 1585 年至 1592 年）一直是人们热议的话题，有人猜测他曾当过校长、剧院经理，也可能是为了逃避偷猎鹿的起诉而逃离了斯特拉福。这些猜测都是基于和莎士比亚名字相似的其他人的故事。

1596 年，莎士比亚 11 岁的儿子哈姆内特去世，死因不明。我们不知道他短暂的一生是否一直饱受疾病的折磨。如果真是这样的话，莎士比亚也许在这段时间里花了很多时间来照顾他生病的孩子。

## 14．莎士比亚把他的《十四行诗》献给了"W.H. 先生"，他是谁？

"献给下面刊行的十四行诗的

唯一的促成者

W.H. 先生，

祝他享有幸福，

和我们永远的诗人

所许诺的

千古芳名。"

1609 年出版的第一版莎士比亚《十四行诗》的开篇献词如是写道。后面还有几个单词，以首字母"T．T．"结尾。

这些首字母被认为是该书出版商托马斯·索普的缩写。尽管有许多猜测，但"W.H. 先生"的身份却一直是个谜。其中一位候选人是彭布罗克伯爵威廉·赫伯特，因为他也是莎士比亚戏剧《第一对开本》的受赠人——但威廉·赫伯特身为一名伯爵，仅称其为"先生"似乎有些勉强。其他的候选人分别是威廉·哈特（莎士比亚的侄子，当时只有 9 岁），剧作家威廉·豪顿，一个名叫威利·休斯的演员（没有证据表明是否确有其人），南安普敦伯爵亨利·沃利塞斯利，他不仅不是"先生"，而且名字的首字母也颠倒过来了。伯特兰·罗素认为可能是出版商将"W.S."错印成"W.H."，"W.H."就是指莎士比亚本人。

坦率地说，我们所知道的是，受赠人的首字母可能是"W.H."，而且这个人可能只是个没有头衔的普通人。更糟糕的是，我们甚至不知道"begetter"这个词在上下文中是什么意思。它可能指的是莎士比亚自己，也可能是指启发了他写下《十四行诗》的人，或者是指鼓励莎士比亚创作《十四行诗》的人。

## 15. 莎士比亚笔下的黑夫人是谁？

莎士比亚的《十四行诗》第127—152页提及了一位神秘的"黑夫人"，我们只知道她有黑头发和黑皮肤。但她是谁，是一位真实存在的人物，还是他脑海中理想化的虚构人物，我们都不知道。很多人猜测这位"黑夫人"可能是玛丽·菲顿，她是女王伊丽莎白一世的伴娘，也是彭布罗克伯爵威廉·赫伯特的情妇（你们还记得吧，威廉·赫伯特可能是W.H.先生）。另一位可能的人选是埃米莉亚·拉尼尔，她是一位与莎士比亚有些交集的贵族的情妇。她的黑头发和暗棕色的肤色非常符合莎士比亚的描述。

然而，不管这位"黑夫人"是谁，她肯定不会喜欢威廉·华兹华斯对这篇《十四行诗》的评价，威廉·华兹华斯评价这几首关于黑夫人的诗歌为"粗制滥造、晦涩难懂且毫无价值"。

## 16. 莎士比亚真的死在生日这一天吗？

后世将莎士比亚的生日定为1564年4月23日，死亡时间定为1616年4月23日，这已经成为一种惯例。这两个日子刚好对应，而且4月23日也是圣乔治日。我们知道那是他去世的日子，但是，和这一时期的大多数人一样，莎士比亚的出生日期并没有被记录下来，只记载了他受洗的日子，也就是4月26日。出生后3天受洗在当时并不罕见，所以他很可能是在4月23日出生的，但并没有确凿的证据能证明这一点。

# 学科篇

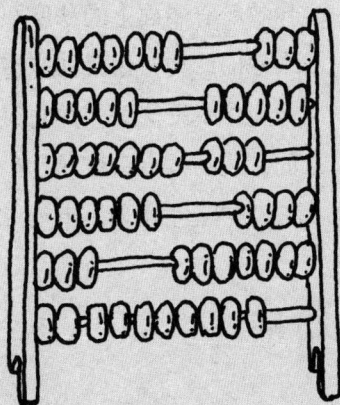

## 生物学

### 1. 生命是什么？

诗人、神学家和科学家都曾认真思考过这个问题，但没有人给出过完美的答案。从科学的角度来看，这个问题就是氢、碳、氧等元素的原子和分子如何结合在一起，形成活生生的植物、微生物、动物和世界上的一切，它们利用环境中的能量或者能提供能量的食物来生长和繁衍，并在死后转化为有机物与无机物，从中再诞生新一代的生命。赋予某种东西的生命至关重要（在拉丁语中，"至关重要"是"vita"，即"生命"）的因素是什么？或者，正如伟大的奥地利物理学家埃尔温·薛定谔在他1944 出版的著作《生命是什么》中所提问的："发生在生物空间边界内的时空事件，如何用物理学和化学解释？"

另一个的问题是，生命是否违反了热力学第二定律？根据热力学第二定律，所有封闭系统，无论是试管中气体分子的运动，还是斯诺克台球桌上台球的碰撞，抑或整个太阳系的运行，最终都会趋于最高熵值状态（在热力学中，熵表示体系的混乱程度，最高熵代表了极度混乱）。如果没有任何外部输入，系统内部的能量就会逐渐扩散，并分散开来，导致所有表面上的秩序和组织消减。相反，只有在化学元素能自发形成有序的结构并保持其完整性的条件下，生命才能存活。生物体能从食物或光中获得能量，并利用这些能量维持高度有序的状态。生物体是有序的，生物体会腐烂并死亡，但不同的是，生物体死后可能会留下种子，并从中诞生出新一代生命。一旦生命出现，它就会四处传播，带来秩序，而不是热力学第二定律所预测的变得越来越混乱无序。因此，唯一的答案必然是生命不是一个封闭系统。生物体内部秩序的增加一定比整个宇宙中无序的增加更加平衡。

## 2．导致衰老的原因是什么？

哲学家、炼金术士和万金油推销员耗费了几个世纪之久去寻找一种能停止或逆转衰老过程的长生不老药，但只有等我们知道了生物体为什么会衰老和死亡后，才有希望找到这种药。自20世纪80年代以来，人们在生物衰老研究领域取得重大突破，研究了线状DNA分子末端（称作端粒）的功能和运作机理。细胞每复制一次，端粒就会相应缩短，因而它也可以作为细胞繁殖次数的计数器。当端粒不能再缩短时，细胞就会停止复制并最终死亡。

乐观主义者可能会说，永葆青春的秘诀在于能找到一种重置端粒"计数器"的方法，或者找到一种方法来中止端粒的缩短，从而改造DNA。已知一种叫作"端粒酶"的酶具有这种功能，而且研究人员正在进行大量研究，试图找出方法发挥其功能，让人青春永驻。但首要问题是搞清楚端粒是如何进化出来的。在端粒出现前，人们只能猜想，除某种外部事件导致生物体死亡之外，是否所有的生物都能长生不老呢？

## 3．活细胞为何会死亡？

除了与端粒相关的衰老过程外，细胞死亡有两个主要原因：坏死（由疾病或损伤所致）或凋亡（一种不可避免的、生物学上预先设定好的细胞程序性死亡）。凋亡，被称为细胞的一种"自杀机制"，对来自外部（细胞外）或细胞本身（细胞内）的信号做出反应时出现，并且每一种信号可能会具有多种表现形式。

究竟是什么原因导致了细胞的死亡，以及为什么细胞要经历一个持续的繁殖和死亡过程，这些还是未知。

## 4．在胚胎发育的过程中，不同的细胞如何知道该去往身体的哪个部位？

人体由 200 多种、约 100 万亿个细胞组成。这些细胞都始于一个受精的卵细胞，然后不断分裂，最终形成无数个细胞。我们的 DNA 可能会指导未分化的细胞以正确的比例转化为正确的细胞类型来构建人体，但这些细胞一旦形成，它们是如何知道该去往身体哪个部位的呢？是什么指引那些被设定为长成双脚的细胞向"人体建筑"的一端进发，而脑细胞则向另一端进发？

目前对这一问题的研究主要集中在被称为"成形基因"的物质上，这些物质会影响胚胎中的细胞分化和细胞位置。目前已经发现了一些成形基因，但是知道了是什么给予了细胞方向感，并不等于知道这些信息是如何运作的。

## 5．身体如何调节细胞的营养供应？

细胞需要血液中供应的营养物质才能生存。血液为细胞运送营养物质，并带走废物，但这一过程并不是直接操作的，而是通过营养物质透过毛细血管壁进入细胞之间的组织液来执行的。血管的调节受到一种叫作"血管内皮生长因子"的蛋白质的影响，这种蛋白质有许多种不同的功能，一些促进血管生成（促进血细胞生长），一些抗血管生成（抑制血细胞生长）。如果我们能完全了解血管内皮生长因子是如何起作用的，这可能会为我们提供一种方法来阻断肿瘤的血液供应，让它们无法获得生存所需的营养。

## 6．为什么恶性肿瘤细胞会转移到身体的各个部位？

单个细胞的基因受损，并开始不受控制地分裂和生长，这一过程导致了癌症的发生。这种细胞不仅不知道何时停止生长，而且部分的原始癌症细胞或原发性肿瘤还有可能破裂，通过各种途径转移到身体的各个部位，并将自己转化为可以在新环境中生长的继发性肿瘤。如果我们知道这种基因转化的原理和机制，我们也许就能防止继发性肿瘤的形成。

## 7．为什么一些生物（如蝾螈），失去的四肢可以再生；而其他生物（如人类），却没有这种能力？

蝾螈、扁形虫以及一些其他的生物可以重新生长出缺失的身体组织，包括器官、肌肉和神经。而人类的再生能力却极为有限：我们可以长出新的皮肤和神经，但无法再生整条手臂或一整条腿。然而，我们知道身体一定拥有生长四肢所需的信息，否则不可能在胚胎期间发育成形。

对于能再生四肢的生物以及对胚胎发育的研究，已经识别出负责再生的蛋白质，以及一些控制该蛋白质合成的基因。一种理论认为，再生的关键在于再现胚胎发育时羊水中的条件。事实上，已经有报道称，在缺肢的老鼠身上植入了某些成分，使其实现了再生。另一种理论认为，在进化的早期阶段，我们也有再生四肢的能力，而如今人类和其他哺乳动物失去了这种能力，蝾螈和蠕虫却还保留着，这可能是因为人类进化出了一种复杂的免疫系统，它抑制了这种再生机制。如果确实如此，实现再生的关键就在于解除这个机制，因为它在身体刚形成时就在阻止再生能力发挥作用。

## 8．有朝一日，那些将自己的身体（或者头部）低温冷冻起来的人，是否有希望再次复活？

人体冷冻术是指将一个人的身体（或者只将他们的头或大脑）在死后冷冻起来的技术，这些人希望在未来，他们能被复活和治愈。接受这种手术的大多是美国人，总数在 75 人到 200 人之间。其中也包括冷冻他们的公司破产后，已经被解冻埋葬的人。

但是，这种冷冻技术是否真的有效呢？当 20 世纪 60 年代初首次引入冷冻身体技术时，冷冻技术的批评者极力反对，认为冷冻过程会形成冰晶，对人体组织——特别是大脑造成不可挽回的损伤。后来冷冻技术进行了改进，通过往体内注满冷冻保护剂来防止此类损伤。这种化学物质类似于在南北极的昆虫、鱼类、两栖动物和爬行动物体内发现的天然防冻剂。

一般关于复活的话题，主要有两个学派：

一种观点认为，人死了就是死了，是无法改变的事实。由于美国法律只允许在人死后冷冻尸体，这其实已经没有了任何复活的可能性。

另一种观点认为，61 位科学家在 2010 年签署了一封公开信，公开信中表示，在他们看来，"人体冷冻是一项基于科学的合法尝试"，并且"他们相信在如今可实现的最佳条件下，冷冻技术可以保存足够多的神经信息，并最终恢复一个人的全面健康"。

当然，这种可能性意味着我们现在对大脑如何储存信息和记忆知之甚少，以至于我们不知道有多少信息和记忆在死亡和冷冻过程中被彻底毁掉。如果我们不知道某样东西是如何运作的，或者是什么东西阻止了它的运作，那么有朝一日我们就很可能会发现其中原因，并将其修复。

# 人类学

## 9. 不同人种的观念在生物学上有现实性吗？

我们的遗传学知识日渐丰富，但人类的"种族"概念却变得越来越难定义。在我们了解进化和基因是怎么一回事之前，很明显人类属于很多个不同的人种，这是一目了然的。然而，当我们了解到基因能够控制一个人样貌的各个方面时，再把"种族"的观念作为一种生物现实而不是一种社会结构，或企图为排外偏见正名的伪科学，就变得更加站不住脚。从遗传学的角度来看，肤色或发质等生理差异是非常表面化的。

最近，一直有人企图用纯种社区的理念证明种族这一概念的科学性。这些社区与其他同类的群体隔绝，并因此可能在很多代以后产生他们自己独有的遗传特性。然而，反对这一观点的人认为，不同种族之间的混种繁殖一直在发生，任何"纯种"种族进化的想法都会因人口的历史流动而化为泡影。

## 10．为什么美洲土著的牙齿背面有凹槽？

一个多世纪以来，美国牙医一直在讨论在印第安人的后裔中发现的奇怪特征：他们的门牙背面有凹槽。西伯利亚人的门牙上也有这一特征，这种特征被用来证明北美早期居民在末次冰期通过陆桥从亚洲到达阿拉斯加的理论。这种牙齿的脊状如何以及何时进化的，以及它可能拥有怎样的进化优势，仍有待商榷。

## 11．为什么西印度群岛的男性患前列腺癌的概率是英国白人的三倍？

许多研究证实，非裔加勒比人的前列腺癌发病率和死亡率明显高于其他群体。最近的一些研究将范围扩大，发现非裔美国人和历史上与跨大西洋奴隶贸易有关的西非国家的男性也有很高的前列腺癌发病率，这表明这些群体对前列腺癌有遗传易感性。其他在瓜德罗普（法）、马提尼克岛、牙买加等地的研究则将原因归咎于饮食习惯或杀虫剂的不当使用。

## 12．马里多贡人是否拥有令人费解的天文知识？

20 世纪 30 年代至 50 年代，法国人类学家马塞尔·格里奥列对马里多贡人进行了深入研究，并在 1946 年的报告中表示：马里多贡人拥有超凡的天文学知识，这些知识大多与天狼星有关。格里奥列称，马里多贡人知道天狼星是个双星系统，其伴星要花 50 年才能完成一次轨道运行。然而，天狼星的亮度十分微弱，它的伴星是一颗白矮星，仅凭肉眼是完全看不见的，人们只是通过对天狼星运行轨道的数学计算才证实了这颗伴星的存在。此外，马里多贡人显然也知道土星环和木星的卫星的存在。

最近，人们对马里多贡人的天文学知识产生了质疑，有研究人员认为，马里多贡人对自己所提及的星星是哪一颗都含糊不清，而且格里奥列的说法也同样令人疑惑。

关于马里多贡人是否真的知道天狼星，现在有两种说法。第一种说法认为，马里多贡人是从外星人那里知道了天狼星，而造访地球的外星人可能刚好来自天狼星。第二种说法认为，1893 年有一队天文学家到马里观看日食，而马里多贡人就是从他们那里获得了关于天狼星的信息。在讨论中，人们认为第二种说法比第一种更具可信性。

## 13．可萨人发生了什么？

青铜时代结束时，许多文明都因不明的原因消失了。最近的一个谜团与可萨人的命运有关。可萨汗国聚集了各个游牧民族，在 6 世纪至 11 世纪期间，他们联合起来创造了欧亚大陆上最大的国家之一。可萨汗国的疆土东起咸海，横跨俄罗斯南部大草原，西至黑海，南穿高加索到如今的土耳其和伊朗的边界。11 世纪末，在与基辅罗斯的斯维亚托斯拉夫大战后，可萨汗国元气大伤，后又与蒙古族部落战斗，其势力逐渐衰弱。但在接下来的两个世纪里，有关可萨群体和个人的报告表明，即使可萨汗国不复存在，可萨人还是幸存了下来。

这些报告大多来自犹太人，这并不奇怪，因为可萨汗国皇室及其大部分贵族在8世纪时就已经皈依犹太教。因此，不少作家（尤其是阿瑟·凯斯特勒在1976年的《第十三部落》中）推测，俄罗斯和波兰的犹太人群体可能是可萨人的后裔，不过这一理论尚未得到遗传证据的支持。

# 制图学

## 14．马丁·瓦尔德泽米勒在1507年绘制的世界地图中是如何知道太平洋的？

1507年，德国制图师马丁·瓦尔德泽米勒根据托勒密的地理知识、航海家阿梅里戈·韦斯普奇和其他人的航行记录，出版了地图《宇宙学入门》，上面绘制了克里斯托弗·哥伦布发现的新大陆。他的地图上不仅绘有早期航海家探索过的美洲东海岸，而且第一次展示了当时尚未在地图上出现过的海洋，也就是后来人们所说的太平洋。然而，直到1512年或1513年，也就是至少在瓦尔德泽米勒地图出版5年之后，西班牙探险家庞塞·德莱昂和瓦斯科·努涅斯·德巴尔博亚才发现了太平洋。当然，当时人们一直在猜测，美洲其实是一块新的大陆，而不是像哥伦布所想的那样，是亚洲大陆的另一边，但地图上标注的一些距离惊人地精确。这要么是因为瓦尔德泽米勒比我们知道得更多，要么就是他运气好，猜对了距离。

## 15．1513年的皮里·雷斯地图是如何精准地绘制出南极洲的？

1929年，人们在土耳其的一个老图书馆里发现了皮里·雷斯地图，该地图绘制在一张瞪羚皮上，由16世纪著名的奥斯曼上将、地理学家和制图师皮里·雷斯绘制。他承认得益于君士坦丁堡帝国图书馆收藏的各种地图，有些地图甚至已经有 1000 多年的历史，因为他的身份，他可以使用这些地图。值得注意的是，皮里·雷斯地图上不仅标有非洲西海岸和南美洲东海岸，还详细绘制了南极洲的北部海岸。更不可思议的是，地图还标出了冰层之下的陆地海岸线，尽管地质证据表明，最近一次绘制无冰状态的地图至少在公元前 4000 年。那么让皮里·雷斯获取地理信息的地图又是由谁绘制的，此人是在何时何处绘制了这张地图呢？

# 宇宙学

人类最伟大的智力成就也许是对宇宙运行方式的理解的发展。由于我们掌握了物理学定律，我们可以获得遥远的恒星和星系的精确信息，哪怕它们发出的光要花数十亿年才能抵达地球。由爱因斯坦的相对论修正后的牛顿运动定律，使我们能够计算出它们的质量，并对它们的光谱进行分析，进而了解它们的组成成分。

人类大脑进化的主要目的必然是提高我们在非洲平原上与其他生物竞争时的生存概率，不过大脑的思维能力竟变得如此灵活，这确实非同凡响。尽管我们可能已经发现了距离我们有 132 亿光年远的阿贝尔 1835IR 1916 星系，但在地球和宇宙最远端之间仍有许多未解之谜。

## 16. 中微子都去哪里了？

自从 1897 年英国物理学家 J.J. 汤姆孙发现电子以来，跟上发现新的基本粒子的速度变得越来越困难。在过去懵懂无知的美好时代里，科学家认为原子是"不可分割"的。事实上，这个词本身来自古希腊语中的一个词，意思是"不能分割的东西"。在发现电子之后，人们意识到原子的大部分质量都在中心的一个很小的原子核里，电子绕着原子核运动。事实证明，原子核由质子（于1919年发现）和中子（于1932年发现）构成。然而，仅把原子分成质子、中子和电子似乎还是不够，电子被证明只是被称为轻子的几种不同粒子中的一种，而我们现在知道质子和中子由被称为夸克的更小的粒子组成。另一类被称为规范玻色子①的粒子同样也是原子的组成部分。但之后又发现了更多的粒子，而目前困扰着我们的就是中微子的问题。

中微子与电子十分相似，但不带任何电荷。它们以接近光的速度运行，几乎不与任何东西发生相互作用。每秒钟就有数万亿个中微子穿过我们的身体，而我们却不会有任何感觉。1930年，科学家首次假定了中微子的存在，来解释原子核衰变时的能量和动量的损失原因。但直到1956年，才真正在实验中探测到了中微子。

然而，事实证明，要在理论和实验间找到一个平衡点实在是难上加难。通过计算地球从太阳那里接收的能量，理论上是可以预测出太阳中原子反应产生的中微子的数量，但实际检测到的中微子数量远低于预测。如果存在不同类型的中微子，有些有质量，有些没有质量，那么就可以解释这种差异。但究竟有多少种类型的中微子呢？一种方法是对来自太阳和其他宇宙能量进行测量，另一种方法是直接监测中微子，而所谓的粒子物理学"标准模型"则是第三种方法。有人认为，似乎是令人难以捉摸的"暗物质"将宇宙维系在一起，它可能由中微子组成，但在

---

① 规范玻色子是传递基本相互作用的媒介粒子，它们的自旋都为整数，属于玻色子，它们在粒子物理学的标准模型内都是基本粒子。

物理学家搞清楚中微子到底有多少种类型前，中微子在暗物质中所起的作用我们仍无从得知，这就引出下一个问题……

## 17．暗物质是什么？它来自哪里？

美国物理学家、哲学家托马斯·库恩在他极具影响力的著作《科学革命的结构》中区分了发展速度缓慢的"常态科学"历程和革命性的"典范转移"。"常态科学"历程是指知识的累积和发展，而"典范转移"需要用迥然不同的东西来摧毁并取代既定的理论。哥白尼关于太阳系的观点、牛顿的万有引力和运动定律、爱因斯坦的相对论以及整个量子力学领域都是典范转移的例子。库恩认为，这些巨变是社会、文化和历史因素以及纯粹的科学因素共同造就的结果。

然而，在科学史上的某些时刻，当旧理论越发难以解释新的观察结果，当前假设的整个结构开始在关键节点处吱呀作响时，典范转移便应运而生了。目前，天文学和宇宙学正在经历这样的一个阶段，尽管这场革命的根源可以追溯到 80 年前。

1934 年，瑞士天文学家弗里茨·兹威基在星系团的轨道速度方面发现了一些令人费解的现象。这种星团的运动必然由引力决定，但在这些星团中，没有足够的已知质量来解释明显存在的万有引力。事实上，在其中一个星团中可观测的物质的数量超过了原来的 100 倍。为了避开这种异常现象，兹威基提出了"暗物质"这种激进的概念。暗物质既看不到，也不会与电磁辐射相互作用，但它有质量，因此会产生引力。之前人们认为宇宙空空如也，但其实宇宙里充满了暗物质——因此宇宙并非空空如也。

兹威基的这个观点很难验证，因为根据他对暗物质的定义，暗物质几乎是探测不到的。因此这个理论一直被人们搁置着，直到 20 世纪 90 年代，越来越多的观测结果开始挑战现有的理论，并确定了暗物质的存在。暗物质不仅可以解释我们目前所看到的星系旋转，还可以解释星系是如何形成的。随着我们对宇宙大爆炸后物质开始形成的第一个瞬间所发生的事情的认识逐渐加深，我们越来越清楚地认识到，如果没有暗物质的存在，整个宇宙就不会维系在一起。事实上，暗物质似乎至少占宇宙物质总量的 80% 左右。

2009 年 12 月，美国斯坦福大学参与"低温暗物质研究"的研究人员宣布，他们可能已经发现了暗物质存在的直接证据（尽管他们承认有 23% 的可能是其他物质）。但暗物质是什么，以及它来自哪里仍然是一个谜，尽管这可能不像下一个问题那么神秘……

## 18．暗能量是什么？它来自哪里？

1998 年，我们对宇宙的看法开始变得非常奇怪，因为来自遥远星系的测量结果得出了这样的结论：星系离我们远去的速度比之前猜测的要快。得出这样的结论是不可避免的：不仅宇宙在膨胀，而且它的膨胀的速度也在增加。这与爱因斯坦在近一个世纪以前引入的"宇宙常数"的问题相似——尽管他这样做的目的是为了使宇宙保持一个稳定的状态。当后来人们认识到宇宙并非处于一个恒稳态[①]，而是在不断膨胀，引入宇宙常数完全没有必要时，爱因斯坦的引力理论反而变得更可信。但目前还没有预测出宇宙膨胀的加速度。

然而，爱因斯坦的理论再次拯救了我们。就像他著名的质能方程证明了物质和能量之间的等价性一样，人们推断在暗物质和暗能量之间也一定有一个类似的等价性。然后，宇宙的膨胀速度可以解释为暗能量的引力。所有这些暗能量的来源和暗物质一样，都是一个谜，但最新的估计是，在整个宇宙的质能中，有 72.8% 是暗能量，22.7% 是暗物质，只

---

[①] 宇宙恒稳态理论认为：宇宙的过去、现在和未来基本上处于同一种状态，从结构上说是恒定的，从时间上说是无始无终的。

有 4.5% 是我们认知中的普通物质。因此，普通物质其实根本不普通，而是十分罕见，毕竟它们还不到整个宇宙物质的 1/20。

## 19. 哈勃常数的真实值是多少？

20 世纪 20 年代，美国天文学家埃德温·哈勃提出了一个简单的定律，给出了遥远星系远离我们的速度 $V$ 与其距离地球 $D$ 之间的关系：

$$V = H_0 D$$

$H_0$ 被称为哈勃常数，宇宙膨胀的速度取决于它的值。宇宙的年龄也取决于哈勃常数，因为哈勃的方程式还允许我们将宇宙的膨胀往前推，以确定宇宙中的所有东西何时处在同一位置，以及何时发生了大爆炸（这也是哈勃的想法）。

星系膨胀的速度可能是由我们从它们那里接收到的光的红移所决定的，但在测量它们的距离时我们就不那么确定，这就说明 $H_0$ 有不同的值。最近宇宙加速膨胀的发现也表明哈勃常数可能不是恒定不变的，天文学已经把它改称为"哈勃参数"。

目前对 $H_0$ 的测量表明，宇宙的年龄在 13.64 亿年到 138.6 亿年之间，但随着我们不断修正 $H_0$ 变量的理论，这一数据可能会有所改变。

## 20. 是否有星系离我们非常远，远离我们的速度也非常快，以至于我们永远无法知道它们的存在？

把哈勃定律和爱因斯坦的狭义相对论结合起来就会发现，不仅有些星系正以接近光的速度远离我们，而且空间本身也在膨胀，这使它们后退的速度明显大于光速。按照这一理念，我们得到了一个直径约 460 亿光年的"可观测宇宙"的概念。这也提出了一个问题：是否有离我们更遥远的星系，远离我们的速度比光速还要快，以至于自大爆炸以来，星系的光还没有时间到达地球——并且永远也没有足够的时间到达？

## 21．光速总是恒定的吗？

爱因斯坦的广义相对论很大程度上依赖于真空中的光速是一个基本常数，不因地点或时间而改变。这一理论与长期以来的许多测量和观察结果相一致，但有人认为，上述的一些异常现象可能是宇宙生命周期中光速的变化引起的。目前还没有实验证据支持这一观点，但一些科学家正在考虑这种可能性……

## 22．现在的光速在任何地方都是一样的吗？

即便光速在宇宙各处一直都是一样的，遥远的星系中光速值的变化也能够解释理论和测量结果之间的差异。

## 23．1977 年 8 月 15 日，科学家在搜寻地外智慧生物时发现的"WOW！"信号是什么？

1977 年 8 月 15 日，美国俄亥俄州立大学从事地外搜寻智慧生物项目的杰瑞·R. 恩曼博士从外太空接收到了一个完全出乎意料的无线电信号。这个信号比正常宇宙背景音大 30 倍，并持续了 72 秒。看到计算机打印出的信号细节时，恩曼只是把异常的信号圈了出来——这些信号具有人工产生的信号的所有特征——并依此写下了"WOW！"。此后这个信号再也没有重复出现过，杰瑞·R. 恩曼博士也没有收到任何类似的信号。

有些人把这个信号视为宇宙其他地方存在智慧生命的证据。另一些人则认为，这仅仅是一个来自地球的信号，刚好被一块太空碎片反射了回来。但是从未有人对"WOW！"信号做出过详细的解释。

### 24. 产生伽马射线暴的原因是什么？它会毁灭我们的地球吗？

数十亿光年外的伽马射线暴可能与遥远星系的大规模爆炸有关，到达地球后可能会持续几毫秒到几分钟。星系爆炸后会留下余晖，据估计释放出的能量相当于太阳在其整个生命周期内所释放出的总能量。因其巨大的能量，伽马射线暴被认为与超新星等灾难性的星系事件有关，在恒星坍缩形成中子星或黑洞时会产生。

迄今为止，所有探测到的伽马射线暴都来自我们的银河系之外——这也许是幸运的，因为有人认为，银河系中任何朝向地球的伽马射线暴释放出的电磁能量都足以消灭地球上所有的生命。至今还没有人将伽马射线暴与可能导致此事件的特定超新星事件联系起来，也没有人对伽马射线暴产生的机制予以解释。

# 经济学

经济学家因为什么都不懂，或者至少不能得出确切的结论而臭名昭著。例如，美国大萧条已经过去了 80 多年，以此为主题出版的书籍和论文成千上万，但经济学家仍然在争论导致大萧条的主要原因是什么。因此，为了对经济学家表示友好，我决定在这里只列举两个经济学上不确定的例子。

### 25. 货币供应与通货膨胀间有什么关系？

关于这个问题有大量的书籍和论文做出了解释，但基本上都可以归纳为美国经济学家欧文·费雪在 1911 年提出的"费雪方程式"：

$$MV=PT$$

其中 $M$ 是货币量，$V$ 是货币流通速度，$P$ 是价格水平，$T$ 是交易量。

为了理解这个方程式表达的是什么，以及为什么它可能是正确的，我们需要更详细地了解费雪方程式中各个部分的含义。如果我们用 $P$ 作为衡量标准（比如零售价格指数）来衡量商品的价格，$T$ 作为人们一年内购买的商品数量，那么 $PT$ 将反映出他们一年的总花费。在费雪方程式的左边，$M$ 是经济中流通的货币总量，$V$ 是每单位货币在金融交易中被使用的次数。因此 $MV$ 还是等于花费的总金额。

现在，有些人说，所有流通中的货币一直都在被利用，即使它只是被用来积攒利息，并且消费者对商品的需求没有太大的改变，因此 $V$ 和 $T$ 大致上是恒定不变的，这意味着 $P$（平均价格的衡量标准）必须与 $M$（流通中的货币）成正比。货币供应量增加时价格上涨，货币供应量减少时价格下跌。

当然，这个方程式远不止这么简单，因为货币供应量有不同的定义，这需要根据它们是否包括信贷、其他名义借贷和融资，以及政府是否加印钞票来决定。关于 $P$ 的计算是否包括投资价值和股票价格也存在争议，而对 $V$ 的精确定义更是一个长久以来就存在的问题。

尽管如此，在 20 世纪的欧洲和日本经济中，货币供应和利率之间似乎确实存在相关性，并且利率与通胀密切相关。然而，自 1995 年以来，这种相关性的说服力日渐式微。

## 26. 为什么猴子在经济行为上和人类一样不理性？

自 2005 年以来，哈佛大学和耶鲁大学的研究表明，猴子和人在经济决策上惊人地相似。这项研究以绢毛猴和卷尾猴为实验对象，研究人员给它们一些代币，它们可以用这些代币交换食物。很快，实验结果就表明，猴子们可以毫不费力地接受"钱"这个概念，一旦这个概念确立，研究人员就可以测试它们对经济变化的反应。

在一个早期的实验中，研究人员以不同的价格向猴子"出售"了不同种类的蔬菜和水果，当它们的购物行为稳定下来后，研究人员就会大调价格，即用一个代币就能买到双倍大小的苹果。在这种情况下，经济理论预测卖出的苹果会更多，这将导致猴子花在葡萄和甜瓜上的钱会减少。研究发现，猴子不仅遵循了这种普遍行为，而且它们在购物模式上的变化与经济理论预测的变化相差不到 1%。该实验为之后更加有趣的实验奠定了基础，这些实验将观察猴子在人类出现不合理行为时会如何表现。人类测试版本基于如下两个游戏。

游戏一，给你 100 元，而你必须做出选择：抛硬币，如果正面朝上，你会多得到 100 元，反之什么也得不到；你也可以选择不抛硬币，但只能得到 50 元。

第一种情况下，你得到 200 元或 100 元的概率相等；第二种情况下，不管发生什么情况，你最终都能得到 150 元。因此，两者的平均价值都是 150 元，在纯经济原理中，两者没有任何区别。然而，给了人们这种选择时，大多数人都接受多得 50 元，并满足于 150 元，而不会去冒最后只得到 100 元的风险。

游戏二与游戏一在本质上是相同的，只是呈现方式不同：开始时你有 200 元，但现在抛硬币的结果是，要么你的钱原数不变，要么失去 100 元；而另一种选择是不抛硬币，给你留下 50 元。同样，在第一个选项中你得到 200 元或 100 元，在第二个选项中你必得 150 元。但在这种情况下，大多数人会选择抛硬币，明显是至少给自己一个机会，以保全手中所有的钱。

虽然这两种游戏在数学结果上是相同的，但人类表现出的不同行为却很难解释。然而，有趣的是，研究人员发现卷尾猴也会表现出同样的非理性。对它们进行的实验并没有采用抛硬币的方法，而是用葡萄设计了一组类似的实验游戏，包括在两个推销员中选择从谁那里买葡萄。

在第一个实验中，两名推销员都拿出了一个装有两颗葡萄的盘子。一号推销员会在收到代币的同时递给猴子两颗葡萄；二号推销员有一半时间是加一个葡萄，而有另一半时间拿走一个葡萄。结果表明，猴子们更喜欢和一号推销员交易。

在第二个实验中，两名推销员都拿出了三颗葡萄。然而，第一名推销员总是在把盘子递给猴子之前拿走一颗葡萄；二号推销员有时把三颗葡萄都递过去，但有时拿走两颗。这次实验中，猴子们更喜欢跟二号推销员交易。

这是否是自3.5亿年前两种灵长类动物开始分化以来，猴子和人类共有的精神非理性的一种证据，或者类似的非理性背后是否有着不同的原因，这些尚不清楚。

# 埃及古物学

## 27．古埃及皇陵中会用活人献祭吗？

1899年至1900年，英国考古学家先驱弗林德斯·皮特里在发掘有5000年历史的法老阿哈－美尼斯的陵墓时报告说，在皇陵东边发现了一块区域，他称之为家族大墓群。其中有34个较小的墓，他相信里面有法老仆人的遗骸。一种理论认为，他们是在法老的葬礼上被毒死的，这样他们就可以在死后继续为法老服务。

还有一些证据表明，古埃及人会在葬礼上处死罪犯或其他人，作为对神灵的祭祀。虽然这两种理论与对铭文的解读以及在墓葬中发现的一些人类遗骸事实一致，但可能还有其他的解释。

## 28．蓬特之地以及消失的首都伊特塔威在哪里？

在大约公元前 2500 年的古埃及第五王朝，法老萨胡拉组织了一次到蓬特之地的探险，因为那里商品丰富，例如有在埃及非常珍贵的黄金和象牙。在接下来的几千年里，对蓬特的几次探险都有详细的记载，但是它的具体位置却从来没有明确过。一些历史学家认为蓬特在东非，而另一些人则认为它在阿拉伯地区。

另一个消失的地方是阿孟霍特普一世的首都。阿孟霍特普一世是第十二王朝的第一位法老，统治时间从公元前 1991 年到公元前 1962 年。据说，当他掌权后，建立了一个新的首都，命名为"伊特塔威"，即"占领两块土地的首都"（两块土地是指上埃及和下埃及，上埃及指的是古埃及的南半部分和底比斯；下埃及指的是古埃及的北半部分，包括尼罗河三角洲及开罗南郊）。人们认为它应该位于艾尔利施特村附近，阿孟霍特普一世就在此地为自己建造了一座金字塔，但至今仍未发现这座曾经的首都城市的踪迹。

## 29．赫拉克里奥波里斯迷宫是神话还是史实？

赫拉克里奥波里斯（Heracleopolis）是"Henen-nesut"的希腊名字，它是下埃及（指尼罗河三角洲及开罗南郊）的首都。根据罗马作家老普林尼的说法，赫拉克里奥波里斯有一座巨大的迷宫，里面有 40 座神殿、许多金字塔和供奉所有埃及神灵的庙宇。据报道，1940 年，一个英国考古队发现了这个迷宫，但随后考古队的一名成员病倒，另一名失踪，挖掘工作因此被迫放弃。如今，该迷宫的位置仍然是个谜——如果它真的存在的话。

## 30．纳芙蒂蒂发生了什么？

德国柏林的埃及博物馆里的纳芙蒂蒂半身像可能是继图坦卡蒙面具之后被复制最多的古埃及遗物。纳芙蒂蒂是公元前 1379 至公元前 1362

年间统治埃及的阿孟霍特普四世的"大王后"（即主要配偶）。然而，从阿孟霍特普四世统治的第 14 年起，所有关于纳芙蒂蒂的记载全都消失了。她可能死于当时席卷埃及的瘟疫，也可能在阿孟霍特普四世死后，她以纳芙纳芙鲁阿顿的名号统治了埃及。不止一具木乃伊被认为是纳芙蒂蒂，但这些说法的证据都不够充分。

## 31. 图坦卡蒙是怎么死的？他的父母是谁？

1922 年，英国考古学家霍华德·卡特和他的赞助者卡尔纳冯勋爵在埃及的帝王谷①有了一项惊人的发现：这不仅是一个埃及法老的坟墓，而且是唯一一个未被盗墓者光顾的坟墓。这位法老就是图坦卡蒙，他在公元前 1333 年至公元前 1323 年统治埃及。因其金光闪闪的葬礼面具和坟墓中发现的其他精美的文物，图坦卡蒙成为最著名的古埃及人。然而直到最近，我们对他的了解几乎为零。他身高约 1.675 米，门牙很大且有一颗龅牙，在 9 岁或 10 岁时登上王位，18 岁时去世。

2005 年的一次 CT 显示，他在去世前曾摔断了腿，并受到了感染。2010 年的 DNA 分析显示，他体内有疟疾的发病迹象。这两项都足以解释他的早逝，然而对他的木乃伊进行的 X 光检查发现了受伤的痕迹，加上有证据表明可能有人对他图谋不轨，所以一些人猜测他可能是遇刺身亡。

DNA 分析还证实，图坦卡蒙的父亲是编号为 KV55 的木乃伊，母亲是被称为"小妇人"的 KV35 木乃伊。很多证据表明，KV55 是法老阿孟霍特普四世，取名为阿肯那顿，KV35 是他的妻子也是他的亲姐妹，但她的名字无从得知。然而，这两具木乃伊的身份一直存在争议。但我们可以确定的是，图坦卡蒙的乳母叫迈亚。

① 帝王谷是古埃及新王朝时期十八到二十王朝（大约从公元前 1539 年到公元前 1075 年）时期的法老和贵族主要陵墓区。

## 32．在一些特殊场合中，埃及人真的会在头上戴有香味的脂肪锥吗？

在埃及艺术中，所描绘的女性经常是头上端正地戴着一个奇怪的圆锥形结构，有时候男性也是这样。通常的解释是，这些是浸泡过香水的脂肪锥体。随着时间的推移，脂肪会融化，因而它的香水会散发到佩戴者的假发或头发上。

然而，由于并没有发现含有油脂的假发，也没有发现佩戴这些脂肪锥体的工具，因此有人认为，把这些人描绘成头戴脂肪锥体只是一种艺术表现手段，借此表现出热烈欢腾、香气扑鼻的场景，以彰显其有足以购买香水的财富。

# 遗传学

## 33．遗传密码的蓝图如何被翻译为形成身体的构建指令？

由于克里克和沃森及其合作者的开拓性工作，我们现在知道了人类基因组的细节。我们知道，基因组由大量的核苷酸组成，它们有 A、C、T 和 G 四种变体（A、C、T、G 分别表示腺苷酸、胞苷酸、胸苷酸和鸟苷酸），它们通过不同的组合提供了单个基因的编码。我们已经确定了与某些特征和疾病有关的基因，并且我们还知道相同的基因在不同的生物体中可能负责不同但相关的功能。但这一切是如何运作的呢？在生长过程中，遗传密码是如何被读取的？某些基因串列是如何导致某些蛋白质的形成，或者使生物对某种特定疾病具有易感性的？在语言学习中，我们先是认识字母，然后开始学习一些单词；但这些基因是如何变成生物的整个过程仍然是一个谜。

## 34．我们如何预测一个基因的功能？

科学家们在识别与某些功能或特征相关的基因方面已经取得了巨大的成功，但逆向过程就完全不同了。这有点类似从一本英汉词典中找到一个特定的中文单词。如果这个词和以前遇到过的某个词十分相似，你就可以进行合理的猜测，但如果是一行全新的中文表意文字，你就无法了解其意了。

同理，如果由字母 A、C、T 和 G 表示的一串核苷酸与已知的某个基因十分相似，那么其功能可能也会相似。但是，当它和以前见到的任何基因的相似之处少之又少时，我们就无法知道它具体控制着身体的哪个部位，也无法知道它会产生怎样的影响。

## 35．基因如何影响行为？

早在我们知道遗传密码前，甚至在达尔文提出进化论之前，我们就已经知道我们从父母或更遥远的祖先那里继承了各种各样的特征。然而，尽管遗传学对物理特征的遗传有很大的启发，但事实证明，行为特征的遗传要难解释得多。

关于先天和后天因素对个体发展的相对影响的长期争论从未得到彻底解决，但是许多关于双胞胎的研究已经表明，生活态度、智力和某些个性因素的发展至少有一部分来自遗传。大脑中影响行为的化学物质的平衡可能由遗传因素直接控制，但许多行为因素是有意识决策过程的结果。目前还未发现基因影响这一过程的方式，以及它们可能的影响程度。

## 36．动物身体的各个部位是如何知道该何时停止生长的？

以某种方式，我们的细胞（以及其他所有生物的细胞）可以从我们的 DNA 中读取基因信息，并将其转录复制给 mRNA（信使 RNA）。

到了生产的下一阶段，核糖体负责读取 RNA，它利用 RNA 的信息产生氨基酸序列，并根据这些氨基酸序列依次合成蛋白质。RNA 序列甚至会告诉氨基酸什么时候停止合成。但是停止指令只指向单个蛋白质的末端。至于整个生产过程是如何知道它已经到了骨头、鼻子或腿的末端，并因此按时停工则完全是另一回事了。

## 37．为什么同卵双胞胎没有同样的遗传疾病？

直到最近，"同卵双胞胎"还被认为拥有完全相同的基因，所以如果其中一个患有一种已知的遗传疾病，那么另一个也应该患有同样的疾病。如果事实并非如此，那么唯一可行的解释就是，环境因素在导致基因变坏或阻止它变坏的过程中发挥了一定作用。

然而，同卵双胞胎的基因可能不完全相同，这是最近越来越清楚的事情。一项对 19 对同卵双胞胎的研究发现，他们的 DNA 发生变异的原因要么是 DNA 片段缺失，要么是 DNA 片段被多次复制。DNA 的双螺旋结构确保了一种修复此类错误的机制，但由于某些原因，它并不总是起作用，从而导致了一些细微的差异。

除了复制错误外，还有一种叫作"基因过表达"的现象，即一个基因产生的 RNA 和蛋白质比它应该产生的要多。在没有遗传疾病的同卵双胞胎中也发现了基因过表达现象，因此人们认为，基因过表达是导致疾病基因起作用的原因。但我们并不清楚这个机制是如何发挥的。

## 38．是否有一把基因钥匙可以阻止人类衰老？

对某些生物进行基因改造使它们的寿命延长了一倍甚至更多，这已经在酵母、蠕虫和老鼠身上成功实现了。导致人类衰老的原因尚不完全清楚，大量的各种各样的因素被认为与之有关，但基因似乎起着举足轻重的作用。在上述生物中，已经确定有一个因素可以打开或关闭年龄调节基因，我们有理由相信有朝一日人类体内也能发现类似的东西——尽管在现阶段还无法推测寿命究竟能延长到何种程度。

## 39．经验是否创造了一种能使基因打开或关闭的机制？

法国博物学家让－巴普蒂斯特·拉马克认为后天习得的特征可以经遗传获得，其观点自达尔文时代以来就一直备受质疑。但有越来越多的证据表明，一种叫作"表观遗传学"的复杂的新理论让我们重新认识到经验会影响我们基因构成的各个方面。

表观遗传学背后的基本观点并非指经验可以改变我们的 DNA，而是认为它可能影响某些特定基因或与 DNA 相关的特定蛋白质的活化作用。该理论认为，在某些情况下，这也可能导致任何特征改变的遗传继承。在世界不同地区进行的研究表明，饥饿、毒素和压力可能都具有遗传效应，并且会持续几代人。

## 40．细菌如何交换基因？

基因可以在人类身上代代相传，但最近的研究表明，细菌有另外一种遗传方式，叫作"基因水平转移"，是指一种细菌从近亲那里获取基因信息，其中可能包括使细菌能够耐受抗生素的基因。这可能有助于解释细菌如何能够如此迅速地适应新环境，但这种转移是如何发生的，尚不清楚。

## 41．人类基因组天生不稳定，因此必然导致我们灭绝吗？

人类基因组的进化史展示了它奇妙的可塑性，这使我们能够进化、适应、生存并在很大程度上控制我们的环境。然而，这种易适应性也促进了疾病和其他威胁生命的因素的平行进化，这些因素的复杂性和潜在危险与日俱增。一项关于其他物种灭绝的研究表明，一些物种是由于环境变化、自然灾害或类似的外部因素而灭绝的，但另一些物种则是自行灭绝的，显然它们早已在自身的基因构成里埋下了灭绝的祸根。人类也会重蹈覆辙吗？

# 英　语

英语源于盎格鲁－撒克逊语（学者们称之为"古英语"），自 5 世纪罗马人离开后，日耳曼入侵者开始统治大不列颠岛，英语便是从日耳曼入侵者的语言中发展而来的。但英语绝非一种"纯粹"的语言，其中有很多词汇衍生于拉丁语、希腊语和诺曼法语，以及很多其他语言，如阿拉伯语（alcohol、algebra、algorithm）、印地语（pyjamas、jodhpurs、bungalow）、因纽特语（anorak、kayak）和澳大利亚土著语（boomerang、kangaroo），这些单词的意思分别是：酒精、代数学、算法；睡衣、短马靴、平房；滑雪衣、因纽特小艇；飞去来器、袋鼠。词源学研究通常能够追溯任何给定单词的起源。旧时的词语可以通过声音或拼写与它们的原生语联系起来，而新出现的词语可以追溯到它们第一次被印刷出来的时候。然而，《牛津英语词典》中有 1098 个单词被标注为"起源未知"，还有 206 个单词被标注为"起源模糊"。下面举几个例子来表达我们对语言的浅层理解。

## 42．为什么爵士乐手在 20 世纪 20 年代开始把现场演出称为 "gig"，而把他们的音乐称为 "jazz" 呢？

"gig"是最近才被引入英语的新词汇，你可能以为会有人知道它的起源，但牛津英语词典却标注了"起源未知"，之后才列出了它已知的最早的用法，它曾在 1926 年和 1927 年的《旋律制造者》中出现过。

另一个"起源未知"的单词是"爵士"（jazz）本身，《牛津英语词典》认为它可能与"jasm"有关，"jasm"是"jism"的另一种表达，意为精力和活力。但是这些词起源于何处呢？《牛津英语词典》再次标注"未知"，但它们与一种西非的语言曼丁哥语有关，而许多非裔美国人的祖籍就在西非：在曼丁哥语中，"jasi"这个词是指一种奇异的或不同寻常的表演方式。更普遍的是，在西非沿海地区，"jazz"的意思是"快点"，美国路易斯安那州克里奥尔语引入这个词时用的就是这个意思，由此（有人认为）"jazz"便被应用到快速切分音乐中，使得该音乐于 19 世纪末期在美国新奥尔良州流行起来。这种"爵士乐"于 1915 年首次在纽约亮相，由弗雷迪·凯帕德的独创克里奥尔乐队（Original Creole Band）引入美国，并在 1917 年尼克·拉罗卡的原创迪克西兰爵士乐队（Original Dixieland Jazz Band）到来时产生了更加持久的影响。

## 43. "bloke"这个形容男人的俚语从何而来？

"bloke"（家伙、小子）这个用来形容男人或男孩儿的词至少有 150 年的历史了，在 20 世纪早期，它专门用来指一艘船的船长。《牛津英语词典》引用了一个不太可靠的说法来暗示该词语最接近的起源，即该词可能与吉卜赛语（最初是印地语）的男性术语"loke"有关。

## 44. "posh"一词从何而来？

长久以来，人们一直认为"posh"（时髦的、漂亮的、奢侈的）一词来源于 P&O 邮轮公司在远洋班轮①的辉煌时期发行的较为昂贵的船票上的首字母缩略词。据称，"posh"代表的是"Port Out, Starboard Home"，意指在邮轮上，给富人乘客分配的某一侧的客舱，以便让他

---

① 远洋班轮是船舶按规定的时间，在既定的航线上，以既定的港口顺序，经常地从事该条航线旅客、货物、邮件等运输。

们出发时享受最好的阳光（比如在北大西洋上从英国航行到美国），或者在返程途中躲避太阳的酷热（比如在英国统治印度时期从英国航行到印度）。

麻烦的是，这种假想的船票从来没有人展示过，而且直到船票出现之前，词典编纂者们都将持高度怀疑的态度。还有一种说法是，该词借用的是罗马尼亚语中的"posh"一词，意为半便士，后来又泛指金钱，用来指代富人。又或者它可能只是人们以一种快速而慵懒的方式说出"polished"（意为"抛光的"）。最后，有人认为这个词来自乔治·格罗史密斯和威登·格罗史密斯的喜剧小说《小人物日记》中一个名叫 Murray Posh 的角色，他被描述为"相当了不起的人"。

## 45. 短语"rule of thumb"起源于何处？

在很久以前，木匠是否会用他们的拇指顶部关节的长度（大约等于 1 英寸）作为一种测量标尺？如果情况如此，"rule"（规则）在词组"rule of thumb"（经验法则；拇指法则）中指的就是将拇指当作尺子来使用。或者，这个短语指的是酿酒者用拇指测试发酵液温度的做法？还是说这个短语是指中世纪的一项法律，该法律允许男人殴打自己的妻子，但只能用一根比他们拇指细的棍子打？后一种解释在业余词典编纂者中广为流传，但没有任何证据能够支持这一解释。事实上，这种解释首次出现于 20 世纪 70 年代，而这个短语至少从 17 世纪 90 年代就开始使用了。

## 46. 短语"the full Monty"起源于何处？

这个短语是最近才开始被广泛使用的，尤其是在 1997 年的电影《光猪六壮士》（*The Full Monty*）上映之后——这个短语的起源令人费解。一些人认为，这只是"the full amount"的变体；另一些人则认为，这个词指的是阿拉曼战役的英雄——陆军元帅伯纳德·蒙哥马利，他的士兵亲切地称他为"Monty"，这个词可能是指他满胸的勋章，也可能是指他对全英式早餐的喜爱。还有人认为，这个词可能是指裁缝蒙塔古·伯顿出售的西装三件套，或是指在摩纳哥的蒙特卡洛市著名赌场中下的赌注，又或是指来自南美洲乌拉圭首都蒙得维的亚的整捆羊毛。

陆军元帅和裁缝的说法似乎是最有可能的，但具体是哪一种先出现的就不得而知了。

## 47．高尔夫比赛是如何得名的？

有一个未经证实的流行故事，说第一个高尔夫俱乐部张贴了一块牌子，上面写着"男士请进，女士勿扰"（Gentlemen Only, Ladies Forbidden），由此产生了一个首字母缩略词"GOLF"（高尔夫），这项运动由此而闻名。我们几乎可以肯定，这个说法完全是在胡编乱造。"golf"一词最早出现在 1457 年苏格兰国王詹姆斯二世禁止高尔夫运动的法令中，这比人们开始用首字母组成的单词还要早几个世纪。事实上，引用"首字母缩略词"一词最早出现在 1943 年的《牛津英语词典》中。也许"Gentlemen Only"是人们推想的结果，因为似乎没有人能提出其他令人信服的解释。苏格兰单词"gowf"的意思是"一击"或"拍打"，这个单词"golf"更有可能是源于此，而不是相反。荷兰语中还有一个词"kolf"，意思是"球杆"或"球棒"，这个词可能与"golf"有关，但两个词之间至今没有发现确切的关联。

当我们谈到错误的首字母缩略词时，或许我也应该提一下，并没有证据表明在英国那些被指控有某些不道德行为的人的指控单上印有"非法的性欲知识"（For Unlawful Carnal Knowledge）的字样。

# 语 言

## 48．早期人类是在什么时候开始使用语言的？

在人类漫长的进化史上，我们开始彼此交谈，但对于这一刻何时到来的说法却大相径庭。有人说开始于大约 200 万年前直立人出现的时候；也有人说，从大约 50 万年前海德堡人的耳朵形状看，海德堡人是第一个会说话的人；然而最保守的观点是，直到 20 万年前智人，即真正的现代人的出现，才有了真正意义上的语言。

造成这种巨大差异的主要原因是，我们对语言的定义存在根本性的问题。口头交流通常被认为是语言的开端（因为书面交流似乎需要更高层次的概念技能），但在这种行为被称为"语言"之前，需要有高水平的生理构造。举例来说，关于鸟和动物的词汇是由许多不同意思的"叫声"或"咕噜声"组成，但这很难说是一种语言。

这种叫声和咕噜声是否像我们现在所知的那样发展得天衣无缝，形成了语言，或者是一种进化变异导致了存在于所有人类语言中的语法和抽象能力的引入，这是一个悬而未决的问题。

## 49．尼安德特人会彼此交谈吗？

直到 20 世纪 80 年代，人们对尼安德特人的普遍印象还是一类身材硕大、蓬头垢面、前额低垂、行动迟缓、只会发出咕噜声的生物。1983 年，在以色列的一个山洞里发现的一块尼安德特人的舌骨，改变了这一看法。舌骨是一块连着舌头肌肉和喉部的小骨头，因此能发出以前不可能发出的各种声音。尼安德特人也许行动迟缓、蓬头垢面、前额低垂，但是他们拥有和今天的现代人一样的说话方式。由于对其前身海德堡人耳朵的分析已经表明，早期人类拥有区分多种声音所需的声学器官，因此尼安德特人看起来像是第一批会说话的人。

古生物学家史蒂夫·米森在他的著作《会唱歌的尼安德特人》中提出这一理论，即语言是从歌声发展而来的，尼安德特人是最早进行这种转变的人。他甚至为他们哼唱的语言创造了一个单词，他称之为"hmmmmm"（嗯嗯嗯），因为它本就是"整体的，可操控的，多模式的，音乐和模仿性质的"单词。"hmmmmm"也可以看作是该领域的其他人对这一有趣理论的反应。

## 50．说原始印欧语的是谁？

18世纪晚期，英国学者兼语言学家威廉·琼斯爵士评论了梵语（印度的古语言之一）中某些词与古典拉丁语和希腊语中的对等词之间的相似性。从那之后，人们的兴趣就集中在所谓的印欧语系所有语言的共同根源上。印欧语系不仅包括从苏格兰盖尔语、希腊语、西班牙语到瑞典语的大部分欧洲语言，还包括印度和伊朗的许多语言。现在，世界上大约一半的人口被认为是以原始印欧语系为母语的，尽管对这种语言的记录并未保存下来。事实上，原始印欧语被认为是一种纯粹的口头语言，而不是书面语言，但最开始说原始印欧语的人是谁却无从知晓。

到公元前3000年，原始印欧语开始分化为其他语言，但在此之前发生了什么，以及原始印欧语最初发源于何处，全凭猜测。确切的起源时间被认为是公元前7000年至公元前4000年，但有些人认为该语言出现的时间比这还要早几千年。那么它从哪里发源的呢？亚美尼亚、东欧、印度、北欧和安纳托利亚都曾被提到过，但这都是根据一些依据所做的猜测。许多语言中的单词和发音都由原始印欧语发展而来，从这些语言我们可知：这些人可能使用没有辐条的实心轮子，会划船，住的地方冬天会下雪，并且崇拜太阳神。

## 51．巴斯克语源于何处？

巴斯克语是一个真正的语言谜题。西班牙北部和法国西南部约有 65 万人说这种语言，它似乎和其他语言没有任何关联。巴斯克地区周围的人主要说罗曼语和其他印欧语系的语言，这些语言跟巴斯克语没有什么相似之处。通常结论是，巴斯克语是印欧语系之前的一个语族[①]的最后幸存者，当罗马人的军事和语言征服了整个欧洲时，不知为何巴斯克地区被罗马人忽视了。

另一种解释是，罗马人的统治垮台后，巴斯克人和他们的语言从更远的东边地方来到这个地区。然而，由于没有什么语言可以与巴斯克语作对比，因而对巴斯克语的历史便无从溯源。

## 52．婴儿学习语言的能力是否以某种方式预先设定在大脑里？

从 20 世纪 50 年代开始，美国语言学家、哲学家诺姆·乔姆斯基提出了一种理论，即语言技能是人类与生俱来的；换句话说，我们天生就有学习语言的能力。在乔姆斯基的模型中，我们的大脑中生来就有一个"语言器官"，这个器官的进化是为了完成学习和使用语言的特定任务。虽然我们很小就从父母或者周围人那里习得一门特定的语言，但我们都具备相同的心智技能来掌握乔姆斯基所称的"通用语法"，其中包含了句法概念和交流技能的原则，这些是所有语言的基础。

乔姆斯基从人类语言器官的形成、儿童习得母语的速度、备受争议的人类的独特语言技能以及对儿童早期语言学习中所犯错误等方面进行研究，为他的理论提供依据。一个孩子所说的话合乎逻辑但不符合语法

---

[①] 语族是指包含所有可证明从一个单一祖先语言传下的有联系的语言，而这个祖先语言本身不和别的任何语言有联系。

时——比如有人说"乔姆斯基错",孩子争辩说"不乔姆斯基错",而不是说"乔姆斯基不错"——乔姆斯基肯定会轻拍孩子的脑袋,表扬她在掌握特定的英语句法规则之前对通用语法的运用。

然而,将"语言感官"独立出来或者起草"通用语法"规则的尝试并没有取得很大进展。乔姆斯基"先天论"的反对者否认语言的奇特性。他们认为,我们的大脑有确切的识别模式和形成概念的能力,这足以解释为什么人类能习得语言了。

## 53.语言对思维的影响有多大?

20世纪语言学中最有趣和最具争议的一个争论便是"萨皮尔－沃夫假说"。现在这个假说以一个更为学术的名称"语言相对论"被大家了解,它有强弱两种不同的版本。强版本认为,语言完全决定思维,语言范畴限定和决定认知范畴。在弱版本中,语言和语言范畴会影响思维和一些非语言行为。

沃夫在1940年发表的文章中提到,据说因纽特人有许多词汇来表示雪。为了寻找语言可以影响认知的例子,他列出了七种不同类型的雪,并坚持认为这些雪的类型在因纽特语中会有不同的词来对应。然而,大众对于沃夫是否认识任何因纽特方言中的任何一个单词,有没有见过因纽特人,都充满了怀疑。尽管如此,这个想法还是引起了公众的广泛关注。因为这篇文章,因纽特语中关于"雪"的词很快成为"萨皮尔－沃夫假说"的标准范例,每次提到"雪"这个词时,此类词的数量就会明显增加。

出生于苏格兰的美国语言学家杰弗里·普勒姆在1991年出版的《因纽特语大骗局》中挪揄了因纽特语中表达"雪"的词汇量"膨胀"的现象。在文章的结尾处,他讲述了自己在听到一个讲师犯下"因纽特语谬论"时的做法,并告诉读者,如果这种情况发生在他们身上,该怎么做:

我只是尴尬地用手捂了会儿脸，然后静静合上活页夹，悄悄地走出了房间。不要像我一样胆小，你应该站起来告诉那个人

C.W. 舒尔茨·洛伦岑在 1927 出版的《西格陵兰因纽特语词典》只给出了两个可能相关的词根：一个是"qanik"，意为"空中的雪"或"雪花"，另一个是"aput"，意为"地上的雪"。然后接着说，你很想知道他是否还能举出更多的例子。

需要说明的是，在研究表明人们对颜色差异的感知似乎不受语言中颜色词的影响后，语言相关性的强版本就被大多数人抛弃了。但弱版本在多大程度上适用仍是一个有争议的问题。

# 医 药

## 54. 安慰剂效应存在吗？如果存在，原理是什么？

自 18 世纪以来，安慰剂的效果一直备受关注。近年来，"安慰剂效应"已经被广泛接受，以至于任何一种新药在测试中，都会给一组受试者服用安慰剂来代替新药，这些安慰剂看起来与真药无二，但没有药效。一般情况下，安慰剂会对一些患者产生有益的效果。比如，最初用伟哥治疗勃起功能障碍的临床试验中，服用安慰剂的受试者有 25% 的人报告称勃起功能显著改善（而真正服用伟哥的受试者中超过 70% 称效果显著，这也是此药那么受欢迎的原因）。

　　然而，近年来，有几项研究对安慰剂效应提出了质疑，认为它的效力可能仅限于医治心理或主观方面的疾病，比如那些涉及患者疼痛感的疾病。当生理效应与服用安慰剂有关时，它可能是与大脑中分泌的多巴胺相关，众所周知，多巴胺与人的幸福感相关。奇怪的是，医学界一直对"信仰疗法"①持反对态度，然而信仰对一个信徒的作用，应该类似于安慰剂对一个认为自己正在接受药物治疗的患者的作用。

　　最近的一项实验报告让这个情况更加复杂，该实验对患有肠易激综合征②的患者进行了安慰剂治疗，并告知他们所服用的药物没有丝毫用处。但患者仍报告说自己的病情有所改善。所以，安慰剂似乎是有效的，即使你知道它们是安慰剂。然而，相信安慰剂有效是否是使安慰剂起作用的必要条件？对于这一问题，还需要做进一步研究。

## 55．顺势疗法有科学依据吗？

　　某种成分的溶液即使被稀释到没有一个成分分子存在的程度，也能产生效果吗？在顺势疗法的理论和实践中这一观点被奉为圭臬，但却遭到了主流医学界和科学家的严厉谴责，称其荒谬可笑，而研究也一再报告说顺势疗法并没有取得比安慰剂更好的效果。然而，顺势疗法产业继续蓬勃发展，医生和他们的许多病人都坚持认为它是有效的。

　　从严格的科学观点来看，顺势疗法的案例被认为是未经证实的，但是，在 2010 年，一位获得诺贝尔奖的科学家宣布了一项发现后，顺势疗法支持者利用此发现来支持他们自己的观点。2008 年诺贝尔生理学或医学奖得主、法国病毒学家吕克·蒙塔尼耶做了一系列实验，来研究高度稀释的生物样品的电磁特性。他发现，小的 DNA 片段会在溶解它

---

① 信仰疗法是指通过修正、改变人的世界观、人生观，塑造信仰体系，从而恢复或者强化其心理能力，以达到治愈心理疾病的目的的治疗方法。

② 肠易激综合征是一种常见的功能性肠病，以腹痛或腹部不适为主要症状，排便后可改善，常伴有排便习惯改变，缺乏解释症状的形态学和生化学异常。

们的水溶液中产生可识别的电磁信号，即使在溶液被稀释到很高的程度后，这些信号仍能被检测到。他认为亚原子结构是在水中产生的，即使产生这种结构的物质被去除了，该结构依然存在。

蒙塔尼耶在其报告中并未提及顺势疗法，但替代疗法的支持者声称，这证明了他们所说的水具有记忆的观点是正确的，蒙塔尼耶也已经解释了顺势疗法是如何起作用的。

或许，顺势疗法只起到了安慰剂效应。

### 56．为什么蜂蜜可以帮助伤口愈合？

早在发现细菌的 2000 年前，蜂蜜就被用来治疗细菌感染的伤口。希腊医生珀达尼奥斯·迪奥斯科里斯称蜂蜜"对所有腐烂和凹陷的溃疡都有好处"，但是像许多其他的偏方一样，在很长一段时间里，医学界对蜂蜜的治疗效果持极大的怀疑态度。早在 1976 年，《内科医学档案》（*Archives of Internal Medicine*）的一篇社论就将其描述为"无价值但也无害"。然而，从那以后，大量的个案研究和调查都认为，至少在很多情况下，用蜂蜜治疗的伤口比用抗生素治疗的伤口愈合得更快。但目前还不清楚蜂蜜疗伤的原理。

部分原因可能是蜂蜜是一种过饱和的糖溶液。这意味着它含水量极少，因此用蜂蜜治疗伤口可能有助于吸收伤口中的水分，阻止细菌获得生存所需的水分。

而一些研究表明，蜂蜜稀释后会更有效。这似乎是因为蜂蜜中的一种酶能释放出过氧化氢，而过氧化氢具有抗菌作用。只有当蜂蜜本身的天然酸性被体液稀释中和后，过氧化氢的杀菌作用才得以体现。然而，蜂蜜的酸性也可能在对抗细菌的过程中起到一定的作用。

与抗生素的复杂性相比，所有这些作用听起来都是相当基础的，而且蜂蜜也具有一些其他尚未发现的伤口愈合成分。在新西兰的麦卢卡树上采的蜂蜜作为抗菌剂似乎特别有效，但是由于我们不知道是哪种成分起了作用，因而这种假想的成分被注册商标称为"独特麦卢卡因子"。

## 57．为什么孕妇的免疫系统不排斥胎儿？

我们的自身免疫系统是用来排斥外来组织的。这也是移植手术中一直存在的问题：除非使用药物抑制排斥机制，否则宿主身体会自然排斥被移植的器官，但如果免疫系统对异物的反应如此剧烈，那为什么孕妇不排斥胎儿呢？毕竟，胎儿的基因有一半来自父亲，并且负责制造蛋白质，人们会认为，母亲的身体本应该能识别出这些蛋白质不是她身体的一部分。

一种观点认为，胎盘提供了一个屏障来阻止免疫细胞进入胎儿体内；另一种观点则认为，胎儿本身有一种方法可以将其产生的蛋白质隐藏起来，不让母亲的免疫系统察觉。然而，这两种方法是如何运作的，还没有人可以提出一个确切的说法。对怀孕老鼠进行的研究支持了第三种观点，即胎儿本身会产生一种抑制免疫细胞发育的酶。这种酶可能会创建一个"非自体免疫区"来保护老鼠胎儿免受母鼠自然防御机制的伤害。

但这种情况是否也会发生在人类身上还有待证实，目前已经确定的是，自体免疫系统比我们之前认识的更加复杂。

## 58．哪些分子机制导致了肥胖与某些类型癌症之间的联系？

有大量的证据表明，肥胖与某些癌症的发病率增加有关。一项研究甚至声称，全球 25% 的癌症病例是由超重和久坐不动的生活方式造成的。然而，我们对过于肥胖会导致癌变的原因却不甚了解。

众所周知，糖尿病与肥胖有关，而糖尿病似乎是由于过多的脂肪影响人体胰岛素的分泌导致的。癌症可能也与肥胖有关，但癌症是否与胰岛素或其他某种物质有关，还是说脂肪会影响致癌基因生效的机制，这些问题都需要进一步研究。

## 59．木乃伊对你有好处吗？

从 12 世纪到 18 世纪，"木乃伊粉末"是欧洲各地药剂师销售的常见物品。伦敦科学博物馆甚至有一个展品描述为："绿色带盖圆柱形木制药草盒，用来装木乃伊（木乃伊粉末），空盒，欧洲，1601—1800 年。"

最初，粉状的木乃伊用作药物是受到沥青的治疗作用的启发，人们误认为埃及人在制作木乃伊的过程中使用了沥青。埃及木乃伊被认为是沥青的廉价来源，甚至因此而得名（mummiya，它是沥青的波斯语名称）。

在中世纪的某个时候，由于人们对木乃伊干尸知之甚少，开始相信木乃伊粉末有药用特性是因为它曾经是一个活人。这种信仰导致了一些医药配方的出现，如配方要求得到一个被绞死的人的干尸，或者一些类似的令人毛骨悚然的成分。

到了 18 世纪，医生们不再相信木乃伊粉末，这种曾经风靡一时的物品也逐渐从药剂师的名单上消失了。据目前所知，还没有进行任何对照研究，来测试木乃伊粉是否对人体有益，以及它是否含有沥青。

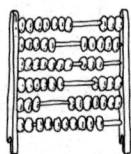

## 数　学

## 60．有奇数完全数吗？

如果一个数恰好等于它的真因子（即除了自身以外的约数）之和，则称该数为"完全数"。第一个完全数是 6，它有约数 1、2、3、6，除去它本身 6 外，其余 3 个数相加，1+2+3=6。第二个完全数是 28，它有约数 1、2、4、7、14、28，除去它本身 28 外，其余 5 个数相加，

1+2+4+7+14=28。第三个和第四个完全数是 496 和 8128。这些古希腊人早就知道了，但直到 1456 年才发现第五个完全数是 33550336。

18 世纪时，瑞士数学家莱昂哈德·欧拉证明了每一个偶数完全数均具有 $2^{p-1}(2^p-1)$ 的形式，其中 $p$ 是质数。当 $p$ 的值为 2、3、5、7 和 13 时，就能得出上述 5 个奇数完全数。但是，是否存在无限多个完全数，以及是否存在奇数完全数仍不得而知。我们最多只能说，如果有一个奇数完全数，那么它至少有 1350 位数字。

## 61．π 和 e 是绝对正规数吗？

为了解释这个问题，我们先看看 π 值的前三十位。

$$\pi=3.141592653589793238462643383 27\cdots\cdots$$

现在人们已经知道，这种十进制展开后会永远进行下去，不会无休止地重复同一串数字。但究竟是"正规数"还是"绝对正规数"取决于展开后每个数字的相对出现次数。所以我们来数数从 0 到 9 的每个数字出现了多少次。π 值中没有 0，有 2 个 1、4 个 2、7 个 3、3 个 4、3 个 5、3 个 6、2 个 7、3 个 8 和 3 个 9。如果我们继续把 π 值展开到 100 位、1000 位、100 万位甚至更多，我们会发现，每个数字的出现次数逐渐趋近。不仅如此，如果我们计算 11、47、90 或任何其他两位数出现的次数，它们也大致相等。对于其他数字也是如此。

任何一个无穷小数，如果它具有这样的特性，即任何一串数字出现的频率与任何其他相同长度的字符数相同，则被称为"正规数"。

不过，上面的例子与 π 的十进制展开式相关，也就是我们通常以 10 为基数的计数系统。那么二进制下的 π 呢：π=11.0010010000111111010101010001000010000101……

在这种情况下，1 和 0 的出现次数相同吗，00 的数量和 01、10 或 11 的出现次数呢？如果我们用三进制、四进制或者其他进制来计数呢？

在我们所选择的计数系统中，任何具有范数特征的数都被称为"绝对正规数"。有趣的是，虽然数学家已经证明了几乎所有的数（"几乎所有"可谓是非常精确的定义了）都是绝对正规数，但我们却很难从中举出一个例子。并且也没有已知的方法来确定一个既定的数，比如 π 或 e（自然对数的底数）是否为绝对正规数。

## 62．克拉兹猜想的答案是什么？

随便想一个数字，如果是偶数，就减半；如果是奇数，就乘以 3 再加 1，将得到的答案以此类推。例如，如果我们从 11 开始，序列将是：11、34、17、52、26、13、40、20、10、5、16、8、4、2、1、4、2、1……然后一直重复 4、2、1。人们推测，无论你从哪个数开始，最后总是 4、2、1 这个序列。到目前为止，每一个被测算过的数字最后都是 4、2、1，但是没有证据证明所有的数字都会得到这个结果。

请注意：众所周知，如果有数字最终不是 4、2、1 模式，那么它必须至少有 19 位数字，因此不要浪费时间寻找更小的数字了。

## 63．P=NP 吗？

2000 年，美国马萨诸塞州剑桥市的克雷数学研究所发布了一份"千禧年奖问题"清单，其中包括他们认为最重要的 7 个未解的数学难题，正确解答出其中任意一个难题就可赢得 100 万美元的奖金。但到目前为止，只有一个难题被解答出来了。而解答出难题的数学家拒绝了该奖金。"P=NP 猜想"是目前剩下的六个问题之一。作为数学领域的难题，没有一个"克雷问题"是容易解答的，但在这里我们一起探讨一下 P=NP 究竟是什么。

这完全取决于计算机找到答案所需要的时间。假设我们想知道一本英文书里最长的单词是什么，计算机所要做的就是依次查看每个单词，计算每个单词由多少个字母组成，看看它是否比之前遇到的最长的单词更长。计算机执行的运算大致与书中的字数成正比，我们将这些运算数称为 $N$。对其他更困难的问题需要进行的运算数可能与 $N^2$ 和 $N^3$ 或 $N$ 的其他次幂成正比。这些运算数可能比 $N$ 大得多，但当 $N$ 以幂指数增长时，这些数字与 $2^N$ 相比很快就微不足道了。

如果一个问题可以用 $N$ 次幂给出的若干运算来解决，就意味着它可以用多项式时间来解决；如果需要 $2^N$ 来运算，就需要指数级的时间。这对计算速度的影响是非常大的。比如说 $N=100$，我们的计算机 1 秒钟可以进行 100 次运算，那么完成 $N^2$ 只需要 90 秒左右，$N^3$ 则需要近 3 个小时，但完成 $2^N$ 需要的时间比宇宙存在的时间还要长。

回到 P=NP 猜想，其中等式右边表示的是所有在多项式时间内寻找答案的问题，而等式左边则是所有在多项式时间内可以验证答案的问题。寻找答案和验证答案之间有很大的区别。寻找一个大数字的因数是一个非常烦琐且耗时的过程。但是要验证两个特定的数字是否是你所寻找的因数是很容易的：你只需将它们相乘即可。

有许多这样的问题，其答案很容易验证，但其中只有指数时间计算方法是已知的，以便在第一时间找到这些答案。如果 P=NP 的猜想是正确的，那么一定有一种暂时还没有人想到过的多项式时间法。在某些情况下，这个答案绝对值 100 万美元。

## 古生物学

### 64．如何解释 5.3 亿年前寒武纪生命大爆发时出现了大量的动植物物种？

查尔斯·达尔文提出进化论时，其中最大的一个问题是如何解释寒武纪生命大爆发。据达尔文称，进化应该是一个缓慢的过程。但化石记录显示，在过去的几百万年里（对进化而言，这是一个非常短暂的时期），大量的动植物物种出现了。5.7 亿年前寒武纪开始时，大多数生物都是单细胞生物。随后，大量的多细胞生物突然进化，形成了与我们今天所知的更像生命的东西。对此，学术界有以下几个观点：

- 化石记录传达了错误的信息，因为可能在前寒武纪时期发生了某些事情，阻碍了化石的形成。
- 化石并没有问题。只是由于某些原因，我们没能找到寒武纪之前的化石。
- 寒武纪早期生物进化过程中发生了一些重大变化，使得多细胞生物具有巨大优势，得以大量进化。
- 气候、大气层或环境中的某些因素改变了最适宜生存的生物的属性。

自 1980 年以来，又有更多前寒武纪化石被挖掘出来，这些化石支持了寒武纪生命大爆发可能并不像之前想象的那么剧烈的观点，但这仍然很难用标准的进化术语来解释。

## 65. 马达加斯加的生物是如何到达那里的？

马达加斯加大约 75% 的动物物种是地球上其他地方所没有的。化石记录也无法支撑岛上的生物缓慢而独立进化的说法，所以人们普遍认为，马达加斯加的生物一定是很久以前来自非洲大陆，要么是通过一座大陆桥，要么是和植被筏夹杂一起顺着洋流漂移过来的。

陆桥理论证明，在大约 4000 万年的时间里，不同的物种在不同的时间到达马达加斯加。如果有陆桥的话，人们认为动物们是在相对较短的时间到达的，而鼩鼱和刺猬的祖先在类似狐猴的生物是在 2500 万年之后才到达马达加斯加。然而，"植被筏理论"与我们对马达加斯加岛周围洋流的认知背道而驰，这种认知告诉我们，不可能有任何东西是从非洲漂过来的。

然而，2010年《自然》杂志的一篇论文报道了一项研究，该研究支持这样一种观点：大约2300万年前，马达加斯加岛周围的洋流可能在速度和方向上都发生了改变，大约就是在那个时候，马达加斯加岛不再有新物种进入。然而，测量史前洋流的强度是一件棘手的事情，因此这可能仍然只是一个理论。

## 66．猛犸象为何灭绝？

关于猛犸象灭绝的原因，研究人员提出了许多理论：

- 最后一批猛犸象在冰河时期开始时冻死在西伯利亚（维多利亚时代的理论，1837年至1901年）。

- 气候变化和疾病最有可能是猛犸象灭绝的原因（美国宾夕法尼亚州立大学发表的研究结果，2008年）。

- 人类对猛犸象的猎杀导致其灭绝（西班牙马德里的研究人员得出的结论，2008年）。

- 人类捕杀猛犸象并非是导致其灭绝的主要原因。而是由于人类对其他动物过度捕猎，以及对某些植物过度采集，进而对整个生态系统造成了重大破坏，导致许多物种灭绝（美国加利福尼亚大学洛杉矶分校和俄勒冈州立大学发表的研究结果，2010年）。

- 猛犸象灭绝是由于气候变暖导致树木快速生长，从而导致树荫变多，吸收了土壤中的养分，这两种情况都导致猛犸象赖以生存的植被严重减少（美国阿拉斯加研究人员得出的结论，2006年）。

- 猛犸象灭绝是大约1.3万年前地球动物区系发生巨大变化的结果（美国威斯康星州一项猛犸象粪便化石研究的结论，2009年）。

## 67. 名为"露西"的阿法南方古猿祖先是行走在陆地上还是飞荡在树枝间的？

阿法南方古猿生活在 390 万年到 290 万年前，比直立人的出现至少早 100 万年，但是它们中哪一个是第一个真正的两足动物仍然是争论的焦点。1978 年发现的南方古猿脚印证明，它们确实可以在某些时候直立行走，但对它们骨骼的研究却又给出了自相矛盾的信息。

它们的手指和脚趾的弯曲度与现代猿类相似，这表明抓握树枝和攀爬的能力对它们来说很重要。另一方面，没有大脚趾（用以抓握的，这是与现代人类共有的缺陷）表明它们的脚更多用于行走，而不是在树枝上荡秋千。它们的骨盆形态也被视为两足步态的证据。我们甚至不知道它们大部分时间生活在树上还是地上。

## 68. 尼安德特人有毛茸茸的毛发吗？

从尼安德特人的骨骼化石中，我们知道尼安德特人比我们矮、鼻子大、眉毛突出、下巴不是很大，但他们的大脑体积确实比我们的大。我们还知道，它们和我们同样有着类似猿类的祖先，但是骨骼化石没有办法显示它们是否有毛发。所以我们不知道尼安德特人是像猿一样毛茸茸的，还是像现代人一样毛发相对较少。

根据 DNA 研究，尼安德特人头发的颜色分布与我们相似。2008 年，一份报纸用概括性的描述称："欧洲的尼安德特人有姜黄色的头发和雀斑。"而更保守的调查则认为："大约 1% 的尼安德特人的头发是姜黄色的。"

在进化过程中，我们是什么时候褪去了大部分体毛的，以及为什么会这样，我们都不得而知。最近有一种说法认为，父母把他们毛发最浓密的孩子杀死，其原因是他们希望自己的后代与其他哺乳动物有所区别，这样就可以把毛发较少的基因遗传下去。但是，这是否发生在尼安德特人之前或之后（如果真的发生过的话），只能去猜测了。

## 69．尼安德特人有音乐文化吗？

DNA 研究表明，尼安德特人拥有 FOXP2 基因，而该基因被认为在语言的习得和使用过程中起着至关重要的作用，因此尼安德特人可能是第一批可以互相交流的人类，或者至少可以用一种可以理解的方式发出咕噜声。但是还有另一种理论认为，语言始于音乐，而人类的交谈始于类似鸟鸣叫的声音。因此，尼安德特人有可能通过音乐进行交流，而且多亏了 FOXP2 基因，这种交流进化成了语言。

## 哲　学

整个哲学可以被认为是由我们不知道的事物组成的。哲学家们喜欢思考那些还未被回答过的问题，而以下列出的只是其中的一小部分。

## 70．我们有自由意志吗？

人类是否有自由意志①？一个让哲学家和神学家为之奋斗了几个世纪的问题，可以简单地归结为自由意志和决定论②之间的兼容性。神学将这归结为对上帝无所不知的本质的讨论。该论点认为，如果上帝是无所不知的，那么他就通晓过去、现在和未来，并对他的造物——我们将要做出的所有决定了如指掌。因此我们的行为是预先决定的，我们根本

---

① 自由意志是相信人类能选择自己行为的信念或哲学理论。
② 决定论是一种认为自然界和人类社会普遍存在客观规律和因果联系的理论和学说。

没有自由意志。

然而，这样的论点并不需要上帝的存在。科学的解释是基于这样一个观点：宇宙是依据不可更改的法则运行的。宇宙中的每一个粒子都受这些定律的支配，不管我们是否知道这些定律，我们所有的行为都必须是这些定律的结果，因此是预先确定的。关于这一问题的生物学解释是，我们的基因组成和经历决定了我们行为的其他方面以及我们认为我们正在做出的选择。

## 71．自由意志是量子不确定性造成的错觉吗？

量子力学理论在 20 世纪 20 年代创立时，给我们提供了一种处理自由意志问题的新方法。突然间，在亚原子的层面上，我们发现自己面临着一种不确定性，与经典物理学所描绘的生硬图景完全不同。根据德国理论物理学家沃纳·海森堡阐述的"不确定原理"，我们不可能同时确定一个粒子的位置和速度，因此也就不可能预测它未来会发生什么。此外，根据量子理论，粒子可以同时出现在两个不同的地方。这个想法衍生出了平行宇宙的概念，其包含了所有量子不确定性的可能性。

自由意志的拥护者可能会声称，这就是他们一直在强调的。当我们做出选择时，我们只是把自己引向一个选择的宇宙。自由意志的否定者同样可以说，量子不确定性就是将一种可预测的随机性引入到物理定律中，而这种随机性的存在使我们认为我们有能力做出选择。

## 72．原因一定要先于结果吗？

从古希腊的亚里士多德到 18 世纪的苏格兰哲学家大卫·休谟等人，因果关系的概念本身似乎就说明了因先于果。甚至当休谟开始对"原因"进行定义时，把它描述为"一个先于另一个对象并与之相邻的对象"。

直到 20 世纪中叶，哲学家们才开始追问这是否确实是必要的。而反对原因晚于结果的标准论点与反对时光倒流的论点相似：如果 A 导致 B，但是 B 又发生在 A 之前，那么如果在 B 发生后，我们设法阻止 A 发生，那结果会怎么样？

有两种说法可以解决这一困境。一种说法是，如果 A 真的是 B 的原因，那么一旦 B 发生了，你就不可能阻止 A 的发生；另一种说法则认为，阻止 A 并不会造成逻辑困境，我们所做的只是改变了 B 的成因。

在过去的 50 多年里，物理学家们推测存在一种被称为"超光速粒子"的粒子，其速度可以超越光速，这意味着它们可以回到过去。这也意味着它们的未来（从我们的时间框架来看）可能会影响它们的过去。

写这段文字前不久，我无意中听到一段对话，一家人正在讨论下周一的日期。"肯定是 21 日，"一位女士说，"因为周二是杰佛里的生日，而那天是 22 日。"这似乎解决了我的问题：如果因为周二是 22 日，所以周一是 21 日，那么结果已经先于原因。然而，一些哲学家却不这么认为。

## 73．知识是什么？

柏拉图曾说过，若要被称为知识，那么它必须满足三个标准：它必须是合理的、真实的、可信的。2000 年以来，哲学家们一直在争论柏拉图的观点是否正确。下面以某个场景为例进行解释。

一位名人遭遇了一场交通事故，一家报纸根据错误的证据发表了一篇报道，称他已经死亡。某人在读完这篇报道后刚好乘飞机去一个偏僻的地方度假，那里很难获得国际新闻。一周后，这位名人因伤势过重而去世。度假者知道他已经死了吗？他相信如此，因为他是在报纸上看到的，现在这是真的（虽然他读的时候不是）。这是合理的，因为这是一份声誉良好的报纸，不会经常犯这样的错误。

你可以说，这一切都取决于一个人所说的"合理"是什么意思，而这基本上就是哲学家们一直在争论的问题。

## 74．自我和肉体是等同的吗？

这是佛教哲学中"十四无记"之一，而佛陀本人也拒绝回答。这个问题是，自我是否像永恒主义者所相信的那样永恒不变，还是像唯物主义者所宣称的那样随着身体一起死去。佛经上说，考虑这些事情就是浪费时间，所以我们就不假思索地进入下一项了。

## 75．色彩是心灵的产物，还是物体的固有属性？

奥地利物理学家埃尔温·薛定谔曾写道："物理学家对光的客观描述不能解释对色彩的感觉。我们对'红''蓝'或'黄'的概念有如此生动的感知，以至于很难把它们仅仅看作是波长在特定范围的光。"

当然，在日常生活中，有很多事物我们可以用一个精确的尺度来表示，如温度、长度或质量。我们可以判断一个物体是否比另一个物体更热、更大或更重。然而，如果没有关于光频率的专门知识，并且不依赖彩虹由红到紫的顺序，我们很难按正确的顺序排列颜色。然而，即便有这样的帮助，我们也不能声称自己能感知到红色和紫色分布在光谱的两端。

我们经历的一些事情是主观的（哲学家用术语"感受"来描述这些事情），另一些是客观的。颜色介于两者之间：它们是我们对客观现象的主观体验。它们是否存在还是仅仅存在于我们的头脑中，这是一个很难回答的问题。

## 76．什么时候堆不是堆？

这就是所谓的"堆垛悖论"，由希腊哲学家米利都的欧布里德斯（在希腊鼎盛的公元前 4 世纪）提出，他的论点为：从一堆沙子中拿走一粒沙子，它仍然是一堆沙子（一百万粒沙子是一堆）。

所以，如果我们每次都拿走一粒沙子，它仍然是一个沙堆。最终所有的沙子都会消失，即便一粒沙子也没有，仍旧是一个沙堆。还有一个类似的争论是关于非秃头男人头上的头发。伯特兰·罗素试图绕过这个悖论，理由是所有的自然语言都是模糊的，但是当如此多的哲学依赖于语言的精确使用时，这似乎有点像是在逃避现实。

## 77．我们星系的恒星数量是奇数还是偶数？

甚至古希腊哲学家也说过，我们永远不可能知道这个问题的确切答案。它曾被引用为一个问题的例子，对这个问题有一个确切的答案，但我们永远无法知道答案。实际上，这个问题比希腊人想的要困难得多，因为我们必须得确定是否包括白矮星、黑洞和其他类型的塌缩星体，还有那些数千光年以外的星体，它们看起来在那里，但可能在很久以前就已经塌缩了。

根据最近的估计，银河系中大约有 2000 亿颗恒星，宇宙中大约有 $1 \times 10^{20}$ 颗恒星。但是在 2010 年末，天文学家报告说，我们可能搞错了，真实的数据可能是它的 3 倍之多。如果我们连这个数字是 1 后面有 20 个零还是 3 后面有 20 个零都不确定，那么知道准确答案是奇数还是偶数的机会就更加渺茫了。

## 78．巧合会比应该发生得更频繁吗？

瑞士心理学家卡尔·荣格相信事物的内在联系，认为世界是有序的，由“集体无意识”推动事件朝着一个连贯的方向前进。他的思想核心是他称之为“同步性”的概念，他认为这是一个不依赖因果的连接过程。

巧合散播者喜欢收集并指出那些发生在他们自己和别人身上的惊人的巧合，其中一些似乎不太可能，令人难以置信。

　　冷静的理性主义者认为，我们都过着非常充实的生活，每天发生在我们身上的成千上万件事给我们提供了巧合的机会。如果令人惊讶的巧合不是时不时地发生，那才是真正值得注意的。但是，测量巧合发生的精确频率，并计算它们是否比应该发生的频率更高，并不是一件容易的事情。

　　亚伯拉罕·林肯遇刺和约翰·菲茨杰尔德·肯尼迪遇刺之间有一系列神秘的巧合。其中，两人的姓氏都由 7 个字母组成；两人都是在周五从暗处被袭击的；他们当选总统的年份的后两位都是 60（林肯：1860 年，肯尼迪：1960 年），两者都是由出生年份后两位为 08 的名叫约翰逊的人继位；林肯在福特剧院遇刺，肯尼迪在福特敞篷车遇刺，等等。但如果你一直寻找下去，总会发现很多的巧合。

## 物理学

## 79．为什么引力比其他基本作用力弱得多？

　　有四种基本力将宇宙凝聚在一起。我们从磁和电的经验中熟悉了电磁力；我们可能听说过强相互作用，正是它使原子核内的质子和中子牢牢地结合在一起；如果我们深入研究量子理论，我们可能会遇到弱相互作用，它作用于亚原子粒子，并导致核衰变。然而，即使是强度只为强相互作用的百万分之一的弱相互作用，与第四种力——引力相比，也是十分强大的。

　　如果你测量两个粒子之间的引力，你需要在它后面加上 30 个 0 才能得到弱相互作用的近似值。对于任何寻找万物理论的物理学家来说，这是一个大难题。

弦理论是迄今为止人类最先进的理论。将我们的三维世界看作是十维宇宙中的一个薄片，或者一个"膜"，这四种相互作用力就能统一起来。这种观点认为，万有引力作用于所有的十个维度，而我们只能察觉到微弱的三维效应，而其他的力只作用于在我们的三维空间。这一切都可以归结为"开弦"和"闭弦"之间的区别，"开弦"是弦理论中基本的十维振动曲线，"闭弦"也是如此，但其两端连接在一起形成一个闭环。

然而，一些物理学家认为，在宇宙中增加另外七个维度，就像发明了一个大锤子，只是为了敲开引力这个微不足道的坚果。

## 80．引力是如何起作用的？

牛顿认为引力是两个物体之间的一种力。爱因斯坦认为这是由质量引起的时空连续扭曲的结果。牛顿相信万有引力是瞬间发生的。爱因斯坦假设存在以光速运动的"引力波"。最近的实验似乎已经证实了爱因斯坦的观点，但是他所谓的"引力波"是由什么组成，以及它们是如何传播的，仍然是一个谜。

## 81．冷核聚变可能吗？

1989 年 3 月，美国犹他大学的马丁·弗莱施曼和斯坦利·庞斯报道了一项实验，如果该实验结果正确，那么它可能会改变世界。他们宣布在室温下进行的一项实验中监测到了核聚变。以前核聚变只发生在极高的温度下。如果庞斯和弗莱施曼是对的，那么他们的发现可能会带来一种几乎取之不尽的廉价能源。

其他科学家赶忙重复实验并验证结果，但没有成功。到 1989 年底，人们对冷核聚变的想法充满了怀疑，而庞斯和弗莱施曼也因所谓的实验错误受到了很多的批评。

然而，尽管科学界有许多人谴责冷核聚变实验，但不少团队仍在继续追求冷核聚变的"圣杯"，仍有零星的报道称，在室温下的实验中已经发现了核聚变的结果。一些人仍然坚信这在理论上是可行的。

## 82．太阳能可以转化为实用的燃料吗？

虽然太阳是一种潜在的巨大能源，但它不能满足我们绝大部分的能源需求。就地球人而言，问题在于太阳能自身的间歇性，以及太阳能的储存及日后使用的难度。太阳能电池板或许擅长在白天为我们的家庭供暖，而且在某种程度上，热量可以储存在热水罐中。但总的来说，把太阳能电池板收集的多余能量送入电网，是最好的处理方法。

太阳能汽车已经研发出来，但是在没有阳光的情况下，它们则需要一种替代能源才能使用。目前最实用的想法似乎是一种可以用太阳能充电的电池驱动汽车。但在实际操作中，它能做的顶多是延长电动车的续航里程。研发出用太阳能取代传统燃料，并且性能也同样出色的汽车还有很长的路要走。

## 83．人类的奔跑速度有极限吗？

100 年前，男子 100 米的世界纪录是 10.6 秒。短跑运动员们正在缓慢但坚定地打破世界纪录，截至 2011 年 7 月，世界纪录为 9.58 秒（尤塞恩·博尔特在 2009 年 8 月创下的纪录）。考虑到我们的体重、腿长、肌肉力量和其他物理因素，人类的奔跑速度一定有一个理论最大值，然而是多少呢？

有多少进步是归功于更优质的跑道或者更好的鞋子，又有多少归功于更强壮和训练方法更好的运动员，这些都是有争议的，但生物统计学家已经利用 100 米的记录数据试图预测人类奔跑速度的极限。

直到最近，一条平滑的曲线似乎与世界 100 米纪录的诞生年份相吻合。这条曲线逐渐下降，但趋于平缓，最终得出的预测是，人类有望达到的极限约为 9.45 秒。随后，牙买加短跑运动员尤塞恩·博尔特出现了，并在 2008 年和 2009 年三次打破世界纪录，使实际数据直线下降，并低于预期的平滑曲线。根据曲线预测结果，这本该再过二三十年才会到来。

统计学家们已经回到他们的电脑前，但由于该曲线的平滑度受到严重影响，所以之前的所有赌注都落空了。

## 量子物理学

### 84．为什么物质和能量在宏观世界中遵循艾萨克·牛顿的经典力学，而在亚原子粒子的世界中，它们却以概率的方式表现？

当用牛顿的理论解释宇宙时，一切都是那么简单。你知道每样东西的位置和移动速度，根据他的运动定律，你可以计算出每样东西未来的位置。然后爱因斯坦、海森堡、薛定谔、狄拉克、普朗克以及其他的量子物理学家走过来告诉我们：首先，我们无法同时知道东西在哪里和它移动的速度；其次，它仅仅是一个概率波函数；最后，如果我们能接受一个物体可以同时出现在两个地方，那么这个世界才有意义。

换句话说，大型物体的世界似乎符合我们看待事物行为的一般方式，也符合我们认为它们应该有的行为方式，但当我们进入亚原子层面时，一切看起来都非常不同了。我们仿佛同时生活在两个截然不同的宇宙里。正如 J.B.S. 霍尔丹在 1927 年所说："我个人认为，宇宙不仅比我们想象得要奇怪，而且比我们所能想象到的还要奇怪。"

## 85．为什么普朗克常数是这个值？

1900 年，德国物理学家马克斯·普朗克在研究一个有关辐射的问题时获得了一个惊人的发现，即他的理论预测只有在假设能量不是连续的，而是以小块的形式出现（他称之为"量子"）的情况下才能与实验数据相匹配。这一发现推动了量子物理学的发展，改变了我们看待世界的方式。当爱因斯坦证明了质量和能量的等价性时，很明显也存在质量的离散量子，根据一些理论，甚至存在时间量子。

普朗克常数是量子大小的度量，以能量乘以时间作为单位，等于 $6.62606896 \times 10^{-34}$ 焦耳每秒。换句话说，它等于 1 安培的电流在 1 秒钟内通过 1 欧姆的电阻所产生的能量乘以 1 个小数点后跟着 34 个 0 再跟着 662606896 的数字。

所有粒子的质量，包括夸克和电子，都取决于普朗克常数。根据最新的理论，我们可以有无质量的粒子，或者有质量由普朗克常数决定的粒子，但是没有在这两者之间的粒子。普朗克粒子块的大小肯定有其形成的原因，它们是宇宙的基本组成部分，但没有人知道原因是什么。

## 86．我们的宇宙是唯一的，还是多元宇宙的一部分？

走出我们的宇宙，进入一个平行宇宙的想法几乎和科幻小说的历史一样古老，但作为解释量子理论中某些古怪晦涩部分的方法，它却获得了某种认可。以"薛定谔的猫"为例，它是奥地利物理学家埃尔温·薛定谔在 1935 年的思想实验中虚构出来的一种生物：这只不幸的动物既是死的也是活的，直到我们偷偷瞥上一眼，看看它到底是哪种情况。如果你想象这个实验发生在两个宇宙中，一个宇宙中猫已经死了，另一个宇宙中猫仍然活着，你根本无法知道自己身处哪个宇宙之中，除非你看到这只猫。

弦理论也预言了多重宇宙。事实上宇宙只有一个，但它有十个维度，而我们这个微不足道的三维宇宙只是真实宇宙的一小部分——还有很多类似的宇宙。根据弦理论，就连大爆炸也不过是宇宙的两个部分之间的碰撞。如果我们把暗能量看作是由另一种力施加在我们的宇宙上而产生的，这个想法也可能有助于解释暗能量。

然而我们能否设想出一个实验来告诉我们是否存在其他宇宙，则完全是另一回事。

## 87．如果还有其他宇宙，它们是否有和我们一样的物理定律？

根据一种叫作"人择原理"的观点，我们所看到的物理定律之所以如此，只是因为我们看到了它们。许多定律和物理常数似乎被完美地调整过以维系宇宙的完整，并创造让我们进化的条件。例如，如果没有万有引力定律，一切都会分崩离析；没有能量和动量的守恒定律，恒星和行星就不会停留在它们的轨道上。即使是一些物理常数的微小变化，也会导致一切分崩瓦解。

其中一种观点是，这一切是上帝有意为之。另一种宗教色彩不那么浓重的观点认为，如果上帝想让他的宇宙运转，那么他在这个问题上别无选择。相比之下，人择原理的拥护者则认为，事情本可以不同的，但它们会如此不同，以至于我们不会在这里看到它们。我们对宇宙以及支配它的法则的看法，很大程度上受到我们自身观点的影响。

是将弦理论下的十维世界视为唯一一个真实的宇宙，而我们只是其中的一部分，还是所有可能的宇宙的集合，或者是众多多维宇宙中的一个，又或者仅仅是一个数学模型，可以用来解释我们自己宇宙中一些更令人费解的问题？在我们学到更多东西之前，这只是一个选择的问题。

## 88．为什么反物质这么少？

根据我们目前对宇宙的看法，所有的一切都始于一次能量大爆炸，根据爱因斯坦的质能方程，大爆炸后能量转化为物质。但是理论和实验都表明，当能量转化为物质时，会产生等量的反物质。反物质和物质是一样的，唯一的不同点是在一个反物质原子中，带负电荷的原子核被带正电荷的正电子环绕，而在物质中，原子有一个带正电荷的原子核被带负电荷的电子环绕。因此，当物质遇到反物质时，它们会相互湮灭，并转化为能量。

在宇宙刚开始的时候，一定存在着等量的物质和反物质，然而找到哪怕是最微小的反物质粒子也是异常困难的。那么，这些物质都去哪里了呢？

## 89．"宇宙大爆炸"后的十亿分之一秒内发生了什么？

"宇宙大爆炸"的概念产生在 1949 年 3 月 28 日格林尼治标准时间 18：30。至少在那一刻，天文学家弗雷德·霍伊尔在 BBC 电台上创造了"宇宙大爆炸"一词。霍伊尔实际上并不相信大爆炸理论，但他解释了他支持的"稳定状态"理论和另一种"突然创造观"的不同。

自 1949 年以来，越来越多的证据支持"宇宙大爆炸"理论。特别是，对宇宙膨胀的测量和星系相互远离的速度都支持这样一种观点，即 137 亿年前它们都来自同一个点。

从基本粒子到星系的万物形成理论同样与大爆炸理论相一致。事实上，我们可以把一切都追溯到大爆炸后最微小的一瞬间，而且一切都吻合——但大爆炸后的第一个十亿分之一秒仍然是一个大问题。巨大的能量爆发必然创造了等量的物质和反物质，但随后出现了一种不对称，促进了物质的产生。剩余的反物质在与物质的碰撞中湮灭，形成了被称为"宇宙微波背景"的能量流，最后剩余的物质形成了我们的宇宙。但是，是什么导致了反物质在十亿分之一秒内消失，仍不得而知。

## 90．量子纠缠如何交流？

量子纠缠的概念已经得到了实验的证实，它是怪异的量子理论世界里众多怪异事物中最为怪异的一个。最常见的例子是一对光子，它们具有"自旋"的特性，可以是"向上"，也可以是"向下"。但是，如果一对中的一个是向上的，那么另一个必定是向下的，而且无论两个粒子相距多远，这种差异都不会改变。

实际情况要比这复杂得多，因为自旋是一种在两个地方同时存在的量子性质，在被观察之前，这种性质还没有确定。所以在我们测量它们之前，这两个粒子都处于上下两种状态。在某一刻，一个粒子的状态一旦确定，那么另一个也就确定了。

这就好像这些粒子在互相交流，而且实验表明这是瞬间发生的。然而，如果信息在粒子之间传输，它的传播速度不应该超过光速。但它确实超过了。对此乐观的观点认为，这可能是星系间即时通信的关键，而实际的观点是，我们也不知道这其中发生了什么。

## 91. 反物质来自其他星系吗？

美国"奋进号"航天飞机在 2011 年 5 月的最后一次飞行中，将一个名为阿尔法磁谱仪的巨大的设备带到国际空间站，在那里它将被用于各种实验，包括探测暗物质和反物质粒子。特别的是，它将寻找一个反氦原子核，一旦发现，将会支持这一理论——在宇宙的其他地方可能存在完全由反物质组成的星系。这也将会支持另一种观点，即反物质粒子在地球上很罕见，它们有可能来自银河系外。

## 92. 我们如何解释光的波粒二象性？

在经典物理学中，物质以粒子的形式出现，而能量以波的形式出现。在 17 世纪，有一场关于光是通过波还是通过微粒传播的激烈争论。光的某些方面只能用其中一个理论来解释，但其他方面则更倾向于另一个。在 20 世纪，爱因斯坦证明了物质和能量可以相互转化，使这幅图景变得模糊，但这使得物理学家用粒子或波来解释物理现象变得非常方便，哪种解释效果更好就用哪种。特别是在量子力学的亚原子世界里，使用波和粒子不仅成为惯例，而且似乎是必不可少的。

一种观点认为，物质和能量，尤其是光，既可以是波的形式，又可以是粒子的形式（我们现在称之为"光子"），但不能同时表现为两者；另一种观点认为，所有这一切都是自相矛盾的，毫无意义。但这似乎是可行的，而且这种悖论在量子理论中并不罕见。

## 发酵学

发酵学是对发酵的研究，你可能知道，酵母在其中扮演着重要的角色。当然，关于酵母最有趣的问题是：

### 93．酵母会思考吗？

2009 年，分子神经生物学①家赛斯·格兰特教授在《悉尼校友杂志》（*Sydney Alumni Magazine*）上发表了一篇关于大脑进化的文章，他提出了一个问题："酵母会思考吗？"他的回答相当令人吃惊："在某种程度上，答案是肯定的。酵母细胞会根据环境的变化做出决定。"他接着解释了酵母细胞是如何察觉环境的变化并相应地改变其生长或行为的。当然，大多数人不会认为这是一种"思考"，但是他的观点得到了新发现的支持，即酵母细胞中用于产生这种变化的蛋白质与人类大脑突触中发现的一些蛋白质是一样的。因此，我们人类的大脑进化的起源可能是来自原始的单细胞真菌蛋白，比如酵母。

---

① 分子神经生物学是在生物大分子水平上研究神经的结构与功能的科学。

# 宗教篇

# 基督教

## 1. 真的有圣杯吗？

在基督教相关的文学作品中，圣杯是一个神圣但又难以捉摸的物品。据说它是耶稣在最后的晚餐上使用的杯子或碗，被认为具有某种神奇的魔力。在中世纪，圣杯在亚瑟王的传说中扮演了重要的角色。圣杯第一次被提到是在克雷蒂安·德特鲁瓦于 1180 年至 1191 年间写的一首题为《帕西瓦尔：圣杯的故事》的诗中。不久之后，罗伯特·德博龙在他的诗《阿里玛提亚的约瑟夫》中又给圣杯增添了新的意义和神秘色彩。诗中写道，耶稣将圣杯交给阿里玛提亚的约瑟夫（在福音书中，约瑟夫让出自己的坟墓来埋葬耶稣），后来耶稣从十字架上被放下来后，约瑟夫就用圣杯来盛放耶稣的血。

耶稣受难和第一次提到圣杯之间隔了 1000 多年，使得这听起来就像一个神话，但一些教堂的艺术品被认为带有类似圣杯的特征。其中最重要的是西班牙瓦伦西亚大教堂的圣杯，许多教皇曾经用过，2006 年教皇本笃十六世在大教堂举行的弥撒中也使用过这个圣杯。1436 年，阿拉贡国王阿方索五世将圣杯赠予了大教堂，但据说圣杯是在 3 世纪时由圣劳伦斯带到西班牙的。一些考古学家认为圣杯最早可追溯到公元 1 世纪，许多基督教研究学者表示，在所有声称是圣杯的文物中，这个圣杯最有可能是真品。

## 2. 都灵裹尸布上是如何印上一个男人的肖像的？

都灵裹尸布是一块备受尊崇的古代亚麻布，保存在意大利都灵大教堂内。在裹尸布上可以看到一个男人的形象，传统说法是耶稣被从十字架上放下来后，用亚麻布包裹着耶稣的身体，布上留下了耶稣的印记。

长久以来，都灵裹尸布一直笼罩着一层神秘面纱，甚至有一个专门用来研究都灵裹尸布的科学词汇——都灵裹尸布学（sindonology，源自古希腊的"sindon"，意为裹尸体的布料）。然而，即使是最勤勉的都灵裹尸布学家也会承认，这件圣物的某些方面依然令人困惑。

自14世纪以来，关于都灵裹尸布已有很多记载，但它是否起源于这个时期，以及是否真的是耶稣受难后用来包裹遗体的尸布，依然充满争议。经过激烈的争论，1988年，都灵裹尸布学家对都灵裹尸布的一小部分布样进行了放射性碳测年法，结果表明，裹尸布的时间在1260年至1390年之间的可能性为95%。然而，随后不久，测定方法和测试样本的性质都受到了质疑。一些证据表明，测试布样可能不是原来整块裹尸布上取下的典型样本，而是后来修补或篡改过的结果。

无论都灵裹尸布的时间，还是其上图像的起源都完全是个谜。裹尸布上尸体受伤的痕迹与当时人们所知的耶稣受难的方式相吻合——这种知识对于14世纪的人来说是不可能了解的。人像在照相底片上会变得更加清晰，但照相技术是在此后很久才出现的。最终，复制裹尸布上人像的尝试无一成功。

## 3．爱尔兰的守护神是苏格兰人还是威尔士人？

圣帕特里克是爱尔兰的守护神，但对他的一生唯一翔实可靠的记录只有他写的两封信，而这两封信又非常缺乏事实依据。他自称出身于英国的班纳·温塔·贝尔尼埃（Banna Venta Berniae），有些人认为他的出生地在苏格兰西南部，就在与卡莱尔接壤的地方，而另一些人则认为是在威尔士。16岁时，圣帕特里克被海盗绑架并被带到爱尔兰，但随后他逃了出来并回到家中，之后又返回爱尔兰传播基督教义。根据古爱尔兰年鉴，圣帕特里克死于493年3月17日，但这一时间其实也不太确定。直到最近，人们普遍认为圣帕特里克是在420年逝世的。

我们对包括圣乔治和圣瓦伦丁在内的许多受欢迎的圣徒的身份也存在类似的认识空白。

## 4．早期的基督徒是否参与了《死海古卷》的书写？

在 1946 年至 1947 年的冬天，一位贝都因[①]牧羊人意外掉进了死海西北岸基伯昆兰遗址附近的一个洞穴中，并有了惊人的发现。他爬出洞穴时，带出了一些古代卷轴。在接下来的几年里，人们从这个洞穴和附近其他的洞穴中发现了更多的卷轴。这些卷轴可追溯到公元前 150 年至公元 70 年之间，包含 972 篇来自《旧约圣经》的文本和注释，用希伯来语、阿拉米语[②]和希腊语写成。《死海古卷》是迄今为止最古老的原始圣经文本，它充满了宗教和神秘意味，这增加了人们对于卷轴的起源、翻译和关联性的争论。

关于卷轴的起源，一般认为，它们是艾赛尼派的神圣经文。艾赛尼派是当时一个虔诚的犹太教派，普林尼称他们住在死海的西边。然而，自 1990 年起，人们提出了其他关于卷轴起源的理论。对昆兰进一步考古所获得的证据连同对卷轴内容的分析表明，它们可能不是由艾赛尼派所写，而是由昆兰的另一个犹太教派所写；卷轴也有可能是在耶路撒冷汇编，然后被带到昆兰的洞穴里保存。其他学者则从书卷中选取了《圣马可福音》的片段作为证据，认为其中有些经文可能是由早期基督徒所写。

## 5．《圣经新约》是由谁书写的？

没有人确切知道《马太福音》《马可福音》《路加福音》和《约翰福音》何时写的，或由谁写的，但大多数人都认为《马可福音》成书最早，大

---

① 贝都因，阿拉伯人的一支，是以氏族部落为基本单位在沙漠旷野过游牧生活的阿拉伯人。
② 阿拉米语是阿拉米人的语言，也是旧约圣经后期书写时所用的语言，被认为是耶稣基督时代的犹太人的日常用语。

约在公元65年;《马太福音》和《路加福音》紧随其后，大约在公元65年至70年之间；而《约翰福音》最后成书的时间大约在公元100年。这些结论主要来源于对经文的分析，以及《马太福音》和《路加福音》中对《马克福音》的广泛引用，而《约翰福音》则是以不同的风格叙述不同的事件。但马太、马可、路加和约翰又是谁呢？

传统上认为，《马太福音》的作者就是其中提到的税吏（又称利未），但如果真是这样，利未和耶稣的关系那么亲近，撰写福音书时又为何如此依赖马可所写的内容呢？

马可本人并不是使徒，只是短暂地当过使徒保罗的助手，虽然一些权威人士认为马可的福音主要是基于彼得的讲道。

人们认为，《路加福音》和《使徒行传》由同一个人所写，因为这两本书承接得十分自然，都是写给一个名叫西奥菲勒斯的罗马人。除此之外，我们似乎就只知道马可是名医生。

《约翰福音》的作者最为神秘，书中甚至从来没有提到过约翰的名字。人们通常认为，书中提到的"耶稣所爱的门徒"指的就是福音书的作者，但这一章节并没有帮我们指出约翰是谁。然而，人们普遍认为，此约翰并非撰写《启示录》的那个约翰——他在希腊帕特莫斯岛上看到了天启，也就是人们所熟知的圣约翰。

# 德鲁伊教

## 6. 古代德鲁伊教信仰什么？

在公元前200年到公元200年间，许多希腊和罗马作家都曾描述过德鲁伊教，对他们来说，德鲁伊教是一个神秘的教士阶级，在英国、爱尔兰和高卢有很大的影响力。盖乌斯·尤利乌斯·恺撒曾写道，他们在高卢担任审判官，作为人与神之间的中间人而备受尊敬，但他所提到的德鲁伊教的教义是他们相信灵魂转世。然而，德鲁伊教并没有留下任何文字记录。我们只知道德鲁伊教与巨石阵有关，因为直到 17 世纪，人们才将二者联系起来，而"古代德鲁伊教"其实并不古老，它直到 1717 年才创立。

## 7. 德鲁伊人用"柳条人"将活人烧死来献祭吗？

恺撒还称，德鲁伊教热衷于用活人献祭，牺牲品通常是罪犯，但有时也会是无辜的人。然而历史上不乏这种冠冕堂皇的指控，其意图是给人留下一种印象，即他们所要征服的人全都是野蛮人，需要施以文明之手。根据恺撒的描述，受害者被放置在一个巨大的木制雕像中活活烧死，这个雕像在当代被称为"柳条人"（这个名字在 20 世纪 70 年代的一部邪典电影 ① 中十分流行）。另一个同样是公元前 1 世纪的说法是，希腊历史学家狄奥多罗斯·西库路斯称，德鲁伊教信徒将一把匕首刺进受害者的胸膛，并通过腿抽搐的方式预测未来，以活人来献祭。

由于缺乏"柳条人"的考古证据，因此用活人献祭的说法充满争议。

## 耶稣基督

## 8. 耶稣从童年到 20 多岁的时候，做了什么？

《路加福音》中有一段简短的经文，讲到 12 岁的耶稣在耶路撒冷

---

① 邪典电影是指某种在小圈子内被支持者喜爱及推崇的电影，特点是拍摄手法独特、题材诡异、剑走偏锋、风格异常、带有强烈的个人观点、富有争议性，通常是低成本制作，不以市场为主导的影片。

旅行时失踪，后来人们发现它正在圣殿中与长老们辩论，除此之外，从耶稣出生直到他生命最后的几年，就再也没有任何记载。我们从《路加福音》中可知，耶稣在圣殿里被找到后，就随父母回到拿撒勒，对他们恭敬顺服，智慧和身材都增长了。鉴于人们对他出生时的戏剧性描述，他被誉为应许的弥赛亚，叙述中存在相对大的一段空白，令人费解。

## 9．耶稣受难的各各他山在哪里？

据《新约全书》记载，耶稣受难于各各他山，这个名字来源于一个阿拉米语单词，意为"头骨的地方"。一些人认为这座山的形状让人联想起头骨；另一些人则认为，这里是埋葬亚当头骨的地方。圣杰罗姆在 4 世纪时，将这段经文翻译成了拉丁文，他翻译的是"Calvariae Locus"，意思是"颅骨之地"，而英文"骷髅地（Calvary）"就是从这个词派生而来，但是各各他山究竟在哪里呢？

据《约翰福音》记载，耶稣的遗体被放进坟墓之前只被抬了很短的距离，这表明各各他山可能就在墓地附近。

《希伯来书》第十三章第十二节提到，各各他山在"城门外"，但具体是哪个城门却并未提及，而据《马太福音》记载，它靠近一条行人很多的道路。

圣墓教堂的建造地满足了所有这些要求，但满足这些条件的教堂不止这一所，而圣经史学家们对圣墓教堂的位置是否正确也是众说纷纭。

## 10．耶稣有多高？

耶稣的身高估计在 1.38—1.85 米，跨度如此之大，这是一个人们不太希望看到的结果。根据 1 世纪犹太罗马史学家约瑟夫斯所说，耶稣大约有三腕尺高，但是一腕尺究竟有多长存有很大争议。通常，一腕尺大约长 46 厘米，据此计算耶稣约有 1.38 米高；但还有一种"皇家腕尺"，大约长 53 厘米，据此计算耶稣约有 1.59 米高，这算是当时成年男性的平均身高。另一方面，根据"都灵裹尸布"上的尸体印记测量，估算出耶稣身高约为 1.75 米—1.85 米。福音书中并没有提到耶稣的身高，这让一些评论家认为，耶稣的身高大概在平均水平。

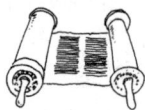

## 犹太教

### 11. "约柜"是真实存在的，还是说它只是一个神话？

约柜的概念贯穿整部犹太圣经，其一致性让人印象深刻。据说摩西从约柜中获得了《十诫》，而在其他版本中，约柜里还有亚伦之杖和一罐吗哪（古以色列人在经过荒野时得到的天赐食粮）。约柜首先出现在《出埃及记》中，然后多次出现在《申命记》《约书亚书》《犹大书》《撒母耳记》《列王纪》《历代志》《诗篇》和《耶利米书》中，同时《新约》中的《希伯来书》和《启示录》篇里也有记载。以上种种这些都证明了约柜的神奇，这些与印第安纳·琼斯在《夺宝奇兵》中的经历相差无几。

然而，仅靠在书中重复出现并不能证明约柜的真实性。2000 多年来，人们一直在寻找约柜，传说中对约柜所在地的描述遍及亚洲、欧洲和非洲。2008 年，都铎·帕菲特出版了《失落的约柜》一书，该书讲述了作者对津巴布韦一个自称是以色列失踪部落的兰巴族的研究。在他们的传说中，他们的祖先把约柜从耶路撒冷带到了非洲。长久以来，人们普遍对兰巴人的说法抱有强烈的怀疑态度，直到对他们的基因进行检查后发现，他们与一群犹太人有某种共同的基因特征。

根据兰巴神话的线索，帕菲特发现了一个与圣经约柜有相似之处的古代木箱。放射性碳测年法显示，这是在 14 世纪制造的，约柜的信徒们认为，这是真正的约柜毁坏时制作的复制品。

## 12．犹太人是如何分裂成德系犹太人和西班牙系犹太人的?

公元前 720 年左右，亚述帝国征服以色列王国后，许多犹太人逃散到整个中东和北非地区。公元 2 世纪，犹太人与罗马人之间的战争以及罗马皇帝的迫害，导致剩余的犹太人从犹太（古罗马所统治的一个地区）被流放，从而进一步分散开来。这种散居导致了遍布世界各地的小型的、最初孤立的犹太团体，后来最终合并成两个主要的群体：德系犹太人（主要为欧洲犹太人）和西班牙系犹太人（亚洲犹太人）。

这对两个群体之间宗教和文化的差异以及他们的整体外貌的差异至少给出了传统的解释。然而，基因研究却给出了许多令人惊讶的结果。证实了这两个群体具有相同的起源后，对德系犹太人和西班牙系犹太人的 DNA 分析，显示出这两个群体具有高度的相似性，这出乎所有人的意料。许多犹太人群体被认为是由皈依犹太教的人建立的，但这一观点缺乏基因分析的支持。特别是可萨人在东欧犹太教发展中所起到的作用，由于基因证据的存在而备受质疑。

随着对犹太群体基因库的研究越来越深入，他们彼此间的关系以及现有群体间通婚的程度越来越清晰。在某些情况下，这些结果与历史观点相吻合；而在另一些情况下，似乎与历史观点相矛盾。离散索居的犹太人的拼图还远未完成。

## 13．失落的以色列支派发生了什么?

现代科学正在揭开一个圣经之谜的神秘面纱。据《创世纪》记载，雅各的十二个儿子是以色列十二个支派的始祖，他们住在约旦河的两岸。所罗门王死后，犹大支派和便雅悯支派组成了以色列南方王国（犹大王国），其他十个支派则组成了以色列北方王国。公元前 722 年，亚述人征服了北方王国和南方大部分地区，并将这十个支派流放。

简而言之，这就是以色列十个失落的支派背后的故事。有些记述说，其实一共有十三个支派，据说约瑟夫的两个儿子分成两个支派，而另一些说法则认为，利未支派的成员都是祭司，其地位与其他支派不同。但是，无论如何，关于这十个失落的支派究竟发生了什么一直是个谜。

对世界各地犹太人群体的基因研究正开始拼凑起这幅图景，一种所谓的"科恩"基因的存在似乎证实了利未支派祭司的起源，该基因已经在许多不同的犹太群体的祭司阶层的成员（以及名为科恩的成员）中发现。科学研究表明，自称是其中一个失落支派的后裔的津巴布韦兰巴部落，在亚述人征服以色列前后开始从基因上与中东犹太人分道扬镳。

《圣经》故事里这十二个支派的历史可追溯到约 3000 年前，基因拼图的第一块已经就位，最后的拼图是否会揭示它们的历史，这应该是一个有趣的问题。

# 《旧约全书》

## 14. 诺亚方舟尺寸计算里的"一肘尺"究竟是多长？

当耶和华吩咐诺亚用歌斐木造方舟时，他规定："方舟长三百肘，宽五十肘，高三十肘。"（詹姆斯国王钦定版圣经，《创世纪》）。诺亚一定清楚上帝在说什么，因为他没有问这到底指的是埃及皇室肘尺、罗马肘尺、波斯肘尺还是苏美尔肘尺，这些尺寸都代表不同的长度——从此，这种状况导致了以肘尺为计算单位的诸多分歧。

从传统上来说，一肘尺是指一个人的手肘和他伸长的中指指尖之间的距离，也经常用固定的"手掌"数来定义，这里指的是一只手的宽度。但一肘尺包含的手掌数量可能在 6 到 9 之间不等，而且在大多数情况下，这样定义的肘尺比肘到中指的距离要长。

## 15．诺亚方舟上的女性叫什么名字？

《创世纪》记载了诺亚方舟上的四位女性，她们分别是诺亚的妻子，以及诺亚的儿子闪的妻子、含的妻子、雅弗的妻子。但我们却不知道她们具体的名字。有些古代史学家建议为她们取名，但他们没有达成一致的意见，给出了十几组差异巨大的名字。有一件事我们可以相当肯定，与 1997 年的调查中 12% 的美国人的看法不同，那就是圣女贞德并不是诺亚的妻子。

## 16．导致黑海形成的洪水是否启发了诺亚方舟的故事灵感？

关于黑海的形成有两种完全不同的理论。较为古老的理论称，在过去 3 万年的时间里，海水在爱琴海和黑海之间流动，有时朝一个方向流动，有时朝另一个方向流动，后来逐渐抬高了黑海的水位。另一个理论于 1997 年首次提出，该理论认为在公元前 5600 年左右，爱琴海的洪水泛滥并漫过了博斯普鲁斯海峡，其泛滥的速度是今天尼亚加拉瀑布流速的 200 倍。其结果是黑海的形成和该区域的大片土地被淹，导致许多人流离失所，甚至饱受灾祸。

人们认为，对这样一个灾难性事件的记忆可能启发了诺亚的洪水故事——而这个故事绝不是仅在中东神话中出现的个例，在其他神话中，比如美索不达米亚的《吉尔伽美什史诗》中也有类似的说法。对黑海沉积物的科学研究尚未证实或否定洪水突然泛滥的假设，但要与诺亚的故事建立联系却是难上加难。

## 17．以色列的《出埃及记》是神话还是史实？

《旧约全书》和其他古籍中单独提到《出埃及记》的记录不胜枚举，因此人们很难把这个故事当作纯粹的神话而不予理会。一些人在为《出埃及记》和《旧约全书》之后的三卷书中所描述的事件寻找历史背景，他们指出了青铜时代晚期地中海东部各种文明的崩溃，以及埃及将某些民族驱逐出其土地的若干例子。公元前 1600 年左右，希拉火山岛（现名为圣托里尼岛）的大规模喷发，也被认为是埃及瘟疫和摩西等人穿越红海的一种可能的解释。

然而，对于摩西带领男人、妇女和孩子共计 60 万人穿越荒野，这一数据与当时的人口数据不符，无论是在以色列人离开埃及，还是在他们抵达应许之地迦南时。这个数字充其量不过是一种夸张或者误译。尽管沿着这条假定的路线已经发掘出了一些遗址，但没有任何考古学证据可以支持《出埃及记》的故事。

因此，《出埃及记》的故事是宗教和历史因素的混合的这一结论似乎是合情合理的，尽管我们不能确定历史因素是否有事实依据。

## 18．《旧约诗篇》是谁写的？

《旧约诗篇》共有 150 首诗歌，其中有 73 首由大卫所写。然而，一些学者认为古文献中的这些作者署名并不可信，因为其是在这些诗歌写成很久之后才加上去的。另一种观点则认为，之所以称他们为大卫的词并不是指它们"由大卫创作"，而是指它们"由大卫编辑"，意思是他只是收集了各种古代诗篇。一些学者在对诗篇中使用的语言进行分析之后，认为这些诗歌需要很长的一段时间才能完成，而且并非全都出自同一人之手。

还有亚萨和"可拉儿子"的名字也出现在诗歌归属的名单中，希幔、以探、所罗门和摩西的名字也是如此。与《旧约全书》中的许多其他内容一样，我们并不知道它们的作者是谁，也没有足够的已知作者的样本来进行适当的文本分析。

## 教　皇

### 19．世上有真正的教皇若安吗？

在关于黑暗时代 ① 教皇的故事中，要把神话和事实分开是非常困难的，但几乎没有哪个故事比教皇若安的故事更匪夷所思。这个故事讲的是一个知识渊博且虔诚的女人，她乔装成一个男人，在罗马天主教会的等级制度中步步晋升，并在 853 年被选为教皇。在担任教皇两年之后，据说她在骑马的时候生下了孩子。之后发生在她身上的事情有各种不同的说法，例如：有人说她被怒不可遏的暴徒杀害；也有人说她后悔了，在默默无闻中度过了余生。

早期提到教皇若安的文献大多可以追溯到 13 世纪，不过在 9 世纪的一份文件中，有一段关于她的存在争议的注释——尽管这段注释可能是后来添加的。整个中世纪都普遍相信她的存在，虽然现在大多数历史学家和宗教学者认为这只是一个神话传说。

### 20．中世纪的教皇们是坐在像马桶盖一样的椅子上接受检查以确立他们的男子气概吗？

不管真假，教皇若安的故事产生的其中一个后果是一把大理石椅子，椅子上有一个像马桶一样的洞。据说这是教皇登基仪式的一部分，

---

① 黑暗时代是欧洲历史上的一段时期，约公元前 12 世纪到公元前 9 世纪。——译者注

当选教皇必须光着下半身坐在座位上，而红衣主教们则列队走过，以观察或触摸的方式来确认他的男子气概。满意时就会宣布："他有两颗睾丸，并且状况良好。"这样他就通过了检查。

15 世纪的人们普遍相信教皇若安的故事，据说这一程序的设定正是对此做出的回应。当然，这种教皇测试椅的真实性并不需要教皇若安的存在，只需要包括红衣主教在内的人们相信她的存在即可。然而，这样的椅子从来没有产生过，1601 年教皇克莱门特八世宣布教皇若安的故事是一个神话，至于他的睾丸在他登基之前是否已被宣告为优秀，则没有记载。

# 祈 祷

## 21. 祈祷有用吗？

虽然很难否认祈祷对祈祷者有好处，但它是否能影响外部事件一直是个争论不休的话题。自 19 世纪以来，人们进行了很多实验，通常是让医院里的病人来测试祈祷的效果。一组患者会由一组宗教人士为他们的康复祈祷，而另一组则不会。病人和医院工作人员都不知道谁属于哪一组。一些实验者声称他们的结果表明祈祷是有效的，其他人则说没有任何区别。

由于大多数宗教的神都不会和那些试图用这种粗糙的方法来证明或否定他们存在的专家们合作，所以我们需要一些不那么明显的方法来检验祈祷的有效性，这样我们才有可能回答这个问题。

# 文体篇

## 作曲家

### 1. 巴赫希望他的作品以什么样的速度被演奏？

1815 年德国发明家约翰·内波穆克·梅尔策尔为节拍器申请了专利，在此之前，作曲家对他们的作品弹奏速度只能给出模糊的指导。然而，早期的节拍器能确保节奏的规律性，但每分钟打出的具体的节拍数却并没有那么准确。究竟这种规律是有益的，还是一种对演奏者自由诠释的不必要的干扰，这一直是一个争论不休的问题。例如，19 世纪德国作曲家约翰内斯·布拉姆斯曾说过："我认为节拍器的速度标记毫无用处。据我所知，所有的作曲家都像我一样，在演奏时把节拍器收起来了。"

在节拍器出现前，作曲家使用意大利术语来传达他们的意图，如"allegro"（快板）、"lento"（慢板）和"andante"（行板），而亨德尔（乔治·弗里德里希·亨德尔，巴洛克时期英籍德国作曲家）经常使用"tempo ordinario"（适中速度）一词来表示某种"标准"速度。巴赫从未用过这个短语，但有些人认为他的作曲中如 3/4 或 3/8 的拍子记号，其实已经提供了基本的节奏信息。其他人则认为，巴赫非常乐于看到演奏者选择他们自己的节奏，而且他用惯用的意大利术语只是为了表示一个部分与另一个部分之间的相对速度。例如，美国"巴赫节奏科学家"科里·霍尔的结论是，巴赫标注的快板速度应该是慢板的两倍，而中板应该正好介于两者之间。

要想欣赏表演者在解读巴赫作品的节奏时所感受到的自由，只需将格伦·古尔德于 1955 年录制的《哥德堡变奏曲》与他 1981 年录制的版本进行对比，这时你会发现：1981 年版本中演奏的开场咏叹调的速度只有 1955 年版本的一半。谁知道巴赫会更喜欢哪一个版本呢？也许他两个都爱，又或者两个版本都会听得他汗毛直竖。

## 2．谁为海顿的《创世纪》写了歌词？

1795 年，在约瑟夫·海顿第二次伦敦之行接近尾声时，小提琴家兼剧院老板约翰·彼得·所罗门用英语为他表演了主题为《创世纪》（*Creation*）的清唱剧。但海顿的英语不好，他请戈特弗里德·范斯维滕男爵将它翻译成德语，后来该剧似乎又从德语翻译回英语。最初的版本是一首题为《创世界》（*The Creation of the World*）的长诗，以弥尔顿的《失乐园》和《圣经》的文本为创作基础，目前已经失传，海顿后来表示已经忘记了该诗作者的名字。

《创世纪》既可以用英语表演，又可以用德语表演，作品首次出版时，发行了英德两个语言版本。然而，英文版受到了大量的批评。例如，1802 年，诗人安娜·苏厄德（被称为利希菲尔德的天鹅）写道："毫无疑问，英文版的《创世纪》是对德文版的生搬硬套，既没意义又无文法，而且还是对弥尔顿作品的亵渎。"以下是苏厄德十分反感的英文剧本案例：

阴沉的黑夜在圣光的普照下消失了，
第一个白昼降临。
混沌初开，上帝的旨意在执行，
阴间的恶魔吓得乱飞不停，
沉落到永远黑暗的深渊。

Now vanish before the holy beams

the gloomy dismal shades of dark;

the first of days appears.

Disorder yields to order the fair place.

Affrighted fled hall's spirits black in throngs;

down they sink in the deep of abyss

To endless night.

现在已无法判断出这种生硬的翻译究竟是该怪不知名的《创世界》的英语译者，还是该怪把范斯维滕男爵的德语翻译回英语的那个人。

## 3. 为什么舒伯特没有完成第八交响曲？

1828 年，弗朗茨·舒伯特不幸英年早逝，年仅 31 岁，因此他的很多作品没有完成也不足为奇，但他的《未完成》仍然是一个谜（让人惊讶且印象深刻的是，他和莫扎特一样，用如此短暂的一生写出了大量的作品）。1822 年，舒伯特开始创作《b 小调第八交响曲》，并完成了两个乐章——都是为管弦乐队谱的曲，以及第三乐章的钢琴谱曲，和一个谐谑曲，其中谐谑曲部分只完成了前两页。当时，一部传统的交响曲应该有 4 个乐章——尽管此后距离舒伯特去世还有 6 年的时间，其间他还进行了大量的创作，其中包括一整部《第九交响曲》，但并无证据表明他曾开始第四乐章终曲的创作。

更令人费解的是，1823 年，舒伯特把未完成的曲谱送给了他的朋友安塞尔姆·赫滕布伦纳，直到舒伯特去世 37 年后他才公开了曲谱的存在。为什么赫滕布伦纳等了那么长时间才公开，以及为什么谐谑曲之后的几页似乎被人从手稿中撕掉了，对此人们提出了大量的猜测。1865 年，完整的乐章在维也纳首次上演，舒伯特的《第三交响曲》的最后一个乐章作为此次演出的终曲。

关于舒伯特未能完成这部作品的原因，人们提出了各种各样的说法：他打算晚些时候完成这部作品；他确实完成了这部作品，但原来的乐章丢失了；又或者他纯粹是灵感枯竭，所以没写下去。如今为了完成这部交响乐，人们进行了各种各样的尝试，1928 年，哥伦比亚唱片公司为纪念舒伯特逝世 100 周年而举行的比赛激发了一些人的创作灵感和热情。

## 4．舒伯特死于梅毒吗？

弗朗茨·舒伯特的官方死因是伤寒，但长期以来一直有一种理论认为他真正的死因是梅毒。人们认为，舒伯特是在 1822 年从一个性工作者那里感染了这种疾病，但据说他在 1824 年就已经痊愈了。1863 年，研究人员对舒伯特的遗体进行了发掘以"防止遗体进一步腐烂"，据说遗体身上并没有三期梅毒的迹象。然而，这位作曲家在去世前不久表现出的症状与汞中毒一致，而当时汞经常被用来治疗梅毒。

## 5．被贝多芬称为"我永远的爱人"的女人是谁？

1827 年，贝多芬去世时，人们在他的遗物中发现了几封信，信是用铅笔书写的，字迹潦草，且信上并没有标注投递国。信上的日期是 7 月 6 日和 7 月 7 日，人们认为这些信写于 1812 年（虽然信件中并未注明年份），是写给"我的天使，我的一切，我的一切"和"我永远的爱人"的，字里行间洋溢着澎湃的激情。

"哦，无论我身在何处，你都随我同在——我会确保你和我，我能和你一起生活。"贝多芬写道，"没有任何女人能永久拥有我的心——永不——永不……哦，上帝，为什么非要把一个人和她这么可爱的人分开呢？"他在结尾处写道，"哦，继续爱我吧——永远不要误解你的挚爱的最忠诚的心。"没有人知道这些激情表露给谁，也没有人知道为什么贝多芬从未将信寄出过。然而，这封信的措辞表明了一段长期存在的关系，人们认为贝多芬的"永远的爱人"可能有好几位女子。

其中最受瞩目的是约瑟芬·布鲁斯维克，贝多芬与她有很长一段时间的热情交往，还为她写过十几封情书。但还有几位女子也榜上有名。约瑟芬的表妹朱列塔·圭恰迪，贝多芬也曾与她坠入爱河，免费教她弹钢琴，并为她写了《月光》钢琴奏鸣曲；另外还有约瑟芬的姐姐特雷莎·布鲁斯维克、玛丽·埃尔多迪伯爵夫人、他的医生的女儿特雷莎·马尔法蒂、年轻的歌手阿马莉·泽巴尔德等。对于这样一个忠实的情人，贝多芬当然有很多不朽的爱人可供选择。

## 6. 贝多芬的《致爱丽丝》是他最受欢迎的钢琴曲，但爱丽丝到底是谁？

贝多芬于 1810 年左右创作了一首简单欢快的钢琴曲《致爱丽丝》。当时贝多芬已是不惑之年，曲子是写给他刚刚爱上的这位 18 岁的漂亮女子，所以还有哪种理论比这更加自然贴切的吗？

唯一的问题在于这位女子的名字并不叫爱丽丝，而是特雷莎。然而，直到最近人们才开始怀疑贝多芬的医生的女儿特雷莎·马尔法蒂才是《致爱丽丝》的创作对象，而且她也被认为是贝多芬所说的"永远的爱人"。甚至有传闻说，一天晚上贝多芬打算弹奏一首曲子来向特雷莎求婚，但由于当晚他喝得酩酊大醉，以至于他手稿上写给她的曲子 *Für Therese*（《致特雷莎》）字迹太过潦草，导致后来被误读为 *Für Elise*（《致爱丽丝》）——曲名由此而来。一位 19 世纪的德国音乐学家声称在特雷莎死后的遗物中看到过这份手稿，但此后这份手稿再也没人看到过。

然而最近，一位真正的爱丽丝引起了人们的注意。伊丽莎白·罗克尔是一位歌手兼钢琴家，与贝多芬和他的朋友兼同事约翰·内波姆克·胡梅尔关系都很亲密，胡梅尔是一位才华横溢的奥地利钢琴家和作曲家。罗克尔后来嫁给了胡梅尔，但对贝多芬的感情显然丝毫未减。2009 年，柏林音乐学家克劳斯·马丁·科匹兹宣称调查发现，在伊丽莎白的朋友圈子中，大家都叫她爱丽丝。

然而，另一些人指出，爱丽丝在当时是一个十分常见的名字，而贝多芬那时也在不断地爱上年轻的女子。

### 7．柴可夫斯基真的死于霍乱吗？

也许没有其他作曲家的死亡像 1893 年 11 月 6 日逝世的彼得·伊里奇·柴可夫斯基那样引起如此大的争议。官方诊断柴可夫斯基死于霍乱，但即便如此，也有不少争议认为：

● 柴可夫斯基的死是一场意外，因为他在 1893 年霍乱流行期间无意中饮用了一杯未煮沸的自来水。

● 他对自己的同性恋行为深感绝望，因而故意喝了受霍乱污染的自来水。

● 自来水只是一个随便拟的借口：他实际上是从一个男性那里感染了霍乱。

● 俄国圣彼得堡帝国法政学院的校友组成了一个"荣誉法庭"，强迫他喝下受到霍乱病菌污染的自来水，以此惩罚他的同性恋行为。

一些人完全反对霍乱说，并指出在他死后并没有执行正常的检疫规定，他的尸体没有被密封放置在锌制的棺材中。相反，他应该是死于砷中毒，可能是服毒自杀，也可能是医生奉沙皇亚历山大三世之命给他下了毒，因为柴可夫斯基与沙皇的一个儿子有染。

如果现在可以检测柴可夫斯基的尸体，至少可以解开一些谜团，但这不太现实。正如《新格罗夫音乐和音乐家词典》所说："我们不知道柴可夫斯基是怎么死的，我们可能永远也不会知道……"

## 8．埃尔加的《谜语变奏曲》背后的谜语究竟是什么？

爱德华·埃尔加将他的《谜语变奏曲》称为"管弦乐队原创主题的变奏曲"，并于 1899 年进行了首次演出，关于《谜语变奏曲》背后的谜语有两种主要理论。第一种理论认为，这个谜语是指某个人的身份之谜，而第二种理论则坚持认为，这个谜语是隐含的音乐主题，是无法直接听到的。

如果这个谜语是指一个人，那么关注点就应该集中在第十三首变奏曲上，因为它只用了三个星号进行标识——与其他变奏曲形成鲜明对比，其他变奏曲都是一系列首字母组成，很容易辨识出是埃尔加的一些朋友和作曲家本人。第十三变奏曲主要是为两位女士而作，埃尔加可能认为她们的身份比较敏感，因此并未透露。一位是海伦·韦弗，埃尔加在 1883 年至 1884 年间与她订婚，但一年半之后海伦就移民去了新西兰；另一位是玛丽·利根夫人，在埃尔加创作《谜语变奏曲》时她正乘船去往澳大利亚。无论变奏曲写的是哪一位，埃尔加把费利克斯·门德尔松的序曲《平静的海和幸福的航行》引用到变奏曲中似乎都很贴切。

埃尔加本人曾暗示过另一种理论，他说，除了作品开头的主题——也是十四个变奏的基调，还有另外一个更为宏大的主题贯穿全曲，只不过没有演奏出来。权威人士认为苏格兰民歌《友谊地久天长》、莫扎特的《朱庇特交响曲》、巴赫的《赋格的艺术》、英国海军军歌《统治吧！不列颠尼亚！》和英国经典儿歌《一闪一闪亮晶晶》以及其他诸多作品都被认为是缺失的主题。

然而，最具想象力的说法是，谜语是 $\pi$ 的数值，小数点后 3 位等于3.142。支持这一观点的证据来自整个作品的前 4 个音符是 G 小调音阶中的音符 3、1、4 和 2，它们是开场行板的调。此外，埃尔加用一条双杠小节线将作品的前 6 条小节线分隔开来，π 理论的支持者声称，这是埃尔加有意为之，让人们注意到这 6 个小节线中间包含 24 个黑色音符（所有的音符都是四分音符和八分音符，而没有"白色的"二分音符），据说代表了"24 只画眉鸟放在馅饼里烤"（英国童谣歌词）。他还提到了谜语的核心"暗语"，还有什么能比在 π 里烤过的黑色音符画眉鸟更黑的呢？（π 与"馅饼"的英文 pie 同音，此处用谐音做暗语。）

## 9．如果斯克里亚宾刮胡子时没划伤自己，世界会终结吗？

亚历山大·斯克里亚宾是《狂喜之诗》的作曲家，也是所谓的"神秘和弦"的发明者。他于 1915 年 4 月 27 日死于败血症[①]，起因是他在刮胡子的时候不小心割破了嘴唇上的疖子。当时，这位曾表示"拥有世界就像拥有一个女人一样"的俄国偏执狂正在创作名为《神秘物质》的曲子，这是一部涉及视觉、嗅觉以及听觉的通感盛宴。关于这个宏伟的项目，斯克里亚宾宣布："这场演出绝不会有一个观众，所有人都将是参与者。此次表演需要专门的人员、专门的艺术家并提出一种全新的文化。演员阵容包括一支管弦乐队、一个大型混合合唱团、一个具有视觉效果的乐器、众多舞者、熏香以及有节奏的结构音效。演出的大教堂绝不会只是单调的石头建筑，而是会随着演奏《神秘物质》时的气氛和活动不断变化。薄雾和灯光将烘托出建筑的轮廓，演出将在它们的渲染下进行。"

表演计划在印度一侧的喜马拉雅山的山麓进行，演出将持续 7 天。斯克里亚宾相信，演出完成后就是世界末日，"更高贵的物种"将取代人类。

虽然世界末日的时间可能是斯克里亚宾弄错了，但我们也不能百分之百确定这个世界是不是被他刮胡子的割伤所救。

---

① 败血症是指各种致病菌侵入血液循环，并在血中生长繁殖，产生毒素而发生的急性全身性感染。

## 橄榄球

### 10．橄榄球运动员和侏儒在多大程度上容易患慢性创伤性脑病？

慢性创伤性脑病是一种神经退行性疾病，由反复的头部创伤引起。然而，它的症状（可能包括颤抖、语言障碍和痴呆）通常只在受伤多年后才出现。大约 80 年前，慢性创伤性脑病首次在拳击手身上发现，并且该病与拳击手"被击晕"有关。但最近在橄榄球运动员中和一位参加投掷侏儒比赛的侏儒身上发现了这种病，这位侏儒曾在比赛中被撞晕了十几次。

然而，没有人知道为什么这种症状要这么久才会出现，也没有人知道头部要被撞击多少次，或者撞击多严重才会造成慢性创伤性脑病。除了头部受到撞击之外，是否还有其他病因也尚不清楚。

## 游 戏

### 11．孩子们翻花绳的游戏是如何传播到这么多不同文化中的？

翻花绳游戏历史悠久，游戏过程中需要两个人一起操纵手指间的线圈。世界各地形形色色的人都玩过这个游戏，有几位人类学家报告称，他们曾试图教偏远地区的孩子玩翻花绳以获得他们的信任和友谊，但却发现他们早就知道了这个游戏。

从北极的因纽特人到撒哈拉以南非洲的部落，似乎每个人都知道翻花绳游戏，但它是由不同的文化独立发明的，还是只有一个发源地，然后从该地传播到世界各地的，这个我们无从得知。甚至翻花绳这个名字的起源也充满争议。有人说"cat's cradle"（翻花绳）这个名字是从"cratch-cradle"演变而来，但《牛津英语词典》将其称为"没有事实根据的猜测"。英语中最早使用这个名字是在 1768 年，但是这个游戏本身可能要古老得多。

## 12．在狂野比尔·希科克的致命之手中，除了一对 A 和一对 8 之外的第五张牌是什么？

1876 年 8 月 2 日，比尔·希科克（狂野比尔）在美国南达科他州戴德伍德市的 10 号酒吧打扑克时，因后脑中枪身亡。据大量报道称，希科克死时手里拿着一对 A 和一对 8。这些牌甚至被称为"死人手牌"，但当时他手里应该有五张牌，那么第五张牌会是什么呢？

关于这幅手牌最早的记载来自镇上的理发师埃利斯·皮尔斯，当时他被叫去给遗体下葬。皮尔斯提到了 A 和 8，但并没有提到第五张牌。如今的 10 号酒吧就是根据当初狂野比尔的枪杀地的样子建造起来的，在酒吧的墙上展示了希科克的手，手里握着的第五张牌是方块 9。然而，美国亚当斯博物馆展出的手牌中，第五张牌是红桃 Q，而同时声称第五张牌也可能是方块 5、方块 J 或梅花 Q。

当然，也有可能当时只发了四张牌，在准备发第五张牌时，希科克便被枪杀了，于是第五张牌也就没发出去……

## 13．在初始设定中，是否有 16 位数的数独谜题，并有唯一的解？

目前已经发现了不少 17 位数的数独谜题，但还没有发现有解的 16 位数的数独谜题，然而并没有任何证据表明这种数独不存在。

## 14．细菌能解决数独谜题吗？

在 2010 年日本东京大学的一项非同寻常的实验中，大肠杆菌被证明能够解决简单的数独问题。实验包括 16 种改良的大肠杆菌，将它们分配在 4×4 的网格中，根据所分配的方格给予大肠杆菌不同的基因身份。这种细菌还被设计成能够选择 4 种"颜色"中的 1 种。一些细菌被分配了颜色，而另一些细菌的颜色则由它们自己决定。

细菌可以通过 RNA 互相传递它们的位置和颜色细节。对这些基因进行额外的编辑，可以防止那些未被指定颜色的细菌采用与其处在同一行、同一列或在 2×2 方块中的其他细菌相同的颜色。换句话说，这跟数独的规则一样。实验表明，细菌不仅选择了正确的颜色来填满网格，而且它们同时也"解决"了所有的方格。

## 15．如果双方下得都很完美，国际象棋的结局会是怎样呢？

在最好的情况下，画圈打叉游戏（美国的井字棋）应该以平局告终，这一点不难证明。在更复杂的四子棋游戏中，1974 年的详尽分析表明，先手玩家可以强制获胜。1994 年，电脑解决了一场更具挑战性的游戏——五子棋（五颗棋子连成一条线即为获胜），表明先手玩家可能会再次以最佳表现强制获胜。但是国际象棋也是如此吗？

国际比赛的结果支持了这样一种普遍观点，即白方先动拥有优势，其胜率比黑方高 2% 或 3%。国际象棋的赛果约有 $10^{120}$ 种可能性（宇宙中原子的数量约为 $10^{80}$ 个，这比宇宙中原子的数量还要多得多），目前不可能对它进行全面分析。白方的优势是否足以赢得胜利，黑方是否能自卫，或者黑方是否真能以最佳表现赢得胜利，目前似乎还是个未解之谜。

## 16．要想赢得珠玑妙算，需要猜测多少次？

珠玑妙算游戏是一个简单但又让人着迷的演绎游戏。游戏中，一名玩家从包含 6 种颜色的图钉中选择 4 个将它们排成一排，而另一名看不到图钉的玩家则需猜出每一个图钉的颜色。在每次尝试之后，猜测者会被告知他猜对了多少个图钉，以及猜对了多少颜色却放错了位置。该游戏一直进行到一方猜对为止。

　　详细的分析表明，猜测者最多可在 5 次之内猜对，而平均猜测次数是 4.478 次。然而，尚未解决的问题是，如果所有的猜测都必须在一开始就做出回答而不等待答复，那会发生什么？

　　现有一组 6 步猜测法可保证猜测者计算出另一名玩家排列的图钉顺序。如果用数字 1、2、3、4、5、6 来表示 6 种颜色，那么就问 1、2、2、1，2、3、5、4，3、1、1、3，4、2、4、5，5、6、5、6 和 6、6、4、3，回答会让你在第 7 次尝试时算出答案。然而，没有人知道这 6 步猜测是否可以减少到 5 步？

## 发　明

　　众所周知，阿道夫·萨克斯发明了萨克斯管，克里斯托弗·科克雷尔发明了气垫船，但还有大量的发明，从算盘到拉链，最初的发明家的名字已经遗失，或者发明的荣誉归属存在很大争议。要用这样的故事填满本书的内容很容易，但我们只能暂举几个例子，以纪念所有不知其名或者有争议的发明家。

### 17．谁发明了铅笔？

　　大约在 16 世纪中期，英国坎布里亚郡的高山上发现了一座石墨矿，当时人们还不知道这种物质是一种压缩碳，但是当地农民很快认识到，这种东西在给羊做记号时十分有用。为此，人们将这些石墨切成片状，再将其切成棒状。这些石墨棒一开始由细绳或羊皮包裹着，后来被插入镂空的木架中。

在那之前，艺术家们也使用铅做成类似的铅棒，拉丁文称这种铅棒为"铅笔"，意思是"小尾巴"。由于石墨最初被认为是铅的一种形式，因而这种新发明的工具也被称为"铅笔"——这个名字一直沿用至今。

顺便说一句，第一个为卷笔刀申请专利的人是 1897 年美国马萨诸塞州的约翰·李·洛夫。

## 18. 谁发明了螺丝?

英国的仪器制造商杰西·拉姆斯登在 1770 年发明了第一台令人满意的螺丝切割车床，而亨利·莫兹利在 1797 年改进了车床，使其能够批量生产精密度更高的螺丝。然而，配套的金属螺丝和螺母早在 15 世纪就已经制造出来了，而在此之前的几个世纪里，木制螺丝就已经用于葡萄酒或橄榄油压榨机上了。

在古希腊，阿基米德发明了一种用来提水的"螺丝"，但我们不知道是谁从他那里借用了这种螺旋形状的概念，从而制造了可以把东西固定在一起的螺丝。

## 19. 谁发明了土豆削皮器?

即便是第一个土豆削皮器的发明者也没意识到自己发明了土豆削皮器。尽管在现代人看来，苹果削皮器看起来和土豆削皮器没什么两样，但大多数此类发明的早期专利都将其描述为"苹果削皮器"或"蔬菜削皮器"。然而，真正的麻烦在于，土豆削皮机的发明期肯定早于其专利的颁发期。

例如，美国第一台苹果削皮器的专利可以追溯到 1803 年的摩西·科茨，但在 1790 年之前还没有颁发过专利，而几乎可以肯定的是，当时人们用的就是具有类似功能的工具。《牛津英语词典》直到 1869 年才引用了"土豆削皮器"这个术语。

## 20．谁发明了滑板？

滑板第一次成为一种热潮是在 1963 年至 1964 年，当时举行了历史上第一次滑板比赛，商店中购买这种将木板装在滚轮上的东西的人络绎不绝。滑板的灵感似乎开始于 20 世纪 50 年代，当时美国加利福尼亚的冲浪运动员们萌生了在街上冲浪的想法。然而，没有人知道是谁先发起的这项运动。也许是几个人同时提出了这个想法——当然有几个人都声称自己是最初的发明者，但一直没有提供出令人信服的证据。

# 音 乐

## 21．谁创作了钢琴曲《绿袖子》？

长期以来，一直有传言说英格兰及爱尔兰国王亨利八世创作了钢琴曲《绿袖子》，但这个说法从何而来众说纷纭。这类音乐风格在当时的英格兰还不为人所知。即便国王是一位卓有成就的音乐家，也写了很多曲子，但他已知的作品中没有一首与《绿袖子》的风格相似。

1580 年，一首名为《绿袖子》的民谣在伦敦文具公司注册，这首歌被收录在 1584 年出版的一本书中，书中称这首歌为"新歌"。而亨利八世死于 1547 年，这证明了他不太可能参与其中。提到年代混乱，还值得一提的是莎士比亚在《温莎的风流娘儿们》中让福斯塔夫高呼："让天空下土豆雨吧！让它随着《绿袖子》的旋律雷鸣吧！"这出戏的背景设定在 1400 年左右，远在土豆从新大陆传到英格兰之前。

## 22．英国国歌的词和曲分别是谁创作的？

《天佑女王》（男性君主在位时也称《天佑国王》）从未被正式定为英国国歌，自 1745 年在伦敦德鲁里巷皇家剧院首次公开演出起，它就一直充当着英国国歌的角色。这首歌的曲调和歌词创作都比这早了许多年。人们认为这首歌的曲作者是英国最伟大的作曲家亨利·珀塞尔和法国作曲家让－巴蒂斯特·吕里。另一个重要的候选人是早期的英国作曲家约翰·布尔，他在 1619 年创作了一首键盘曲，它与英国国歌惊人地相似。

英国国歌的歌词甚至更古老，可能是由各种传统来源汇集而成的。"天佑国王"是 16 世纪中期英国皇家海军的口号，与"治国家，王运长"相呼应。已知和今天使用的版本相类似的词曲版本最早刊登于 1745 年的《绅士杂志》上。歌词的开篇是"上帝保佑伟大的乔治，我们的国王"，当时乔治二世的英国王位正遭到查尔斯·爱德华·斯图尔特王子领导的詹姆斯二世党人叛乱的威胁。

## 23．《生日快乐歌》的歌词是谁写的？

1893 年，美国姐妹帕蒂·霍尔和米尔德里德·霍尔创作了一首歌曲，这首歌被认为是英语中最广为人知的歌曲。它起初是写给孩子们的，最初的歌词不是"祝你生日快乐"，而是"早上好"。

1912 年，歌词为"生日快乐"的版本首次出现在报纸上，但人们认为这首歌创作的年代应该更久远。这首改编曲目究竟是由霍尔姐妹或她们的学生创作，还是其他人，我们不得而知。直到 1935 年这首歌才获得版权。

## 24．《共和国战歌》的作曲人是谁？

19 世纪 50 年代，美国有一首很受欢迎的卫理公会篝火歌，名字是《告诉我，兄弟们，我们能在此相聚吗》或《在这迦南的乐土上》。第一句歌词唱了三遍，第二句是"在这迦南的乐土上"，最后是一段开头是"荣耀，荣耀，哈利路亚"的合唱。

1861 年，这首歌出现了一个新的版本，和声相同，但歌词改为"约翰·布朗的身体"（指废奴主义者约翰·布朗，他在 1859 年因参与反抗奴隶制运动而被绞死）。最终于 1862 年，也就是美国南北战争的第二年，朱利亚·沃德·豪将这首歌以《共和国战歌》为名出版发行。

人们普遍认为，最初的曲子由威廉·斯特夫创作，但他似乎只是在 19 世纪 50 年代中期左右，将一首已经存在于民间传统中的歌曲改编收录进一本卫理公会派的歌曲集。美国缅因州作曲家、乐队领队和联邦士兵托马斯·布里格姆·毕晓普也声称自己创作了"约翰·布朗"版本的歌词和歌曲，但他也承认是基于传统曲调创作的。

还有很多人也声称自己是该音乐的创作者，然而，恐怕只有那位非常成功且高产的"传统"作曲家，才有资格获得这一赞誉。

## 25．格伦·米勒的尸体在哪里？

1944 年 12 月 15 日，一架飞机在恶劣的天气下从伦敦附近的皇家空军基地起飞，载着格伦·米勒去巴黎见他的乐队。据官方的说法，这架飞机，还有米勒和他的同伴自此失踪。调查之后，民间出现了许多不同的说法，以下只是其中的一小部分：

- 米勒的飞机被德国人轰炸或击落。
- 米勒乘坐的飞机低空飞行，被一架突袭德国后返回的英国飞机抛下的炸弹击中。
- 飞机在法国海岸坠毁，但事故被那位军官隐瞒了，因为他不顾恶劣的天气下令继续飞行。这一说法是 1999 年由一个退伍随军牧师提出的，他所在的部队声称发现了这架飞机和尸体。
- 米勒安全抵达巴黎，在一间妓院的斗殴中被杀。这个版本是 1997 年一位德国记者提供的，他声称是德国情报专家告诉了他这件事。

# 乐 器

## 26．谁发明了小提琴？

我们知道，古代的中国人和日本人都曾想过把马毛拴在盒子上并摩擦它产生音乐，列奥纳多·达·芬奇也曾设计过一种弦乐器，这种乐器通过在琴弦上拉弓来演奏音符。四弦小提琴的出现或多或少要追溯到 16 世纪早期或中期的意大利。我们知道，四弦版本的小提琴是从三弦的基础上发展而来的。它的设计由 17 世纪伟大的小提琴制造者尼科尔·阿马蒂的祖父安德烈·阿马蒂进行完善。然而，第一个提出四弦琴概念的人却在音乐史上消失了。

## 27．斯特拉迪瓦里小提琴音质出众的原因是什么？

尽管现代技术能带来极大的生产优势，但是在 17 世纪和 18 世纪的意大利，许多乐器制造商生产的大提琴和小提琴比我们如今制造的小提琴演奏的音色要更加丰富悦耳，尤其是尼科尔·阿马蒂、安东尼奥·斯特拉迪瓦里，以及瓜乃利家族和瓜达尼尼家族的成员制造的小提琴。那么，他们的制造秘诀是什么？

有些人认为，这要归功于当时意大利的气候条件，那里生产的木材是制作乐器的最佳材料。有人认为这与木材制作商处理木材的方式有关，比如把木材浸泡在水里或者处理木蛀虫。有人说只不过是因为这些木材经过几个世纪的风化，于是有了这样的音质，而乐器在刚开始制作时可能并没有那么悦耳。也有人说这要归功于清漆的独特秘方或是仅仅出于精湛的工艺，还有人认为是上述这几种因素的综合作用。

　　最近的科学测试中采用了 X 射线光谱学来鉴定木材中的元素，不过并没有解开这个秘团。唯一的进展却是一个负面的发现：斯特拉迪瓦里使用的清漆根本没有什么特别之处。它和同时代的其他制造商的做法是一样的：先用亚麻籽油，再用含有氧化铁红和其他常见的深红色颜料的油树脂。无论秘诀是什么，斯特拉迪瓦里小提琴演奏的音乐听起来都非同凡响。

## 28. 是什么让班卓琴的音质如此出色？

　　班卓琴特有的颤音多年来一直吸引着声学工程师。这种声音来自琴弦和圆膜的振动，每个琴弦和圆膜都会引发其他琴弦的共振，而这种共振反馈会持续。最近对班卓琴声音的分析和计算机声学模型的制作取得了一些进展，但是计算机化的班卓琴听起来仍然不太像真正的班卓琴。

## 绘　画

## 29. 列奥纳多·达·芬奇遗失的杰作《安吉亚里之战》下落如何？

　　1504 年，列奥纳多·达·芬奇受命在意大利佛罗伦萨的维琪奥王宫的五百人大厅里绘制一幅有关战争场景的画作，而米开朗琪罗要在对面的墙上画一个与之不同的战争场景。这是两人唯一一次在同一个项目上合作，同时也是达·芬奇笔下尺寸最大的作品。

　　从达·芬奇初期大量的草稿，以及 17 世纪佛兰德斯画家彼得·保罗·鲁本斯对此画的中间部分的复制考虑，这幅画的宏伟程度可见一斑，复制品中可见在战争进入白热化时对骑兵的精彩描绘。但是达·芬奇的原作已经遗失。在 16 世纪中后期的某个时候，扩建五百人大厅时，这幅画丢失了。有些人认为它可能还隐藏在壁画后面的墙上，也许有一天它会再次出现。

## 30．列奥纳多·达·芬奇是否在蒙娜丽莎的眼睛里留下了微小的字母密码？

丹·布朗 2003 年出版的畅销书《达·芬奇密码》可能是虚构的，但在 2010 年 12 月，意大利国家文化遗产委员会的成员声称他们可能发现了真正的"达·芬奇密码"。如果你把蒙娜丽莎的眼睛放大，会看到她的眼睛里有字母和数字。这些只有借助显微镜才能看到，但研究人员称右眼中的 LV 字母清晰可见，这可能代表列奥纳多·达·芬奇，左眼中也有符号，但十分模糊，很难辨认。该画背景里的桥上还发现了数字 72，但也可能是 L2。研究人员在一家古董店偶然发现了一本 50 多年前的书，书中指出这些符号可能存在，这促使他们对这幅画进行更加仔细地检查。

## 31．《蒙娜丽莎》的模特是谁？

达·芬奇的《蒙娜丽莎》中的模特究竟是谁，这个问题一直存在争议。但普遍的看法是，她是这幅画的委托人丝绸商人弗朗西斯科·德尔·乔康多的妻子丽莎·盖拉尔迪尼。2005 年，人们在一本写于 1503 年的书的页边空白处发现了一张纸条，注明她就是模特，从而证实了这一点。

然而 2011 年 2 月出现了另一种观点。该观点认为，该模特非但不是丽莎·盖拉尔迪尼，甚至不是一个女人。意大利艺术历史学家希尔瓦诺·温切蒂认为，这张脸实际上是吉安·贾科莫·卡坡蒂·达奥伦诺，他也被称为萨莱，是列奥纳多的一位极具魅力的男学徒，他被认为是列奥纳多的情人。希尔瓦诺·温切蒂观点的支持者还提到了肖像画中眼睛里神秘的微小编码字母，据说其中一个字母是 s，可能代表萨莱。

2011 年 5 月，支持模特是丽莎·盖拉尔迪尼的人宣布，他们很快就能确定她的葬身之地，他们希望可以找到并挖出她的骨头，然后还原她的模样。

## 32．阿尔布雷希特·丢勒的素描《黑人肖像》画的是谁，丢勒和他是什么关系？

丢勒在 1508 年创作了一幅令人惊叹的作品《黑人肖像》，这幅画创作于跨大西洋奴隶贸易之初，当时除了在港口（主要在西班牙和葡萄牙）外，黑人在欧洲十分罕见，因为他们要从港口被送去美洲。然而，丢勒大部分时间生活在德国，而德国并没有这样的港口。也许是缺乏黑人主题的画作促使他想要画这个人，但是，如果确实画的是一个奴隶，他怎么会坐在丢勒身边，如果他不是一个奴隶，那他又会是谁呢？

在那个时代的艺术作品中，黑色面孔在东方三博士朝圣的相关画作中十分常见，但在其他作品中却很罕见，尤其是在肖像画中。在丢勒的日记中，他提到在安特卫普 ① 一位葡萄牙贸易专员的房子里，他见到了一位非洲妇女。这个女人是他的肖像画《布兰登的女黑人》的主人公，但是丢勒是在 1521 年见到的这位非洲妇女，在此之前他就已经完成了《黑人肖像》。目前《黑人头像》中的人物身份完全是个谜。

## 33．伦勃朗的自画像中哪一幅才是他本人所画？

17 世纪的荷兰大师伦勃朗·范莱因比其他任何一位大艺术家画的自画像都要多，但具体的数量还存在争议。 问题是那些被归为伦勃朗自画像的作品分为三类：伦勃朗的真迹、伪造品，以及由他的学生绘制、复制或完成的作品。前两类已经十分明了，但是最后一种存在着很大的争议，让人困惑不解。曾经有一段时间，大约有 90 幅作品被认为是伦

---

① 位于比利时西北部斯海尔德河畔，是比利时最大港口和重要工业城市。

勃朗的真迹，到现在为止，这个估值在 30 到 80 之间。

有趣的是，纽约海关记录显示，在 1800 年到 1850 年间，有 9482 件自称为伦勃朗的真作被运到美国。全世界范围内，尽管不断有新的发现，但被确认为伦勃朗真迹的作品已经减少到 300 件左右。2008 年，一幅新鉴定的伦勃朗自画像在拍卖会上以 220 万英镑的价格拍出。这家拍卖行曾认为这幅画是赝品，估价仅为 1500 英镑。

## 34．卡拉瓦乔是怎么死的？

米开朗琪罗·梅里西·达·卡拉瓦乔除了是一位伟大的艺术家外，他还因打架斗殴和寻衅滋事而声名狼藉。他曾多次入狱，并因在打斗中杀了人而被逐出罗马，他甚至被马耳他骑士团以"一个可憎的堕落的成员"而除名，因此不再属于官方画家。

1610 年，38 岁的卡拉瓦乔死于高烧，但由于此前曾有人对他进行过几次暗杀，且其中一次造成了毁容，因此不排除他杀的可能性。2010 年，意大利研究人员在托斯卡纳的一所教堂中发现了一具骸骨，研究人员"有 85% 的把握"认为这是卡拉瓦乔的骸骨。调查显示，中暑、伤口感染和铅中毒（可能是颜料中的铅造成的）均可能是造成他死亡的原因。

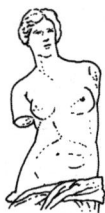

**米洛斯的维纳斯**

## 35．米洛斯的维纳斯是谁的作品？

世界上最著名的雕塑可能是《米洛斯的维纳斯》，于 1820 年在希腊米洛斯岛的一个洞穴中被发现。它最初被认为是雕塑大师普拉克西特利斯的作品，这意味着它的创作时间是在公元前 4 世纪，但后来人们发现了一个据说与雕塑完全吻合的底座，上面刻着这样的字：美安德的安蒂奥克公民，梅尼第斯之子，亚历山德罗斯制作（Alexandros son of Menides, citizen of Antioch on the Maeander made this）。从字体风格来看，这段铭文可以追溯到公元前 100 年左右，但有人认为这段铭文并不是最初的底座的一部分，而是后来添加上的。更令人困惑的是，在 1821 年雕像抵达巴黎之后，底座很快就消失不见了，我们现在唯一的证据就是这个雕像的绘图。

## 36．米洛斯的维纳斯描绘的是谁？

一般的观点是，她最有可能是女神阿佛洛狄忒，古罗马人称她为维纳斯，她经常被描绘成半裸的形象。甚至有一种说法是，丢失的一块大理石可能是她拿着的苹果，让人联想到帕里斯的评判（引起特洛伊战争的事件之一）。另一些人则认为她不是阿佛洛狄忒，而是米洛斯万人敬仰的海神安菲特里忒，而雕像就是在此处发现的。

## 37．维纳斯的手臂怎么了？

法国探险家兼船长朱勒·塞巴斯蒂安·塞萨尔·杜蒙·居维尔在他的回忆录《两次南海航行》（*Two Voyages to the South Seas*）中，描述了他在将"米洛斯的维纳斯"从希腊运送到法国的途中，与希腊强盗进行的激烈斗争。他说，在骚乱中，雕像被粗暴地从岩石中拖到船上，导致两只胳膊折断。由于急于摆脱强盗，法国水手们拒绝返回搜寻。

然而，整个故事似乎纯属捏造，因为其他的叙述和草图表明，雕像被发现时手臂就已经不见了。不管是哪种情况，失踪的手臂都没有找到。雕像被藏在洞穴之前或之后发生了什么，我们一无所知。

# 作　家

## 38.《贝奥武夫》是谁写的？

长篇史诗《贝奥武夫》是现存最重要的盎格鲁－撒克逊文学作品。人们从唯一一份名为《诺埃尔法典》的手稿中了解到这部作品，它讲述了一个英勇的屠龙壮举，其内容恢宏壮丽，谢默斯·希尼将其 3182 诗句翻译成现代英语后，一举获得 1999 年的"惠特布莱德年度图书奖"。然而，我们对《贝奥武夫》的起源几乎一无所知。最靠谱的一种说法是，它写于 8 世纪到 11 世纪之间。至于作者的身份，我们完全不知道。然而，这个故事已经以口头流传的形式存在了一段时间，直到最终以书面形式被记录下来。

## 39.《高文爵士与绿衣骑士》的作者是谁？

与《贝奥武夫》不同，我们至少可以推断出是谁写了《高文爵士与绿衣骑士》，甚至可以大胆猜测，《高文爵士与绿衣骑士》讲述了亚瑟王最年轻的一位爵士接受了一位不知名的绿衣骑士的挑战，而开始的冒险故事。《高文爵士与绿衣骑士》是在 14 世纪用英格兰中部的西北地区的方言写成，这一事实被认为是确定作者出身的线索。文学史学家还推断，这位作家精通法语、拉丁语和神学方面的知识，但他本人可能不是神学家。

人们能想到的唯一名字是英国柴郡科顿县的约翰·梅西，他因其一首诗《圣埃尔肯瓦尔德》(*St Erkenwald*) 而为大家所熟知，诗的风格与《高文爵士与绿衣骑士》有些相似之处。然而，梅西的出生日期不详，所以有人怀疑《高文爵士与绿衣骑士》问世时，他并不在世。

## 40. 杰弗里·乔叟是强奸犯吗？

这个问题与《坎特伯雷故事集》的作者生活中的一个事件有关，一直备受关注。1380 年 5 月 4 日，一名叫塞西莉·肖姆帕涅的女人向理查二世的大法官出示了"解除责任契据"，该契约被抄录到法庭记录中。在这份契据中，她"放弃"追究诗人杰弗里·乔叟"所有与我被强奸或其他事情相关的行为"。除此之外，我们只知道乔叟可能付给过赛西莉 10 英镑，其他的我们一无所知。

除了缺乏其他资料之外，这份文件是用拉丁文书写的，这引起了是否涉及强奸的争论。根据一些人的说法，拉丁文中的 "de raptu meo" 一词可能不是指强奸，而更可能是指绑架或诱拐。

更让人不解的是，签发"解除责任契据"意味着这是一桩民事案件，而不是刑事案件。再加上那 10 英镑的赔偿，这一切都表明塞西莉确实提起或曾经威胁提起对乔叟的诉讼，同时也表明乔叟和她在庭外和解了。这些引人入胜的线索背后，我们很可能永远也不会知道全部故事的真相了。

## 41. 那个"从波洛克来的"打扰柯勒律治写《忽必烈汗》的人是谁？

塞缪尔·泰勒·柯勒律治声称，他的诗《忽必烈汗》的全文是在梦中得到的，醒来后就赶紧把它写在纸上。然而，正如他在 1816 年第一次发表这首诗时在引言中解释的那样，一件可怕的事情发生了（这里他用第三人称指代自己）。

一觉醒来，他似乎清楚地记得这一切，于是立刻拿起笔、墨和纸，急切地记下梦中的诗句。不幸的是，这时，他被一个从波洛克来出差的人叫了出来，耽误了一个多小时，当他回到自己的房间时，他惊讶且痛苦地发现，尽管他对这个幻象的主旨内容保留着一些模糊的记忆，但是，除了大约八到十句凌乱的诗句和图像之外，其他的一切都淡忘了，就像朝小溪里投入一颗石头，水面上的涟漪稍纵即逝。但是，唉！无法像小溪的水面一样再次恢复平静！

那么这个"从波洛克来的人"是谁呢？他会不会只是一个编造出来的借口？有一种说法是，他是柯勒律治的医生 P. 亚伦·波特，他定期为这位诗人提供鸦片酊。

## 42. 埃德加·爱伦·坡死于何种疾病？

1849 年 10 月 3 日，40 岁的埃德加·爱伦·坡在美国马里兰州巴尔的摩市的街道上被发现，当时他非常痛苦，神志不清。后来他被送往华盛顿大学医院，于 4 天后去世。对于自己遇到了什么事，在治疗期间他也没有给过清晰合理的解释。

埃德加·爱伦·坡最后一次露面是在 1849 年 9 月 27 日，当时他正离开弗吉尼亚州的里士满，在回纽约的家的路上，自此他就下落不明，直到在巴尔的摩被发现。在住院的 4 天里，他被安置在一个专门收留醉汉的区域，不允许任何人探视。据说，在去世的前一天晚上，他不断地喊着"雷诺兹"这个名字。

所有的医疗记录，包括死亡证明，都已丢失。报纸讣告将死亡原因定为"脑卒中"或"脑炎"，这两种都是常见对酗酒过量死亡的委婉说法。然而，治疗他的医生说，他的衣服上和呼吸中没有一丝酒精味。对他的死因，还有其他说法，如心脏病、癫痫、梅毒、脑膜炎、霍乱和狂犬病。

### 43．为什么埃德加·爱伦·坡死时穿着别人的衣服？

更让人感到神秘的是，埃德加·爱伦·坡在巴尔的摩被发现时，他显然穿的是别人的衣服，从这些衣服的褴褛程度判断，这与他本人的着装习惯极为不同。这些衣服真正的主人一直未被确认，但有人猜测他可能是 "cooping"（贿选）的受害者。"cooping" 是一种操纵选举投票的骗局，即在大街上绑架陌生人并胁迫他们一起去多个投票站投票。然而，埃德加·爱伦·坡在巴尔的摩很出名，即使他衣衫褴褛也不妨碍人们把他认出来。

### 44．达尔文为何推迟很久才发表《物种起源》？

1836 年，查尔斯·达尔文乘 "小猎犬号" 长途旅行归来，并在 1838 年底告诉朋友，关于自然选择的研究，他已经有了计划。然而直到 20 年后的 1858 年，他告诉阿尔弗雷德·拉塞尔·华莱士，他还没有准备好出版他的著作。然而，在第二年，也就是 1859，达尔文的伟大著作《物种起源》出版了，随即便大获成功。那么，为什么要推迟 20 年才出版呢？

一个合理的解释是达尔文害怕惹恼他的许多神职人员朋友，甚至包括他虔诚的妻子爱玛，他甚至害怕遭到宗教迫害。这些理由可能都起了一定的作用，但最可能的是，他意识到自己的观点可能会产生革命性的影响，因此决心收集证据，完善自己的论点，以确保自己的观点是正确的。

科学历史学家、达尔文专家约翰·范维尔表示，这个问题无须回答。因为在达尔文的时代，对于如此重大的研究工作来说，20 年并不算特别长。尽管如此，达尔文肯定知道其他人对这个话题感兴趣，即使在维多利亚时代（1837 年至 1901 年），非出版文章也总是会有被别人抢先发表的风险。我们有充分的理由相信，最终促使达尔文决定发表著作的是华莱士的一封信，在信中他概述了自己对自然选择理论的看法，并暗示他自己已经准备好发表这一理论了。

## 45. 爱弥尔·左拉是被谋杀的吗？

意外、自杀还是谋杀？1902 年，62 岁的法国小说家和政治活动家左拉在位于巴黎第七区布鲁塞尔街的家中，因烟囱堵塞而导致一氧化碳中毒身亡，上述三种情况似乎都有可能发生。1898 年，在报纸头版上那封著名的他写给法兰西共和国总统的公开信中，开头写道："我指控！"指控在德雷福斯案中，总统犯有反犹太主义和妨碍司法公正，由此树立了许多强敌。甚至有人试图要他的命。他的敌人自然会庆祝他的死亡，并大言不惭地声称左拉是因为发现德雷福斯有罪之后自杀的（事实证明并非如此）。

许多年后，据说一位巴黎屋顶工人在临终前承认，他"出于政治原因"堵住了左拉的烟囱。这似乎是一种相当精巧的谋杀方式，但是这个工人并没有说出他是奉谁的命令行事的。

## 46. 安布罗斯·比尔斯到底怎么了？

安布罗斯·比尔斯是一名记者、讽刺作家和《魔鬼辞典》的作者。1913 年 10 月，比尔斯离开华盛顿特区，前往美国南北战争的战场视察时已经 71 岁了。据说，之后他作为墨西哥革命的观察员加入了潘乔·比利亚的军队。1913 年节礼日，他在墨西哥奇瓦瓦给他的朋友布兰奇·帕廷顿写了一封信。他在结尾处写道："至于我，明天将离开这里，去一个未知的地方。"之后，他再也没有出现过。

有一种说法是，他在墨西哥的谢拉莫哈达被行刑队枪毙，但也有人说他根本没去过墨西哥。尽管人们做了几次尝试，却一直没有发现他的行踪。

## 47．T.E.劳伦斯的《智慧七柱》初稿下落如何？

1919 年，阿拉伯的劳伦斯几乎完成了《智慧七柱》的初稿，其中大部分是他在参加巴黎和会时完成的。圣诞节前后，回到英国的他在一次火车旅行中带着手稿，需要在阅读中做些必要的修改。中途需在雷丁转车。然而，在等待转车的过程中，他装着珍贵手稿的公文包丢失了。

有人说他落在了火车上，有人说是落在车站的餐台上，也有人说包是被偷走的。劳伦斯手里只剩下早期几章的打字稿。他根据记忆重写了剩下的部分，并于 1921 年出版，而丢失的手稿和公文包则一直没有找到。

## 48．为什么阿加莎·克里斯蒂在 1926 年 12 月消失了 11 天？

1926 年年底，当时 36 岁的犯罪小说作家阿加莎·克里斯蒂被丈夫阿奇告知，他爱上了另一个女人，想要和她离婚。他们因此大吵了起来。1926 年 12 月 8 日，阿奇离开他们在萨里郡桑宁戴尔的家，去和他的情人共度周末。当天晚上，克里斯蒂离开了家，给她的秘书留了张便条，说她要去约克郡。

阿加莎·克里斯蒂失踪的消息传出后，她的大批粉丝开始在全国范围内寻找她的下落。人们花了约 11 天时间，才在哈罗盖特的一家酒店找到她。她登记入住的名字为"特蕾莎·尼尔夫人"，与她丈夫的情人同姓。她从未解释过在这 11 天里她做了什么。有人猜测她精神崩溃了，也有人认为这是她自导自演的把戏，目的是让她丈夫难堪，甚至诬陷他谋杀自己。

## 书写系统

### 49．印度河流域文明的奇怪文字是一种未知的语言，还是一种记账系统，或是其他的什么？

公元前 2600 年至公元前 1900 年，印度河流域文明在现在的巴基斯坦和印度西北部蓬勃发展，而对这一文明的深入发掘直到 1920 年才开始。但在那之前的 19 世纪 70 年代，印度河流域的印章图片已经被出版，清楚地展示了他们奇怪的象形文字一样的铭文。从那时起，人们发现了超过 4000 个这样的图章或碑文，虽提供了大量的材料，但却没有较长的文本可以提供关于这一语言的相关信息。事实上，一个典型的石碑上只有 5 个符号，这就意味着它可能根本不是一种语言，而是某种计数或信息传递系统。最长的铭文也只由 17 个符号组成。

多年来，许多专家声称已经破译了这些文字，但就印度河流域文明的语言可能属于哪个族群，或者他们的符号可能意味着什么，似乎没有哪两个专家的意见能够达成一致。唯一得到多数人支持的初步结论是，印度河流域文明的文字是从右向左书写的。

### 50．在古代克里特岛，被称为"线形 A 文字"的字母符号是什么意思？他们抄录的克里特岛语言是什么？

20 世纪初，阿瑟·埃文斯爵士在发掘克里特岛克诺索斯宫时，发现了许多泥板，上面有 3 种不同文字的碑文。其中一个由象形文字组成，另外两个被他命名为"线形文字 A"和"线形文字 B"。1952 年，英国古典学者迈克尔·文特里斯指出，线形文字 B 是早期希腊语的表达形式，但是线形文字 A 虽然包含一些与线形文字 B 相同的符号，却从未被破译。

当我们把对线形文字 B 的认识应用到线形文字 A 上时，它所产生的文字似乎与任何已知的语言无关。有一种说法认为，这是一种已消失的克里特岛的克里特语，使用时间大约是在公元前 1450 年希腊人入侵之前。试图重建这种语言并破译线形文字 A 的碑文的尝试最终都没有取得很大的进展。这使得人们对以下假设可能产生怀疑——认为线形文字 A 和线形文字 B 所共有的符号在每种语言中都有相同的音节值，但这就意味着之前进行的破译工作不得不从头再来。

至于在线形文字 A 后面可能存在的语言，有一些证据表明它是印欧语系，或者是印欧语系的前身，不过现有的资料还不足以确定。也有人提出这是一种古希腊语或卢威语，该语言曾经在安纳托利亚被使用，后来灭绝了。还有一种观点认为它是古腓尼基语，同时也有人提出是印度－伊朗语和第勒尼安语。

## 51．伏尼契手稿是用什么语言写成的？它是一件精心制作的赝品吗？

伏尼契手稿被称为"世界上最神秘的手稿"，有些人则认为这可能是世界上最大的恶作剧之一。

这份绘有精美插图的手稿是用一种不知名的文字写成的，尽管插图表明它可能是某种药典或医学文本，但密码学家一直无法破译它。这份手稿以书商威尔弗里德·伏尼契的名字命名，他于 1912 年获得了这份手稿。后经放射性碳测年法测定此书稿为 15 世纪初的作品。

手稿文本共包含 17 万个字符，字符间有狭窄的间隔，较长的间隔则用来把字符分隔成类似单词的内容。在整篇手稿中大约有 20 个到 30 个不同的字符经常出现，另外大约有 12 个很少出现。统计分析表明，其中的字母频率与自然语言类似，但没有很长或很短的单词。它与任何一种语言都没有明显的相似之处，这表明它可能是一种密码。如果真是这样的话，那么现在还没有人能够破解它。手稿的最初来源尚不知晓，但它在 17 世纪时属于一个布拉格的炼金术士。

如果伏尼契手稿是伪造的，那么它在设计和制作上都很出色，这必然要求使用真正的 15 世纪的书写材料。如果它不是伪造的，那么所有破译该手稿的尝试——利用我们所掌握的所有 15 世纪编码方法的知识和 21 世纪的计算能力——均宣告失败，这的确是异乎寻常的。

## 52．英文字母的顺序从何而来？

古埃及人的象形文字最初是以图形符号的形式出现，后来逐渐从代表物体演变为代表声音。到公元前 2700 年，古埃及人已经拥有了一种由 22 个象形文字组成的字母表，这些象形文字代表了他们语言中的辅音。大约公元前 1700 年，腓尼基人首次发明了一个类似英文现行使用的字母表。古希腊人和古罗马人在腓尼基字母的基础上发展出他们自己的字母表，沿用了与腓尼基人大致相同的字母顺序，但引入了一些他们自己常用的字母。

人们认为罗马教师兼语法学家斯普尔乌斯·卡维留斯·鲁加发明了字母 G，用以避免字母 C 同时用作"K"和"G"两个音所导致的混淆。可是为什么罗马字母表（我们今天仍然在使用）中的字母要以 A 为首字母来排列呢？

唯一的答案似乎是，罗马人模仿了希腊人，而希腊人又模仿了腓尼基人，而腓尼基人为何这样排序，没有人知道。

# 古怪篇

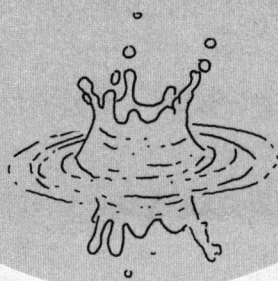

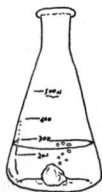

# 化学元素

## 1．untriseptium，即原子序数 137 号元素，又称费曼元素，是否存在？

1869 年，德米特里·门捷列夫向俄国化学学会提交了他的化学元素周期表，该表展示了如何按照元素的原子序数（后来发现也等于原子核中的质子数）将它们进行编排，并将具有相似、重复属性的元素放在一起。门捷列夫的元素周期表中还有一些元素空位，他已经成功预测了这些元素的特性，只等未来人们发现这些当时尚未知的元素，来将元素周期表填满。元素周期表中大约 90 种元素是自然形成的，而那些质量较大、极不稳定且具有放射性的元素只能在实验室中制造出来，但留存的时间很短。近年来已经合成出了原子序数为 118 的元素。

1988 年去世的伟大的美国物理学家理查德·费曼曾指出，根据尼尔斯·玻尔和保罗·狄拉克提出的一个简单的理论，原子序数大于 137 的元素不可能存在，因为如果 137 号元素存在，据计算，其电子速度将超过光速，而这是不可能的。因此，137 号元素的 untriseptium，也被称为费曼元素。然而，迄今为止合成 137 号元素的实验均未能成功。

## 2．地球上的镧是自然存在的吗？

1869 年门捷列夫提出他的化学元素周期表时，他假定了当时未知元素的存在，并预测了这些元素可能具有的特性。在许多情况下，这些未知元素与太阳光谱中无法解释的谱线相吻合，这给研究人员提供了一些合成这些元素的线索。随着科学家们开始理解放射性衰变的概念——一个原子可以通过放射性衰变转变成另一个原子，他们发明了合成元素周期表中缺失元素的方法。1950年，美国加利福尼亚大学的科学家发现了一个新元素，不久该元素（californium，中文为"锎"）便以加利福尼亚大学和加利福尼亚州（California）的名字命名。

锎的原子序数为98，从癌症治疗到核反应堆的启动过程均有广泛应用。科学家已经发现了锎的20多种同位素，都具有高放射性，但半衰期（平均衰变时间）则从几分钟到898年不等。

由于在太阳光谱中探测到了锎元素，并且已知它是由核辐射对其他原子的影响形成的，因此它很有可能在地球早期就存在了，但在不到1000年的时间里就衰变了，对于地球上是否自然生成锎这个问题仍没有答案。科学家在核爆后的放射性尘埃中发现了锎元素，据称铀矿石的核反应可能会产生微量的锎。然而，到目前为止，锎都是在医疗或勘探使用合成锎的设施附近发现的，所以很有可能是人造的。

## 3. 除118个已知元素之外，元素周期表还能往后延伸多远？

尽管狄拉克和玻尔方程表明，原子序数大于137的元素不可能存在，但是他们并未将相对论考虑进去。一些计算表明，元素周期表以139号元素结尾，但另一些人则认为元素在理论上也许可以排到173号。在已知的118个元素中，最新发现的元素被命名为Oganesson，或称118号元素，于2002年确定，2006年合成。只有1到94号是已知的地球上自然存在的元素。其中，只有大约80种元素是稳定存在的，而其他的元素则在从几分钟到数十亿年不等的时间尺度上进行放射性衰变。即使一些通常被认为是稳定的元素最终也会衰变，衰变过程可能相当漫长，甚至超过宇宙存在的时间。

较重元素的问题在于，质子之间的斥力往往会超过使原子结合在一起的强相互作用力①。因此，原子经常是在极端的温度或压力条件下制造出来的，只能存在几毫秒的时间。目前我们还不知道是哪些可能的限制条件决定了这些原子是否能存在。

## 咖　啡

### 4．是谁发明了咖啡研磨机?

　　咖啡树原产于埃塞俄比亚，15 世纪时，也门首次将咖啡豆变成一种饮料。这种色黑味苦的饮料逐渐风靡整个中东和地中海地区，并在 16 世纪晚期传入欧洲。尽管手工制作香料的研磨机在 15 世纪就已经开始使用了，但人们依然继续使用更基本的臼和杵，或磨石来研磨。甚至到了 1620 年，清教徒前辈移民乘坐"五月花"号船前往美洲时，他们所带的用于研磨咖啡的工具仍然只是一种改良过的杵臼装置。

　　到了 17 世纪 60 年代，一个名叫尼古拉斯·布克的人，在伦敦圣图利斯大街上开了一家煎锅招牌店，声称自己是唯一一个知道如何制造咖啡研磨机的人，但他本人并不是磨坊里咖啡研磨机的发明者。1798 年，美国将第一项咖啡研磨机专利颁发给了美国马里兰州的托马斯·布拉夫，除此以外，这个人还是托马斯·杰斐逊的牙医。

### 5．喝咖啡能让我们变得更警觉吗?

　　咖啡中含有的咖啡因，让这种饮料带来了作为兴奋剂的持久声誉。

---

① 强相互作用力是作用于强子之间的力，是所知的四种宇宙间基本作用力中最强的，也是作用距离第二短的。最早研究的强相互作用力是核子（质子或中子）之间的核力，它是使核子结合成原子核的作用。

然而，2010 年发表的研究表明，我们可能都误会它了。在此次实验的受试者中，既有喝咖啡的人，也有不喝咖啡的人，他们均被要求在 16 小时内禁止接触咖啡因。随后，给他们服用一粒咖啡因胶囊或一粒安慰剂，之后稍微服用更高剂量的咖啡因或另一种安慰剂。最后，对受试者进行性格试验，测试他们的心情状态和警觉性。

结果表明，虽然一些不喝咖啡的人表示会头痛、焦虑增加，但咖啡因并没有提高两组受试者的警觉性。然而，给喝咖啡多的人服用了安慰剂后，他们的警觉水平有所降低，并表示会头痛。

研究结果表明，似乎不是喝下去的咖啡让我们更清醒，而是不喝咖啡会让喝咖啡的人更不清醒。喝咖啡的人早上喝一杯咖啡只能抵消一夜之间形成的咖啡因脱瘾症状。咖啡因的作用似乎比我们想象得更加复杂。

## 6．为什么咖啡因会破坏蛛网的规律性？

20 世纪 50 年代初，瑞士药理学家彼得·维特进行了一系列奇妙而有趣的实验，研究蜘蛛在药物的影响下织网时图案的变化。由于不同的药物作用会使蛛网图案发生不同的畸形变化，于是维特从中发展出了一套完备的理论，以至于他可以在简单测量蛛网后，确定蜘蛛到底服用了哪类药物。

到了 20 世纪 90 年代，包括美国国家航空航天局在内的许多机构采纳了这个想法。各种实验表明，通常情况下，药物的毒性越大，蛛网图案扭曲得就越厉害。然而，令研究人员惊讶的是，咖啡因对蛛网图案造成的破坏性最大。喂食了咖啡因的蜘蛛结出的网会失去一切规律性，看起来就像一堆杂乱无章的线。

精神病学文献中有许多关于咖啡因在对其影响极为敏感的人群中诱发精神疾病的记录，这个现象与破坏蜘蛛结网有着类似的药理作用。

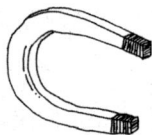

## 磁　场

### 7. 地球磁场是怎样形成的？

自从中国人在 1000 多年前观察到磁石碎片在水碗中的摆动，人们便知道了地球的磁力现象。1600 年左右，英国物理学家威廉·吉尔伯特证明，这种磁场来自地球本身。大约 200 年后，德国科学家卡尔·弗里德里希·高斯认为，这种磁力的源头就在地球的中心。然而，地球磁场究竟是什么原因造成的，仍是一个颇具挑战性的问题。

1939 年，美国物理学家沃尔特·埃尔萨瑟提出了"发电机机制"的理论，这种机制由地核中对流的铁水和地球自转相结合而产生，但随着我们对对流知识和地核组成的认识不断增加，他的理论与我们所了解的知识并不太符合。2007 年，另一位美国科学家马文·赫恩登提出，地球中心是一个以铀为基础的天然核反应堆，这可能是地球磁场的来源。此后，发电机机制理论和核反应堆理论的支持者就一直争论不休。

但无论哪种理论胜出，它都必须回答以下问题。

### 8. 为什么地球磁场有时会翻转，改变南北两极的位置？

每隔 100 万年左右，地球的南北磁极就会发生变化，地球的磁场也会发生逆转。这是分析火成岩后得出的惊人结论。这些岩石是由熔融状态冷却形成的，凝固时获得了感应磁场的属性。这些"磁性化石"表明，地球的磁极发生过多次翻转，但没有人确定这种变化是如何发生的，或者需要多长时间才能完成这种改变。

## 9．地球磁极的翻转会对地球上的生命产生什么影响？

简言之，我们完全不知道磁极翻转的后果。我们知道地球磁场在保护我们不受太阳辐射伤害方面起着一定的作用，而且也没有理由相信如果两极颠倒，磁场就会发生变化。但在两极翻转期间会发生什么？我们对此完全一无所知，有些人认为这一过程可能会持续5000年。

此外，还有鸟类和动物利用磁场进行导航的问题。磁场缓慢的变化是否会对这些生物造成致命的困扰，以及磁极翻转的时间是否足够发生进化改变，以形成必要的生物适应状况，这些问题都耐人寻味。

至于人类，由于我们不再需要利用地球磁场来指引我们驾驶船只，所以我们甚至可能不会注意到这些变化，当然如果我们中的任何一个人在下一次地球磁极翻转时还活着的话。

## 谋 杀

## 10．法老拉美西斯三世是被暗杀的吗？

大约在公元前1170年，拉美西斯三世统治埃及长达31年，被认为是埃及最后一位伟大的法老。但是，他统治时期埃及社会动荡不安，饱受战争和经济问题的困扰。他无力支付工人工资，导致了历史上最早的大罢工事件。然而，这些并不是他被刺杀的原因。

一套审判记录表明，这其中存在阴谋。这套审批记录中显示38人被判处死刑，这一切都始于他的两个妻子中某位的儿子会继承拉美西斯三世的王位而起的争吵。然而，这场争吵最终却酿成一场重大阴谋，涉及国家官员、军队人员、抄写文官甚至后宫成员。

拉美西斯三世在判决执行前就已经死亡，但暗杀计划是否成功尚不清楚。他的木乃伊上没有明显的伤口，也没有发现毒药或蛇咬的痕迹，这两点一直被认为是造成他死亡的原因。然而，他的木乃伊却配备了一个护身符，以保护他在来世免受蛇的伤害。

## 11．谁在 978 年杀死了殉教者爱德华？

殉教者爱德华的一生短暂而坎坷。作为英格兰国王埃德加的长子，他于 975 年登上英格兰王位，当时他只有 13 岁。在他统治英格兰的初期，天空中曾出现过不祥的彗星，接着是一场持续 3 年多的饥荒，饥荒结束后他在英国多塞特郡的科夫城堡被谋杀。根据《盎格鲁－撒克逊编年史》的记载，他下葬时没有举行任何仪式。

有人说是爱德华的继母埃尔夫思里趁着他在科夫城堡访问时，提前安排了此次谋杀。有人说幕后黑手是他同父异母的弟弟埃塞雷德，他当时也在科夫城堡，他已做好了充足准备，就等爱德华死后夺取王位。也有人说爱德华反复无常的性格得罪了很多人，从而给自己招来杀身之祸。马姆斯伯里的威廉在两个世纪后写道：

埃尔夫思里用女性的妩媚吸引了他，使他身体前倾，
行礼之后，在他啜饮呈上的酒时，侍者的匕首刺向了他。

与威廉同时代的另一位历史学家——亨利说，挥刀的是埃尔夫思里。但是，威廉和亨利对这件事的描述相差甚远，所以不能判断他们的说法是否可信。

## 12．英格兰国王哈罗德二世的父亲戈德温是被毒死的吗？

凭借自己的政治手腕，在1042年忏悔者爱德华登基时，威塞克斯伯爵戈德温或许是当时英国最有权势的人。尽管戈德温被认为是杀害爱德华弟弟阿尔弗雷德的凶手，但爱德华还是乐意娶戈德温的女儿为妻，因为这可以巩固他与这位权势显赫的伯爵之间的关系。但由于爱德华发誓独身，所以这段婚姻没有什么结果，至少没有子嗣。

就像任何中世纪王朝的统治者一样，戈德温的敌人不断增加。1046年他的儿子斯维根因勾引莱姆斯特的女修道院院长而遭到放逐，这对他的处境较为不利。后来这位伯爵与爱德华关系恶化，戈德温甚至一度集结军队对抗国王。这场特殊的争端没有流血就得到了解决，不过，关于戈德温于1053年在温彻斯特的宴会上去世，却有两种截然不同的说法。

《盎格鲁－撒克逊编年史》描述了戈德温是如何突然瘫倒在脚凳上，说不了话也动弹不得。他被抬进国王的寝宫，在那里待了好几天，仍然不能动弹，不能说话，最后静静地死去了。

然而，诺曼的版本是在事件发生很久之后才记录的，文中写道，戈德温拿着一片面包，向国王否认他与阿尔弗雷德的死有关，"如果我做了任何对他有害，或对你不利的事情，上帝将阻止我吃下这块面包"。说完他把面包（某些版本中是一块圣饼）塞进嘴里，然后就噎死了。

人们认为，这两种说法都有可疑之处。

## 13．威廉·鲁弗斯是被谋杀的吗？

1100年8月2日，英格兰国王威廉二世（也许是因为他面色红润，人们称他为威廉·鲁弗斯），到森林打猎时被一箭射穿肺部。他的随行人员说，这只是一次狩猎事故，更糟糕的是，由于国王倒下时压在了箭上，使得箭刺得更深，之后当即死亡。他的尸体被留在了现场，而他们随行人员则迅速离开现场为王位继承做筹备。

如果这不是一场意外的话，主要嫌疑人就是沃尔特·蒂雷尔，他极有可能是为威廉的弟弟亨利做事，随后亨利继承了王位，成为亨利一世。但没有人指控他，更不用说给他定罪了。然而，即使有些记录说这是一场意外（例如马姆斯伯里的威廉 1125 年的记载和奥德里克·维塔利 1135 年的记载），也认为是蒂雷尔的箭射死了国王。威廉·鲁弗斯确实树敌不少，大部分在教会中，特别是在坎特伯雷大主教安塞姆被迫流亡之后。

## 14．法国查理七世的情妇阿涅丝·索雷尔是被谋杀的吗？

阿涅丝·索雷尔是查理七世最宠爱的情妇。她为查理七世诞下了三个女儿，然而在她 28 岁那年却突然去世，当时她正怀着第四个孩子。当时诊断的结果是死于痢疾，但 2005 年对挖掘出的尸体进行法医检查后显示，发现死因是汞中毒。

在 15 世纪，汞普遍用于制作化妆品或治疗某些疾病，所以不排除意外死亡的可能。查理的儿子，未来的路易十一，以及他的一位大臣雅克·科尔，都有可能从阿涅丝·索雷尔的去世中获益，但没有任何直接的证据表明这两个人有罪。

查理七世本人显然并没有对她的死过于悲伤，他迅速召来她的表妹安托瓦内特·德迈涅莱来接替阿涅丝·索雷尔的位置。

## 15．伦敦塔里的王子们是被谋杀的吗？如果是，凶手是谁？

爱德华四世于 1483 年 4 月去世，他的弟弟格洛斯特公爵理查德被任命为国王的护国公，以辅佐国王的儿子、王位的继承者——12 岁的爱德华五世。急于夺取王位的理查德通过议会宣布，两个王子——爱德华和他的弟弟什鲁斯伯里的理查德的继承权非法，理由是爱德华四世和他们的母亲伊丽莎白·伍德维尔之间的婚姻不合法。

在爱德华加冕典礼前夕，这两位年轻的王子住在伦敦塔，当时这里只是一个皇家住所。1483 年夏天，有人看到他们在草地上玩耍，但后来再也没有人见过他们。1674 年，人们翻修塔楼时在楼梯下发现了两个孩子的骨骸，但是无法确认身份，于是就将他们重新埋葬。1933 年，坟墓再次被打开，同样，身份还是无法得到辨认。

下次，他们可能会进行 DNA 检测，然而目前还没有再次开掘坟墓的计划。

## 16. 谁谋杀了让 - 玛丽·勒克莱尔？

让 – 玛丽·勒克莱尔是法国著名的小提琴演奏家，也是当时法国顶尖的作曲家。他专攻小提琴曲，另外也创作过一部歌剧。他还在意大利都灵担任首席舞蹈演员和芭蕾舞大师，经常往返于都灵和巴黎两座城市之间，被誉为当时游历最多的法国音乐家。

第二次婚姻破裂后不久，勒克莱尔在巴黎买了一座小房子。1764 年10 月，人们发现他死在这所小屋中。死因是被人从背后捅了一刀。嫌疑落在了他的前妻和侄子身上，但没有任何证据表明他们就是凶手。另一个仅有的可能是他音乐上的竞争对手所为。总之，凶手一直未被发现。

## 17. 谁谋杀了玛丽·罗杰斯，她的死是埃德加·爱伦·坡的第二部侦探小说的灵感来源吗？

1841 年，埃德加·爱伦·坡完成了他的小说《莫格街凶杀案》，它被认为是史上第一部侦探小说。1842 年，他完成了第二部侦探小说《玛丽·罗杰疑案》，但这部作品不同于其他作品，《玛丽·罗杰疑案》的情节非常接近一个真实案例。

1841 年 7 月 28 日，人们在纽约哈德逊河中发现了玛丽·罗杰斯漂浮的尸体，尸体上有被重击的痕迹，脖子上的手印痕迹证明她是被勒死的。玛丽·罗杰斯死时大约 21 岁。

玛丽·罗杰斯生前曾在纽约的一家烟草店工作，她的美貌吸引了很多顾客。许多人都会从这位"漂亮的雪茄女孩"（那时她很有名）那里购买烟具。其中不乏作家詹姆斯·费尼莫尔·库珀和华盛顿·欧文，传言称埃德加·爱伦·坡本人也在其中。

玛丽之死被各大报纸当作耸人听闻的悬案争相报道。在接下来的几个月里，警方逮捕了几位嫌疑人，但他们很快都被释放了。此后，各种离奇的故事版本开始流传：有人说玛丽是被她未婚夫杀死的，有人说她是因流产失败而死，还有人说那具尸体根本就不是那个"漂亮的雪茄女孩"。后来有一位作家甚至将埃德加·爱伦·坡也列为嫌疑人。不过这起案件至今仍未被侦破。

## 18．开膛手杰克是谁？

1888 年 8 月至 1888 年 11 月间，伦敦东区有 5 名女性被残忍杀害，尸体遭到肢解。在此前后，又有 6 起凶杀案发生，尽管作案手法不同，但却与这 5 起凶杀案有关，人们因此怀疑是同一凶手所为。这些受害者的身份几乎都是妓女。有一封自称是凶手的信投送到了警察局，信的署名为"开膛手杰克"，但人们认为这可能是伪造的。不过这个名字却就此流传了下来。

自此之后，这个案件吸引了许多职业和业余侦探，超过 100 多名嫌疑人被罗列出来，从作家刘易斯·卡罗尔、画家沃尔特·西克特，到克拉伦斯公爵即未来英国国王爱德华七世的儿子阿尔伯特·维克多王子。但我们只知道凶手可能掌握些医学知识，是个左利手，仅此而已。然而，这些信息也存在争议。

## 19．是谁杀害了莉齐·博登的父母？

一代又一代的美国女孩儿在和同伴们玩跳绳时，都唱过一首押韵的诗歌，诗中那位并不引人注意的新英格兰老姑娘的形象因此获得永生：

> 莉齐·博登拿起斧头，
>
> 砍了她妈妈四十下。
>
> 当她意识到她做了什么，
>
> 她砍了她爸爸四十一下。

事实上，莉齐·博登于 1892 年 8 月 4 日在美国马萨诸塞州的福尔里弗被宣判无罪，法庭认为她并没有杀害她的父亲和继母。

陪审团仅经过一个半小时的审议就作出了裁决。可是，如果莉齐·博登没有杀人，那又会是谁呢？后来的作家推测，他们家的女佣和莉齐同父异母的兄弟可能有杀人动机，可是两人当时都没有受到指控，甚至都没有被怀疑过。莉齐于 1927 年去世，享年 66 岁，死时身家约 100 万美元。她留下 500 美元作为永久信托基金，以照看她父亲的坟墓。

## 20．谁杀害了艾德温·德鲁德？

艾德温·德鲁德与罗莎·巴德订婚了，但罗莎的唱诗班指挥约翰·贾斯珀，也就是艾德温的叔叔，也深爱着罗莎。后来，来自锡兰的纳威·兰德利斯也爱上了罗莎。但纳威·兰德利斯非常讨厌艾德温，后来艾德温就神秘地消失了。

简而言之，查尔斯·狄更斯的最后一部小说《艾德温·德鲁德之谜》在他 1870 年去世时还没有完成。可问题是，狄更斯从未透露是谁杀了艾德温·德鲁德，也从未说明神秘人迪克·达奇瑞在艾德温的失踪中扮演了何种角色。

为了完成这个故事，人们做了各种各样的尝试，其中一个版本来自一位美国的唯心主义者，他自称能与狄更斯的灵魂沟通。1914 年，伦敦的国际狄更斯协会对约翰·贾斯珀进行了审判，他一直被认为是最大嫌疑人，此次审判由 G.K. 切斯特顿担任法官。陪审团做出过失杀人的裁决时，切斯特顿法官裁定艾德温·德鲁德之谜无法解开，并以藐视法庭罪对除他自己以外的所有人处以罚款。

## 数 字

### 21. 为什么道格拉斯·亚当斯在《银河系漫游指南》中选择 42 作为生命、宇宙和一切的答案?

亚当斯经常被问到这个问题，他也给出了各种不同的答案，但所有的答案都可以总结为：根本就没有理由。他曾表示："我只是想要一个普通的日常号码，所以就选择了 42。这并不是一个可怕的数字，你可以把它带回家给父母看。"

有些人认为这是出自歌曲《两个人的茶》（*For Tea, Two*. 英文发音和 42 的发音相同），是一个双关语。然而，根源可能藏在亚当斯深层的潜意识中。当时他正在约翰·克里斯的视频艺术公司帮忙制作一些管理培训视频，他在其中充当临时演员。视频中，克里斯扮演一个银行出纳员，正苦于计算出一串数字相加后的总和。在影片的最后，克里斯终于找到了答案，并得意地宣布："是 42！"这时，从后面走过去的不是别人，正是道格拉斯·亚当斯。

还有人指出，正如《银河系漫游指南》里的地球计算机所示，在 13

进制下计算 9×6 就等于 42。但是，亚当斯坚决否认这与此事有任何关联，他说："我可能是一个失败的例子，但我不会拿 13 进制开玩笑。"

## 22. 为什么 42 这个数字在刘易斯·卡罗尔的作品中频繁出现？

在《爱丽丝漫游奇境记》中，刘易斯·卡罗尔提到"第 42 条规则：所有超过一英里高的人都要离开法庭"，而"疯帽子"（《爱丽丝漫游奇境记》里的一位人物）的帽子价格是 10 先令 6 分，也就是 126 便士，也可以写成 3×42。该书第一版有 42 幅插图，由约翰·特尼尔绘制。

在《猎鲨记》中，面包师有"42 个包装得很精细的盒子，每个盒子上都清楚地写着他的名字"。这首诗还提到了第 42 条规则：任何人不得与掌舵人说话。

为什么卡罗尔会对 42 这个数字如此着迷呢？当他不写儿童文学时，他就是查尔斯·路特维治·道奇森牧师与剑桥大学数学教授，他对比较宗教学①有着浓厚的兴趣。有人指出，印度教有一位 42 只手臂的女神，最初有 42 条英国国教信纲，后来删减到 39 条。可能是卡罗尔也认同这个数字，正如道格拉斯·亚当斯声称的那样，42 是一个并不可怕而且你可以带回家给父母看的数字。

## 23. "196 算法"对于数字 196 是正确的吗？

想一个至少是两位数的数字；先把它反过来，再把两个数字加在一起。如果答案是回文（即正向读和反向读都相同），就停下。否则，就重复这个过程，先反过来，然后再加起来。比如：42+24=66，这就是回文。87+78=165，165+561=726，726+627=1353，1353+3531=4884。

据推测，无论你从哪个数字开始，最终都会得到一个回文的答

---

① 比较宗教学是以现代视角对世界上曾经存在和尚未衰落的各种宗教信仰及其教义的起源、结构、特征等进行比较性研究，以找到其彼此间的同一性和差异性。

案，但可能需要一点时间。比如从数字 187 开始，需要等到答案是 8813200023188 才能得到回文。

之所以将这种算法称之为"196 算法"，是因为没人知道 196 这个数字是否会成功。如果它最终得到一个回文数字，那么这个答案将至少有 3 亿个数字。但目前没有人能成功地证明，196 或其他任何数字永远不会达到预期的目标。

## 24．为什么 666 是"野兽的数字"？

在钦定版圣经《启示录》中有这样一段话："凡有聪明的，可以算计野兽的数目，因为这是人的数目。它的数目是六百六十六。"

为什么是 666 呢？从罗马皇帝尼禄（著名的早期基督徒迫害者）到法国的拿破仑和德国的德皇威廉二世，人们使用算术代码将这些人的名字翻译成数字并识别出各种人的兽性特征，对此也给出了各种各样的解释。但是这些理论都无法回答为什么会选中 666 这个数字。

如果你把所有的罗马字符——D、C、L、X、V 和 I 加在一起得到的数字就是 666。如果是这样，那为什么不把 M 加进去得到 1666 呢？

最近的一项研究让这个问题变得更加扑朔迷离。该研究提出这是一个抄写错误。"野兽"的实际数字不是 666，而是 616，但这同样很难证明。

## 质　数

### 25．是否存在无穷多的孪生素数？

孪生素数是两个连续的素数奇数的集合。例如：3 和 5，17 和

19，以及 569 和 571。这样的一对已经被发现，其中每一个连续的素数都包含数千位数字，但是这样的一对是否有无限的数目的问题仍然没有答案。欧几里得证明了有无穷多个素数，但孪生素数则完全是另一回事。

## 26．是否每个偶数都大于两个质数之和？

这个被称为哥德巴赫猜想的问题是由德国数学家克里斯蒂安·哥德巴赫和伟大的瑞士数学家、物理学家莱昂哈德·欧拉在 1742 年共同提出的。在回答哥德巴赫提出的质数问题时，欧拉说："它源于每一个偶数都是两个质数的和。"他还说："我认为这是一个完全确定的定理，尽管我不能证明它。"从那以后的几个世纪里，谁也没能证明这一点。然而，对于 17 位数或位数更少的数字，它的真实性已经得到了验证。

## 27．黎曼假设正确吗？

这是美国克雷数学研究所设立的另一个有奖问题，谁能证明它，谁就能获得 100 万美元的奖励。德国数学家伯恩哈德·黎曼早在 1859 年就提出了他的假设，但如果你没有解析数论①的学位，就很难理解这个假设。下面我试着给大家说明一下。

在黎曼出现的一个世纪以前，欧拉（又是此人）看着让人好奇的质数分布，甚至当他试图解决哥德巴赫猜想时，发明了一种函数，对于任何给定的数字，函数的值是小于或等于给定数字中与之互质的数的数目。

黎曼更进一步将欧拉函数从实数扩展到复数，即 $x+iy$ 形式的数，

---

① 解析数论是数论中以分析方法作为研究工具的一个分支。

其中 $i$ 是虚数，定义为等于 −1 的平方根（前文已经提过这很棘手）。

黎曼把他的方程称为函数，黎曼感兴趣的问题是 $x$ 和 $y$ 取什么值能使这个函数等于 0，因为这些值在质数分布中起着重要作用。有一些明显的零，但所有不明显的似乎都排列在一条特定的线上。

黎曼推测它所有的非平凡零点都在这条线上，现在我们知道这对最初的几十亿个零点是正确的。如果黎曼假设是正确的，那么关于质数的很多其他结果也会随之而来，但是没有人能成功地证明它，或者找到一个不在这条神奇线上的零点。

## 现　实

### 28. 真的有名为"现实"的这种东西吗？

柏拉图认为所有的名词都指存在的事物，因此它们是真实的。譬如，因为我们有了抽象名词"美"与"善"，就必定有真实而非物质的"形式"或"观念"以绝对的方式来体现这些品质，而我们在感官世界中所体验到的美或善的例子，也只不过是影子而已。对于大多数思想家来说，这种对现实的看法过于简单化。他们会说，一个名词只是用来描述我们的主观经验或对某事的感知的速记而已。18 世纪的盎格鲁－爱尔兰哲学家、主教乔治·伯克利进一步提出了这一观点：事物除非被感知，否则根本不存在。甚至爱因斯坦也质疑，如果我们看不见月亮，是否还能确定它就在那里呢？

本体论（研究存在的本质）的一个基本问题是，是否可以说某物独立于其被感知的方式而存在。量子物理学表明，世界与我们看到和经历的形式大相径庭，那么这一学科将现实置于何处呢？

## 29．如果真是这样，我们怎么区分什么是真实的呢？

在中国道教传统中有这样一个故事："庄子睡着了，梦见自己是一只蝴蝶。醒来后问道，'我是一个刚刚梦见自己变成蝴蝶的人吗？还是一只睡着的蝴蝶，正梦见自己变成了一个人？'"

在互联网上，我们可以找到如何区分钻石和立方氧化锆、真珍珠和假珍珠、真毛皮和假毛皮，甚至是真乳房和假乳房的方法。但区分现实和幻觉却是一个更棘手的难题。

## 30．我们是否像电影《黑客帝国》中那样生活在一个计算机模拟环境中？

我们没有办法知道自己是不是计算机模拟中的虚拟人物，在没有任何迹象表明是谁在运行模拟的情况下，我们倾向于忽视这种可能性。也许对矩阵假说最有力的反驳就是世界的奇特和它的物理定律。但可以肯定的是，即使是最乖僻的外星人，也不会编写这样一个包含如此奇异的宇宙的程序。当然，除非这是一个绝妙的双重骗局。

## 31．我们所感知的三维空间是十维或十一维现实的一部分吗？

我们之前提到过弦理论的神秘的十维世界，但事实上，该理论的数学原理在十维或十一维中同样适用，它们只不过是同一理论的不同表述。因此，如果数学在两种情况下都成立，那么把十维宇宙或十一维宇宙称为"现实"有意义吗？尤其是从我们非常有限的三维视角来看？

# 水

## 32．地球上的水来自哪里？

这一直是一个有点令人困惑的问题，因为地球早期的温度一定非常高，以至于无法维持地表的水分。通常的理论认为，水是早期的地球与彗星和小行星的碰撞中储存到地球上的。对这些天体的水含量的研究也支持了这一观点，因为它们与地球上的水相比，有着大致相同的"正常"的气和氘的比例。然而，最近其他的研究，特别是对海尔－波普彗星的研究，却让一些人对地球上的水可能来自彗星的理论产生了质疑。

2007 年，日本科学家提出了另一种假设。他们认为，早期地球的大气中有大量的氢，这些氢与地幔中的氧化物反应形成水。他们认为，重氢云的存在解释了为什么地球的绕日轨道会从最初理论预测的椭圆形变成我们今天看到的近正圆形。虽然最初从他们的模型中产生的水可能包含较少的氘，但是他们的计算也解释了它是如何随着时间的推移而改变到现在的数量的。

## 33．月球上的水从何而来？

2009 年，美国国家航空航天局将一颗月球探测器降落在月球上的一个环形山内，并宣布了一项让他们感到吃惊的消息，他们发现了"无可辩驳"的证据，表明月球上存在大量的水。但水是从哪里来的呢？参与其中的科学家提出了各种各样的推测，包括太阳风、小行星、彗星、来自月球内部的气体以及由星系间云层携带的冰粒。或者它可能来自地球，又或者，简而言之，它可能来自任何地方。

进一步的月球实验计划将揭开谜底，或者如一位科学家所说：把水塞回月坑。

## 34．冰晶是如何形成的？

我们认为冰是一个单一的实体：它毕竟只是结冰的水，而水就是水，对吗？其实并不尽然。目前人们已经发现了 15 种不同形式的结晶水。这些不同的形式似乎是由于水在不同的温度和压力下结冰形成，但究竟什么样的确切条件能导致哪种对应的晶体结构，以及这些条件的变化如何导致了水分子中氢键几何结构的差异，研究人员尚未完全弄清。只有当我们理解了这一点，我们才能够彻底解释雪花的几何形状。

## 35．云中的冰是怎么形成的？

云层中冰的形成对气候有着极其重要的影响，它会通过反射太阳光，进而影响云层的冷却效应，还会影响云层吸收地球辐射热而产生的暖化效应。然而，我们对这些冰是如何形成的却知之甚少。

当水的温度超过 0℃时，它呈现的是液态；当温度低于 −38℃时，它会一直处于固态；而当温度介于 0℃和 −38℃之间时，水就可以保持任何一种形态。在这个温度范围内，水需要一个凝结核来冻结。烟灰、矿物尘埃、陨石颗粒、细菌或一小块冰都可以充当这个核，但每种不同类型的物质在多大程度上执行这个功能，它们在不同的温度下是否有效，以及它们是否导致不同的晶体形状都是不确定的。2009 年，许多论文似乎支持了这样一种观点，即细菌等生物颗粒在这一过程中发挥了重要作用，但 2010 年德国的一项研究表明，尘埃发挥的作用相对重要得多。在这一问题得到解决之前，我们不知道为什么下雨——当然，我们注意到的是，当冰晶变得足够重以至于从云层中落下，在掉落的途中融化成水并落到地面上。

## 36．水有什么特别之处？

当两个带正电荷的氢离子与一个带负电荷的氧离子结合形成一个水分子时，另一个使它们保持在一起的因素就是所谓的氢键，即相反电荷的吸引力。

我们所认为的水的不寻常的特性，在很大程度上似乎取决于氢键的特性，比如：许多物质溶于水，水结冰时膨胀，水表面有张力。如果没有这些特殊属性，我们所知道的生命是不可能存在的。想一想生命起源于水吧。如果冰比水重，它就会沉到底部，那么，顶部的水结冰并再次下沉，直到所有的生命在零度以下的条件下从任何水体中消失。事实上，一层冰停留在湖面上，隔绝了湖水的其他部分，让生命得以继续。而且大多数推动生命发展的盐类和其他化学物质都依赖于水作为溶剂的特性，进而到达它们需要去的地方。

水是地球上最常见的化合物之一，也是最不寻常、最不为人所知的一种化合物，这似乎主要是由于氢键的奇特性质所致。

## 最后的思考

最后有两个问题是留给你去解答的……

## 37．是否总有我们不懂的事情？

看起来确实是这样。随着我们了解得越多，就越能意识到自己的无知，因此也更加激发我们去发现更多。正如本杰明·富兰克林所言："通往智慧殿堂的门阶是认识到我们自己的无知。"

希望本书对你有所帮助。

## 38．如果有一天我们已经无所不知，那我们会意识到吗？

是否会有这样一天，我们唯一不了解的事情是我们了解了一切？

# 鸣　谢

　　在我写作这本书的过程中，得到了许多学者和专家的帮助，对此我表示无限的感激；对于在寻求答案的过程中，反复讨教和打扰他们，在此致以深深的歉意。从茫然无知到漠然无解，人们面对我的这些问题时反应大相径庭。我本想把曾经给予我帮助的人，包括那些哪怕只是指出一个模糊方向的人们，列在一个名单里，一并感谢。但是，我又打消了这个念头。一方面由于名单过长，另一方面又感到，如果遗漏一些名字可能会对当事人产生冒犯。然而，和诺曼·莱布雷希特共进愉悦的日式午餐的经历，却久久萦绕在我的记忆中。在用餐中，他让我了解到斯克里亚宾剃须的全部秘密。对于其他的匿名导师，请你们放心，我对你们有同样的感激之情，也一定会保守你们在某些领域中缺乏知识的秘密。

　　然而，我必须感谢大西洋出版社的理查德·米尔班克。感谢他对这个项目始终如一的关注，对于我这个作者的一些小癖好的宽容，以及从本书构思到最终完成给予的巨大帮助。我还要感谢我的编辑伊恩·克罗夫顿，他那如百科全书般渊博的知识，以及拒绝让我以含糊不清或蹩脚的幽默来进行写作，从而大大提高了本书在学术层面上的声望。然而，对于本书尚存的任何错误或糟糕的幽默，由我本人承担全部责任。

# 参考资料

在准备这 501 个趣味冷知识的过程中，如果要把我查阅过的所有书籍和期刊都列出来，可能会比书的正文部分还要多。所以，我在这里为想要寻找更详细的信息的人列出一些我认为最有用和最有趣的参考资料，有兴趣的读者可以自行扩展阅读。

1．Polak and Rashed (2010), 'Microscale laser surgery reveals adaptive function of male intromittent genitalia', *Proceedings of the Royal Society B Biological Science*.

2．Yang,F. et al. (2003), 'Reciprocal chromosome painting among human, aardvark, and elephant (*superorder Afrotheria*) reveals the likely eutherian ancestral karyotype', *Proceedings of the National Academy of Sciences USA*.

3．Bello, S. M. et al. (2011), 'Earliest directly dated human skull- cups', *PLoS ONE*.

4．Andreasen, R. O. (2000), 'Race: biological reality or social construct？' *Philosophy of Science*.

5．Ellington, C. P., van den Berg, C., Willmott, A. P., Thomas,A.L.R. (1996), 'Leading-edge vortices in insect flight', *Nature*.

6．Buchwald, R. and Dudley, R. (2010), 'Limits to vertical force and power production in bumblebees (Hymenoptera: *Bombus impatiens*)', *The Journal of Experimental Biology*.

7．Muller, H., Grossmann, H., Chitko, L. (2010), '"Personality" in bumblebees: individual consistency in responses to novel colours？', *Animal Behaviour*.

8．von Frisch, K. (1946), 'Die Tänze der Bienen', *Österreichische Zoologische*.

9．Su, S. et al. (2008), 'East Learns from West: Asiatic honeybees can understand dance language of European honeybees', *PLoS ONE*.

10．Klein, B. A. et al. (2010), 'Sleep deprivation impairs precision of waggle dance signaling in honey bees', *Proceedings of the National Academy of Sciences USA*.

11. Rovner, S. A. (2010), 'Recipes for limb renewal', *Chemical & Engineering News*.

12. Klem Jr., D. (1989), 'Bird-window collisions', *Wilson Bulletin*.

13. Heyers, D. et al. (2007), 'A visual pathway links brain structures active during magnetic compass orientation in migratory birds', *PLoS ONE*.

14. Evans, C.S. and Evans, L. (1999), 'Chicken food calls are functionally referential', *Animal Behaviour*.

15. Searcy, W. and Beecher, M. (2011), 'Continued scepticism that song overlapping is a signal', *Animal Behaviour*.

16. Bickart, K.C. et al. (2010), 'Amygdala volume and social network size in humans', *Nature Neuroscience online*.

17. Quian Quiroga, R. et al. (2005), 'Invariant visual representation by single-neurons in the human brain', *Nature*.

18. Wells, D. L. and Millsopp, S. (2009), 'Lateralized behaviour in the domestic cat, *Felis silvestris catus*', *Animal Behaviour*.

19. McGrew, W. C. and Marchant, L. F. (1999), 'Laterality of hand use pays off in foraging success for wild chimpanzees', *Primates*.

20. Rogers, P. J. et al. (2010), 'Association of the anxiogenic and alerting effects of caffeine with ADORA2A and ADORA1 polymorphisms and habitual level of caffeine consumption', *Neuropsychopharmacology*.

21. Neumayr, A. (1994), *Music and Medicine*, Vol. 1, Medi-Ed Press, Bloomington, Illinois.

22. Damasio, A. (2010), *Self Comes to Mind: Constructing the Conscious Brain*, William Heinemann.

23. Ellis, G. F. R. and Uzan, J. -P. (2005), 'c is the speed of light, isn't it？', *American Journal of Physics*.

24. Baron-Cohen, S. et al. (1997), 'Is there a link between engineering and autism？', *Autism: An International Journal of Research and Practice*.

25. Anandan, C. et al. (2009), 'Is the prevalence of asthmadeclining?Systematic review of epidemiological studies', *Allergy*.

26. Johnson, C., and Eccles, R. (2005), 'Acute cooling of the feet and the onset of

common cold symptoms', *Family Practitioner*.

27. Rout, T.M., Heinze, D., McCarthy, M.A. (2010), 'Optimal allocation of conservation resources to species that may be extinct', *Conservation Biology*.

28. Mascheroni, R.M., Senju, A., Shepherd, A.J. (2008), 'Dogs catch human yawns', *Biology Letters*.

29. McKee,A. C. et al. (2009), 'Chronic traumatic encephalopathy in athletes: progressive tauopathy after repetitive head injury', *Journal of Neuropathology and Experimental Neurology*.

30. Gelbart, N. R. (2004), 'The blonding of Charlotte Corday', *Eighteenth-Century Studies*.

31. Coe, M. J. (1967), '"Necking" behavior in the giraffe', *Journal of Zoology*.

32. Nelson, R. (1993), 'Understanding Eskimo science', *Audubon Magazine*.

33. Lin, R.C. (2004), 'Fractures of the radius and ulna secondary to possible vitamin D deficiency in captive polar bears (*Ursus maritimus*)', *Cornell University senior seminar paper*.

34. Levermann, N. et al (2003), 'Feeding behaviour of free-ranging walruses with notes on apparent dextrality of flipper use', *BMC Ecology*.

35. Forrester, G. S. et al (2011), 'Target animacy influences gorilla handedness', *Animal Cognition*.

36. Gallup, A. , Miller, M. , Clark, A. (2009), 'Yawning and thermoregulation in budgerigars, *Melopsittacus undulates', Animal Behaviour*.

37. Gallup, A. C. and Gallup, G. G. (2007), 'Yawning as a brain- cooling mechanism: nasal breathing and forehead cooling diminish the incidence of contagious yawning', *Evolutionary Psychology*.

38. Panksepp, J. and Burgdorf, J. (2003), '"Laughing" rats and the evolutionary antecedents of human joy？', *Physiology & Behavior*.

39. Miller, G. F. (2000), 'Evolution of human music through sexual selection', in Wallin, N. L. , *The Origins of Music*, MIT Press.

40. Setchell, J. M. et al (2009), 'Opposites attract: MHC-associated mate choice in an Old World primate', *Journal of Evolutionary Biology*.

41. Brown, P. et al. (2004), 'A new small-bodied hominin from the late Pleistocene of

Flores, Indonesia', *Nature*. .

42. Bailey, N.W. et al. (2010), 'Acoustic experience shapes alternative mating tactics and reproductive investment in male field crickets', *Current Biology*.

43. Maye, A. et al. (2007), 'Order in spontaneous behaviour', *PLoS ONE*.

44. Mithen, S. J. (2005), *The Singing Neanderthals: the origins of music, language, mind and body*, Harvard University Press.

45. Pullum, G. (1991), *The Great Eskimo Vocabulary Hoax and Other Irreverent Essays on the Study of Language*, University of Chicago Press.

46. Herndon, J.M. (2007), 'Nuclear georeactor generation of the Earth's geomagnetic field', *Current Science*.

47. Brody, S. (1945), *Bioenergetics and Growth, Reinhold*.

48. White, C.R. and Seymour, R.S. (2003), 'Mammalian basal metabolic rate is proportional to body mass2/3', *Proceedings of the National Academy of Sciences USA*.

49. Reznikova, Z. and Ryabko, B. (2011), 'Numerical competence in animals, with an insight from ants', *Behaviour*.

50. Crofoot, M.C. et al. (2010), 'Does watching a monkey change its behaviour ? ', *Animal Behaviour*.

51. Braithwaite, V.A. (2010), *Do Fish Feel Pain ?* , Oxford University Press.

52. Manger, P.R. (2006), 'An examination of cetacean brain structure with a novel hypothesis correlating thermogenesis to the evolution of a big brain', *Biology Review*.

53. Johnson, M.E. and Atema, J. (2005), 'The olfactory pathway for individual recognition in the American lobster *Homarus americanus*', *Journal of Experimental Biology*.

54. Aquiloni, L. and Gherardi, F. (2010), 'Visual recognition of conspecifics in the American lobster, *Homarus americanus*', *Animal Behaviour*.

55. Kaptchuk, T. J. et al. (2010), 'Placebos without deception: a randomized controlled trial in irritable bowel syndrome', *PLoS ONE*.

56. Dawson, W. (1927), 'Mummy as a drug', *Proceedings of the Royal Society of Medicine*.

57. Zegers, R. H. C. , Weigl, A. , Steptoe, A. (2009), 'The death of Wolfgang Amadeus Mozart: an epidemiologic perspective', *Annals of Internal Medicine*.

58. Dickey, J. (2003), 'The structural dynamics of the American five-string banjo', *Journal of the Acoustical Society of America*.

59. Ali, J. and Huber, M. (2010), 'Mammalian biodiversity on Madagascar controlled by ocean currents', *Nature*.

60. Schmidt, H. (1978), 'Can an effect precede its cause？ A model of a noncausal world', *Foundations of Physics*.

61. Hutchinson, G. E. (1961), 'The paradox of the plankton', *The American Naturalist*.

62. Kepr, F. et al. (2006), 'Methane emissions from terrestrial plants under aerobic conditions', *Nature*.

63. Nesbit, R.E.R. et al. (2009), 'Emission of methane from plants', *Proceedings of the Royal Society B: Biological Sciences*.

64. D'Arrigo, R. et al. (2007), 'On the "divergence problem" in northern forests: a review of the tree-ring evidence and possible causes', *Global and Planetary Change*.

65. Bauval, R. and Gilbert, A. (1994), *The Orion Mystery,* Cornerstone.

66. Cross, F. R. (2009), 'How blood-derived odor influences mate- choice decisions by a mosquito-eating predator', *Proceedings of the National Academy of Sciences USA*.

67. Young, L. C. (2008), 'Successful same-sex pairing in Laysan albatross', *Biology Letters*.

68. Bercel, N. A. (1959), 'The effect of schizophrenic blood on the behavior of spiders', *Neuropsychopharmacology*.

69. Eberhard, W. (2011), 'Are smaller animals behaviourally limited？', *Animal Behaviour*.

70. Gaskett, A. C. et al. (2004), 'Changes in male mate choice in a sexually cannibalistic orb-web spider', *Behaviour*.

71. Waterman, J. (2010), 'The adaptive function of masturbation in a promiscuous African ground squirrel', *PLoS ONE*.

72. Genda, H. and Ikoma, M. (2007), 'Origin of the ocean on the Earth: early evolution of water D/H in a hydrogen-rich atmosphere', *Icarus*.

73. Schärer, L. et al. (2010), 'Mating behavior and the evolution of sperm design', *Proceedings of the National Academy of Sciences USA*.

74. Grant, S. (2009), 'From little things, big things grow', *Sydney Alumni Magazine*.

# 索 引

## 历史篇

## 古怪篇

### 化学元素